画魂

潘玉良传

A Biography of Pan Yuliang

石楠 著

江苏凤凰文艺出版社

纪念潘玉良女士诞辰130周年

〔 * 序 * 〕

《画魂》今年四十三

《画魂》面世已四十三年。四十三岁于一个人来说，正值人生盛年，而于一本书，出版半年后就被看作旧书了。这本面世四十三年的书，至今仍然受到广大读者的热情关注，我想是有因由的。感恩江苏凤凰文艺出版社对她的钟爱，在印过两版之后，又决定推出全新的版本。

《画魂》是我的处女作，它是我的人生在经历过漫长的寒春和酷夏之后的秋天所得。发表那年，我已四十五岁，做了奶奶。这之前两年，我从工作了二十年的工厂调进安庆市图书馆古籍部。有机会接触大量史志文献，便有了为追求人格平等、实现自身人生价值、孜孜不倦地和苦难较量的才媛立传之想，我开始着手为实现这个梦想搜集资料。1981年夏天，常来我们图书馆看书的老读者李帆群先生向我讲述了潘玉良的故事。她的孤儿——雏妓——教授——中外知名艺术家的非凡身世深深地震撼了，也搅翻了我心灵深处那潭苦液。

我的人生经历使我深切地感受到潘玉良这样一个生活在社会最底层的女性，通过自己与苦难搏斗较量，成为中国最高学府的教授、中外知名的艺术家的奋斗历程的艰难和不易。她这种命运嬗变的过程，我想每一步都留有血的印记，就是这串串渗血的足迹，让我昼夜不宁。我试着拿起笔来写她，我写着写着，我们的灵魂就融成了一体，那些爱那些恨，那些白眼和冷落，那些与苦难搏斗的快乐，我们同欢同乐，同悲同泣，分不清是她的还是我的了。

尽管是初次尝试写作，但潘玉良滴血的历程给了我勇气和力量，她这个生活在旧社会最底层的特殊妇女典型为争取做个普通人的权利，在艺术上孜孜不倦地追求、探索，终于向人类艺术宝库奉献了一束芳香远溢的奇葩，在艺术上争得了一席地位。通过对她的刻画描写，我想说，只有追求，才有获取，追求可以改变命运，在学业上、事业上，基础薄不足怨，只要有崇高的理想、执著的追求、刻苦的进取，就能得到你想得到的东西。这东西，就是人生的价值！命运之神往往败北在有志者的追求中。只有在不知疲惫的追求中，人生才能闪耀出光辉。

我写她的初衷，并没有想到发表和出版，只是想要把久积心中说的话说出来。不曾想到，我这支用心用泪为苦难者潘玉良歌唱的奋斗人生之歌，得到了广大读者的应和。发表后一周，读者来信就开始像雪片一样飞向我，两个月里，我收到了三千多封热情洋溢的信，很多地方形成了"潘玉良热"。《文汇报》《中篇小说选刊》等二十多家报刊转载连载，十家电影厂争相组稿，众多报刊发表了大量评介文章。它发表后的四十三年中,包括韩国汉声研究所翻译出版的韩文版在内,先后在海内外出版了十九种不同版本的单行本。以它为蓝本,改编搬上舞台的有话剧、沪剧和黄梅戏,出版了三位画家画的连环画,录制了长篇广播剧和长篇小说连播节目。搬上了银幕和屏幕的,有黄蜀芹导演、巩俐主演的同名电影《画魂》;有中央电视台电视剧制作中心和安徽电视台联合拍摄的六集黄梅戏音乐连续剧《潘张玉良》,该音乐剧在央视播出后,赢得了电视剧飞天奖一等奖;有关锦鹏导演、李嘉欣主演的三十集同名电视连续剧《画魂》。

写到这儿,我突然联想到傅雷译的罗曼·罗兰《巨人三传》序言中那段使我灵魂震颤,终生享用不尽的诗样文句:"这些传记中人的生涯,几乎都是一种长期的受难。或是悲惨的命运,把他们的灵魂在肉体与精神的苦难中磨折,在贫穷和疾病的铁砧上锻炼;

或是，目击同胞受着无名的羞辱与劫难，而生活为之戕害，内心为之碎裂，他们永远过着磨难的日子；他们固然由于毅力而成为伟大，可是也由于灾患而成为伟大。所以不幸的人啊！切勿过于怨叹，人类中最优秀的和你们同在。"

　　我想，也许这就是一代一代的读者厚爱《画魂》的原因所在吧。

2025年2月18日于安庆

目录

前　言　　艺术之星的陨落　　　　　　　　　　1

第 *1* 章　　凄苦的年少岁月

　　　　　　一、贫家　　　　　　　005
　　　　　　二、出生　　　　　　　007
　　　　　　三、孤女　　　　　　　013
　　　　　　四、被卖　　　　　　　018
　　　　　　五、青楼　　　　　　　022
　　　　　　六、良缘　　　　　　　028

第 *2* 章　　新婚

　　　　　　一、"莲花"女　　　　　043
　　　　　　二、"挖藕"人　　　　　054
　　　　　　三、上海行　　　　　　061

第 3 章　迈向艺术之路

一、荆山之璞　　　　　073
二、"美"的勇士　　　083
三、裸女风波　　　　094
四、留学欧洲　　　　113

第 4 章　载誉返国

一、遭忌　　　　　　149
二、创新　　　　　　179

第 5 章　坎坷生涯

一、屈辱　　　　　　191
二、痛别　　　　　　203
三、故人　　　　　　212

第 6 章　历尽沧桑

　　一、我是中国人　　　　231
　　二、困厄　　　　　　　240
　　三、情谊　　　　　　　248
　　四、家书　　　　　　　261
　　五、扬名　　　　　　　278
　　六、深意　　　　　　　286

第 7 章　晚年

　　一、思　　　　　　　　301
　　二、"缘"　　　　　　309
　　三、病　　　　　　　　322
　　四、归　　　　　　　　329

附　录　　刘海粟谈潘玉良　　　　　　　338
　　　　　我看潘玉良的画　　　　　　　341

后　记　　我写《画魂：潘玉良传》的前前后后　348

前言

艺术之星的陨落

巴黎，世界著名的都会，它像一块精雕细琢的翡翠，系在美丽的塞纳河的腰带上。又以它独特的艺术气质，吸引着成千上万的艺术追求者，以云集世界众多的艺术家而著称。

1977年7月22日，巴黎众多的艺术沙龙，笼罩在一片悲哀之中，一个人们热爱的女艺术家告别了人世。在安眠着许多杰出艺术家的墓地，新添了一座宏伟的墓碑，平滑如镜的黑色大理石墓碑上，镶嵌着长眠者的白色大理石浮雕像。雕像的下方，悬挂着十几枚造型各异而又美观的奖章；右边是一行用中国汉隶体镌刻的碑文："潘玉良艺术家之墓（1899—1977）"。安葬那天，墓前鲜花遍地，中国大使馆献的花圈陈放在醒目的地方。墓地云集着不同肤色、不同国籍的美的追求者和法国人民，人们手里捧着象征哀思的翠菊和紫红色康乃馨花束，表情悲哀，流淌着思恋的泪水。艺术界的朋友以最诚挚的感情悼念她，以最能慰藉她的方式安葬她。遗憾的是，墓前听不到她儿女的悲咽和亲人的哭泣，只有塞纳河在低声呜咽。人们在赞美她。"她是第一个以雕塑作品走进巴黎现代美术馆的中国艺术家，在这世界艺术珍品的宝库中，占有一席位置。""她把她的生命和所有的才华，全部奉献给了人类的艺术！""她被誉为两艺齐名的艺术家，她对现代艺术的贡献和她在画坛上所占的地位，是她奋斗不息，矻矻追求取得的。"可是，这个美的富有者，却得不到命运的宠幸，以至临终的时候，也还未能实现归乡梦，只得带着浓浓的忧思和对祖国缱绻的恋情，长眠在异国的土地上。

能够想象吗？为人类贡献了大量美的财富的星座，却是个从泥淖中挣扎出来的普通女人。

孤儿——雏妓——小妾——艺术的追求者——中国最高学府的教授——世界艺坛出名的艺术家。

古今中外的经传中,她算是一个非常特殊的典型。

它近乎神话,却又是千真万确的真实!

它是奇迹,近乎神话般的奇迹!

一个没有受过最基本的正规教育的青楼女子,在艺术上取得那么大的成就,在艺坛上赢得那么高的声誉,可以想象她在艺术上付出多么艰辛的劳动,在坎坷的道路上经历了多少艰难险阻。

闭目,可想她矻矻跋涉的身影;

静耳,能听到她坚定的足音;

音影交融,汇织成一股感情的洪流,撞击着颤动的心扉,轻唱起一首追求人生价值的歌。

第1章 凄苦的年少岁月

一、贫家出生
二、孤女卖楼
三、被青楼
四、青缘
五、良
六、

再见了，故乡；再见了，愉
你的女儿带着蒙眬的兴奋和
的人生道路起步了。

小河！

正在逆江而上，沿着陌生

扬州 >> 芜湖

一、贫家

迷人的古城扬州，像个端庄典雅的美人，运河诚挚地追逐着她，给她送来无尽的财富和秀色，因此她在我们悠远的历史中，曾经有相当的一段时间，风采照人。世传扬州出美女，也许不假；扬州孕育才华，这倒是真。在她丰腴而肥美的土地上，产生过不少才华横溢的优秀人物，有李孩、徐锴、徐铉、李邕以及以《春江花月夜》传唱千古而闻名的张若虚。在19世纪末，她又养育了一个在世界画坛享有盛名的女儿。可是，随着运河碧波飘来的，不全然是"春风满城郭，入耳尽笙歌"的繁华和欢乐，还有唐代诗人李敬的那首著名的诗歌：

> 汴水入淮利最多，
> 生人受害亦相和。
> 东南四十三州地，
> 取尽脂膏是此河。

运河上飘荡的歌声，渗浸着酸楚；运河上飞扬的笑语，夹藏有泪珠。她不仅带走了母亲甘醇的乳汁，使慈母逐渐干瘪；她还流走了父兄的脂膏，给弟妹留下了不尽的贫穷。

扬州广储门外有条石砌的街，它的结构很像苏州的街道，前门临街，后门濒水，颇有"人家尽枕河"的风味。徘徊在这条溜滑而又高低不平的石板路上，可以听到缓缓的流水声，也可远眺以史阁部衣冠冢而闻名的梅花岭上挺拔遒劲的古梅。就在这个美丽的所在，住着一户张姓人家。

张家以自产自销毡帽为生。这种帽子以毛毡为主要原料，上面绣有图案，在扬州已风行了几个世纪。张家男的是个世代的手工业者。他憨厚、勤劳，挣得了一点资本，开了这片小店。他娶了个聪明、能干的妻子，已养了个十岁的女儿，过着淡饭粗衣的小康生活。他们不用请人，一切自己动手，男的制帽，女的绣花。他们的毡帽以花色新颖而远近闻名，得到顾客的称誉，销路很畅。外乡的客人从运河上来，都争相订购他家的毡帽。"眼看张家就要发起来了！"邻居们背地里议论。

可是，好景不长，一天，一个外埠商人满面春风地登门拜见。他大大赞扬了张家毡帽的好处，特别称赞了女主人的刺绣技艺，要求订立包产包销合同。老实巴交的手艺人，听到赞语，心里痒爬爬的，立刻同意了这个客户的要求。客人答应供给张记帽店毛毡，价格优惠，按合同他包销张家产品。于是，张家所有的产品随着外埠客人从运河上流走了！日子一天天过去，却不见从运河上运来毛毡。可怜的张记主人，面对着一纸合同，还相信这种所谓的"君子协定"。商人以恪守信用为本，信用都不守，那还算人？他像热锅上的蚂蚁，常常焦急地在运河边上翘首张望，恍惚徘徊。几个月过去了，他拿着合同，去找同行打听，谁知一看大名，人家就悄悄告诉他，这人是当今知府大人的舅子。他想去官府告这个不守信用的骗子，好心的同行却劝慰他："吃了亏算了，再不要惹火烧身，只怕吃不了兜着走。"

他一气，卧床不起。妻子带着十岁的女儿，拖着即将临月的沉重的身子，支撑着欲坠的小店。她希望腹中是个男孩，她认为男孩比女孩有出息，可以读些书，有了知识，就不易被别人愚弄，丈夫之所以受骗，就是因为不识字。男孩子读了书，如果有些长进，还可以谋个一官半职，即使丈夫身体不好，不能再做，以后生活也有个依靠。她越想生个男孩，就越觉得腹中的躁动有股男孩子的冲动，她把她的预感悄悄告诉了丈夫，想让丈夫得到一点安慰，从此身体好起来。丈夫虽然是个没有喝过墨水的人，心地却忠厚善良，他理解妻子的心曲，苦笑着对她说："生男生女，我都欢喜。"妻子似乎得到安慰了，微微地笑了一笑。

二、出 生

"哇！哇！哇！"张家又一个女儿坠地。张记主人为了宽慰妻子，强作欢笑。说心里话，他又何尝不希望添个小子呢？他的身体近来日渐衰弱，元气看来难以恢复，妻子虽然身怀绝技，绣得一手好花，但毕竟是个女人，又拖着两个孩子，需要苦苦撑持，如果自己的身体不见起色，他们今后的生活将怎么过，他不敢再想下去了。他给孩子起了个响脆的名字——张玉良，意思是张家的一块好玉，一个宝贝，用以安慰屠弱的妻子。妻子惨白的脸上果然露出一点喜色。可是，上天并不怜悯善良而勤劳的人们。玉良一岁时，父亲终于离她而去，他带走母女们绝望的心，到另一个世界去了。玉良两岁，她唯一的姐姐也抛弃了她，给她留下了孤独和寂寞。她家的小店随着父亲、姐姐的去世关闭了，她们失去了生活的依持，母亲的技艺成了她们母女唯一的生活途径。

小玉良多孤寂啊，她常常依傍着母亲的腿，呆呆地看着母亲刺绣。母亲的手飞上飞下，一块料子上就奇迹般出现了油亮亮的叶子，红的、黄的、紫的鲜花。她好像还能听到蜜蜂嗡嗡鸣叫和蝴蝶扇翅的细微声音。她觉得母亲真了不起，那双手简直是魔术师的手！"变只小鸭吧！妈妈。""妈妈，再变一只鹅吧！"她经常求着母亲。

玉良常趁母亲外出或烧饭的机会，尝试母亲变戏法的劳动。她在母亲的花绷上刺绣起来，一旦母亲出现在面前时，她急忙转过身，欲以小小的身影挡住母亲的视线。母亲发现她把绣件刺得像乱蛛网样，也从不责怪她，总是耐心地把乱刺的线一根根拆掉。她看到母亲无声的动作，幼小而敏感的心灵感到犯了错误，给可怜的母亲增加了麻烦，以后，她就再也不往绣件上乱刺了。她像突然明白了许多事理，盼望自己快快长大，像母亲一样，绣出许多好看的花。

小玉良常常看母亲绣花，看那一片片绿叶长出来，看一朵朵花儿绽开。在母亲去卖绣件时，她便独自坐在后门口，望着清波粼粼的溪水和水上漂着的像片片白云样的鸭子，她觉得美极了，要是自己有妈妈那样的本事，就要把这美丽的画面绣出来。有时她望着这群活泼嬉戏的生灵，自己却难过起来。多寂寞呀，没有姐妹，也没有爸爸，看那只黄嘴小鸭，头往水里一钻，屁股跟着翘上来；有时，小鸭伸着毛茸茸的脖子，张着扁扁的小嘴，往它的爸爸妈妈身上咬

女童与提篮　彩墨　51cm×63cm　1957年　安徽博物院藏

　　着,老鸭用长长的脖子往它身上轻轻蹭着,爱抚着,它多幸福,多快活。她看着、想着,心里很难过,鼻沟也痒痒的,她用衣袖揩揩,往往就不知不觉靠着门框睡着了。

　　玉良生性倔强,不到三岁时,被门口路上的一块石头绊倒了。她妈妈拉她,她赖在地上不起来,头像捣蒜样在石头上撞。妈妈把她抱回了家,她又跑回原地,睡到地上去碰那块石头。一次次抱回家,她又一次次跑回来。头上碰起了包,包上蹭破了皮,以致鲜血淋漓,她还要固执地去猛碰那石头。妈妈没有办法,只好扛来锄头,把那石头挖掉,她才肯罢休。

婴戏　油画　16cm×22cm　年代不详　安徽博物院藏

天伦之乐　油画　16cm×22cm　年代不详　安徽博物院藏

人们都说玉良的命苦，八字硬，这也许不假，她刚萌生，家中便破了产；她一落地，就克死了父亲和姐姐。她的母亲随着她年岁的增长而逐渐枯萎衰老下去。倒是她自己得天独厚，出落得壮实、修长。八岁的孩子，竟到母亲耳朵那么高。虽说命运之神刻薄她，她母亲却不这样想，她用尽一切努力来爱她，把她视为唯一的珍宝。为赶在玉良八岁生日前完成一件绣品，好给孩子买件生日礼物，她没日没夜地赶。衰弱和劳累，使她终于倒在绣架上，奄奄一息。好心的邻居喊来了她家唯一的亲属——母亲的弟弟、玉良的亲舅舅吴丁。姐姐挣扎着指指小玉良，把她托付给了这唯一的亲人，就再也没有醒过来。

玉良舅舅卖掉了她家唯一的财产———爿小店面和几间房子，带走了外甥女儿。

三、孤女

一叶小舟，一片风帆，沿着运河的支流瓜河，荡出了"两三星火"的瓜州古渡，进入亘古不息的万里长江。船舱里坐着个十四岁的姑娘，这姑娘身材苗条，齐耳的黑发，一套入时的服装，上衣是月白色的小腰宽袖大襟褂子，下面是真丝的黑裙子，颇像被革命浪潮冲出樊笼的女学生。那绯红的面颊上飞荡着幸福，被幸福染红的两片朝云中仿佛又杂有突然得到幸福的那种惶恐和不安。

前天，玉良舅舅突然给她做了这套时髦的新衣，还请来了理发师傅把她的大辫子剪掉，理成当今女学生的发式，她迷惘地听随舅舅摆布。舅舅把她打扮停当后，对她说："现在已是民国了，女孩子也可以出去工作了。我已在芜湖给你谋到一个事，你可以自食其力。"她先是一愣，当她领会了工作是可以养活自己的时候，高兴得一夜没能入睡。

她躺在床上，回忆这六年寄人篱下的岁月，无声的泪水悄悄润湿了鬓发和衣领。名义上她有个舅舅，可是舅舅不务正业，整天泡在茶楼酒肆里，无心顾及这个幼稚的外甥女。舅舅把一切家产都卖掉去抽鸦片烟，六年了，没有为她添过一件新衣服，肚子有时也填不饱。舅舅虽然不打她，也不骂她，可也不管她，不教育她，这比什么都难受。她常常独自流泪，怨恨自己的命苦。现在舅舅为她找到了工作，可以自己养活自己了，可以做一个独立的人了，这多好，这多美，多幸福。特别是穿上这身入时的衣服，是每个姑娘梦寐以求的幸福，她也可以像街上携手走过的女学生们那样，是个引人注目的漂亮姑娘了。她脸上漫开了青春的欢笑，她感到舅舅突然变得可亲可爱起来,人们常说的"亲不得一匹篾",这话真不错,舅舅到底还是舅舅。她暗暗下了决心,以后挣到钱,一定要报答舅舅的恩德。

再见了,故乡;再见了,愉快的小河!你的女儿带着蒙眬的兴奋和希冀,正在逆江而上,沿着陌生的人生道路起步了。

"玉良!"她舅舅从颠簸的船板上,一手拎起长衫前襟的一角,躬着身子,来到舱内,叫了她一声。她有如从梦中被叫醒,立即机械地站起来。

湖上小舟　水彩　43cm×64cm　年代不详　安徽博物院藏

"你坐，你坐。"舅舅按住她的肩膀，让她重新坐下，他也就跟着坐在她身边，"孩子，让你出来做事，也是不得已，你知道，舅舅的恶习改不掉，无法养你了！唉……"舅舅欲言又止，神态里夹有痛楚和怅惘。

玉良乍一听，吓了一跳，以为自己做了不当的事，很是不安。听完舅舅的话后，才知道舅舅也是个懂感情的人，舍不得自己出远门，心里顿然一热。多年来，没有得到过爱的小姑娘，竟然感动得嗓音都哽塞了，她的嘴唇颤抖了半晌才对舅舅说出："舅舅，这没什么，我很高兴，只是，我担心自己不识字做不来什么！"

"那不妨事，不识字，就做不识字的事。去那里只要听老板的话，也吃不了什么苦。如果不顺心了，我只求你不要怨我，舅舅也是没奈何才……"说着嗓子也哽咽起来。

"舅舅，再苦我也不怕。"玉良说的是真心话，她不怕吃苦，也不怕困难，她关心的是舅舅给她找的到底是什么事，她向往的是一种给生活增加美感的工作，她憧憬像妈妈那样，在绣件上绽开美丽的花朵，伸展油亮亮的绿叶，她多希望舅舅给她找的事就是绣花啊！见舅舅说话吞吞吐吐，心里有些惶惑，想问问明白，又有些胆怯，但她还是鼓起勇气问了。

"舅舅，你给我找的到底是什么事呀？你没告诉人家我会绣花吗？"

舅舅仿佛从梦中惊醒，忙随话答话地说："哦！对对对，是绣花，是绣花。"

"真的是绣花？那太好了！"玉良惊喜地一把抱住舅舅的手臂，充满了幸福和感激。"好舅舅，我赚了钱，给你买最好最好的东西吃！"

这一夜，玉良躺在摇篮样的小船里，做了个幸福的梦。

宽敞明净的房间里，摆着几排齐刷刷的绣架。每个绣架旁都坐着和自己年龄相仿的姑娘，飞针走线，一幅幅美丽的画卷，顷刻出现在眼前。绣件上的花朵，一下都盛开在房间里，一丛丛，一簇簇，嫣红姹紫，鲜润欲滴，好看极了。姑娘们手拉手，陡然化成了翩翩起舞的彩蝶，在花丛中飞呀飞……

牡丹与苹果　油画　38cm×46cm　年代不详　安徽博物院藏

芙蓉
油画
38cm×46cm
1942年
安徽博物院藏

四、被卖

　　初夏的江上夜风,仍带有凛凛的寒意,撩拨着小船。船上,有人沉睡在甜美的梦境里;有人则彻夜难眠,他的心被内疚和愧恨所绞痛。这人不是别人,正是玉良的舅舅。他斜倚着船舷,左手轻抚着外甥女的秀发,右手捏着一封信,一种人的良知突然袭到他的心上,皎月的光辉映出他脸上斑斑的泪痕,本来就很苍白的面容宛若镀上一层灰白。他不能入睡,只要一闭上眼睛,眼前就出现他姐姐那痛苦和绝望的面容,姐姐无声的嘱托就变得像雷鸣那样惊震耳膜,咬啮着他的心。他真想跪在姐姐的面前乞求宽恕。手中捏着的那封信,就像一颗长着尖刺的板栗球,刺痛他的手,啃食着他每根有良知的神经。他想把它撕得粉碎,抛进滚滚江水;他想大喝一声:"船家,你给摇回去!"他刚想站起身,那不紧不慢的摇橹声像一瓢冰水,浇醒了他这个处于昏热中的狂人,他清醒地回到现实中。这船是给商家运送织锦的,顺便带上他们,且不说船家不能往回摇,就是船家同情他们,他们到哪儿去给船家凑齐这笔往返的船费,还有那笔烟债,他将用什么来偿还?不往回摇,他又有何颜去见姐姐地下的灵魂?"我还算个什么人?"他想跳进大江不就一了百了了吗?可是,等待着玉良的不还是同样的命运?债主会放过她吗?他是回也回不得,去也去不得!一个哈欠使他完全瘫软下去,鼻涕口水和着泪水流着,经验告诉他,这是烟瘾上来了!烟瘾掩蔽了他的良知。"烟还是要吸的。"他在心里说,"这不能怪我,是她命不好,谁叫她克死了父母和姐姐。算命的不是说,留在家里也是给不了正经人家。我这也是无路可走啊!"他以掌合十,向来路方向低着头,默默祈祷。"饶恕我吧!求你保佑你的女儿,能有好运气。"他悄悄做完这些,好像得到冥冥之中姐姐的灵意,竟安然入睡了。

三天的日夜航行,他们到达了目的地——芜湖港。这是一个颇为繁华的内港,中英烟台条约签订后,被辟为新的商埠,成为安徽商货荟萃之地。县城傍江而筑,东南是莽莽丘陵,湖沼星布,大河流贯市中,青弋江从这里汇入长江,江面白帆点点,樯楫如林,百舸争渡,衔尾相随,各种土特产都在这里集散,祁门的茶叶、巢湖的大米、湘赣的木材,都从这里运销京沪各地,素有"黄金航路"之称。

玉良随着舅舅,穿越摆满地摊的洋码头和熙熙攘攘的混杂人群,住进一家客栈。时近正午,他们在店里吃过饭,舅舅就送她回房间,并叮嘱她不要出房门,他要去访朋友,商谈她做工的事,谈妥了,就回来接她。玉良温顺地应着。

这位舅舅干瘪得只剩一副骨架,长衫罩在上面,就像挂在枯枝上似的。他迈着小方步,手里捏着那封揉皱的信,按照信封上的地址,来到一处僻静的院落。

看门的侍女接过信就到后院去了,他站在前厅等候。断续的歌声从后院飘来,这些从生涩的喉咙里挤出来的歌声,好像在他心海里搅动,是风流的浪花,还是污浊的黑泥?他木然地站在那里,不知所措。

"人呢?我看看!"随着一声浪笑,出来个浓妆艳抹的半老女人。她看面前站立的是个枯瘦的中年男子,衣衫寒碜,皱了皱眉毛,再次重复那句话:"人呢?我要先看人。"

"李妈妈,她在客栈,谈好了我去带她来。"

"你先去带她来吧!"李妈妈坚持着,没有看到人,她有些不快,说着做了个要返后院的姿态。

"她自己还不知道呢,我只说是找了个工作。"玉良舅舅喃喃地说,"这是出于不得已,我想请求您在我走后再跟她说破。"

"那好说。不过,十四岁,太嫩了点,又不识字,要调使两年,不知可否派得上用场,要不是老姐姐荐来的,我还不收呢!"李妈妈说着,又一反居高临下的派头,叹了口气说,"你不要看我们这排场,实际家底很薄,只能出这个数。"说着伸出一个指头。

玉良舅舅一愣,这个可恶的女人,乘人之危,捏撮人。不知从哪里来的一股勇气,他转过身,拔腿就往外走,一面走一面嚷着:"不远数百里,冒千古唾骂,忍受终生疚痛,就为这一百块钱?我把她带回去,即使同跳大江,也不干了!"

他这一手,使姓李的鸨儿傻了眼,马上满脸堆笑,追了上来:"大兄弟,火气可真大呀!既然是老姐姐介绍来的,还不好商量!"她一面拉住玉良舅舅,一面笑着说,"回来,回来呀!坐下喝点茶再说。"她向内喊了声:"沏茶!"随之,两碗热腾腾的花茶送上来。

他们对面坐定,玉良的舅舅一声不吭,室内空气有些沉闷。鸨儿想缓和一下气氛,开口了:"喝茶吧!我知道,把孩子送到我们这种地方来,都是有难处的。"她显露出理解和同情的神态,"人我还未看到,我相信老姐姐的眼力,不过,最多不能超过这个数。"她伸出两个指头。"再多了,就谈不拢。现在当面立好字据,等下一面交人,一面付钱。"

玉良的舅舅没有任何表示,就在已经准备好的纸上写道:

> 立卖身契人吴丁,因无力抚养家姐遗孤张玉良,自愿将张玉良卖给怡春院,身价二百大洋,自立契之日起,张玉良与立

卖身契人断绝亲属关系，院方对她的一切管教不得干涉……

吴丁放下颤抖着的笔，起身往外走，他一步高一步低，像喝醉了酒。

玉良目送舅舅出去后，斜倚着临江的窗户，眺望窗外美丽而又陌生的江景。她突然怀念起自家门后那明澈的小溪和浮游溪面的鸭群，一丝乡情像一阵轻风在心间一闪。

她正沉浸在幻想中，舅舅给她带来了"一切如愿"的佳音。她跟在舅舅身后，掩饰不住内心的欢乐，以后她将是个自己养活自己的人了。她又想起了死去多年的妈妈，想起妈妈还没有看到自己的女儿能做工，挣钱；又后悔过去对舅舅的误解，现在即将分别，生出一缕淡淡的离愁。她暗暗在心里说，以后挣到钱要到妈妈坟前烧一大堆纸钱，还要诉说诉说舅舅对自己的……正在她思绪如潮的时候，怡春院的鸨儿出来了，吴丁忙走上前指着她对玉良说："这是李妈妈，还不快请安。以后就在她老这里做事。"

玉良腼腆地向李妈妈双膝跪下。李妈妈笑容可掬地扶起了玉良，连迭声地说："不用行礼，快起来。以后叫我干妈好了。只要听话，我就喜欢你。"说着，向内院喊道："兰儿，带这位张姑娘里面去，就与你同住。"

玉良转向舅舅说："舅舅，我去了，你明天还来吗？走时对我讲一声。"

舅舅强笑着说："在这里好好听话，我还会来的。"喉头滚动了几下，眼皮垂了下来，躲闪着玉良那欢快的目光。

玉良随着叫兰儿的姑娘，像只小鸟儿样，向后院飞去。

吴丁从鸨儿手中接过钱，装进钱袋，捆在腰上。霎时间仿佛这些银元突然化成了滚滚沸沸的铅水，冲击着他的神智，灌满了他的血管，他失去了意识和思维，恍恍惚惚，踉踉跄跄，进了洋码头附近的一家小酒店。他选了个不起眼的角落上的一张空桌坐了下来，从腰里摸出两块银元，往桌上一甩，对迎过来的堂倌叫道："拣那好酒好肉给我多送些来！"

不一会儿，酒菜上来了，他自斟自饮，耷拉着头，眼皮都不向邻桌抬一下，只顾大口地喝，大口地嚼，酒喝了一壶又一壶，菜添了一盘又一盘，没命地喝，没命地吃，直到像一摊烂泥，醉倒在桌子底下。

五、青楼

小兰的父母早故，九岁就被族尊卖到这里。她与玉良同庚，长玉良两个月，现在她除供干妈使唤，就跟那些能歌善舞的姐姐们学弹唱。来了个同岁人，仿佛给她阴暗孤寂的心灵上添上了点光。她毕竟还是个孩子，高兴得牵着玉良的手，笑嘻嘻地从头到脚打量着玉良。看着玉良那忸怩的羞态，那初露的浅笑，那白里泛红的面颊，鲜润鲜亮，她立刻喜欢上了这个小姐妹。为了让玉良高兴，她让玉良坐在自己的床沿上，取下琵琶，轻拨琴弦，随着她手指飞上飞下的弹拨，一曲《甘草子》从弦上流出，小兰轻轻唱着：

秋暮，乱洒衰荷，颗颗珍珠雨。雨过月华生，冷彻鸳鸯浦。池上凭栏愁无侣，奈此个单栖情绪！却傍金笼共鹦鹉，念粉郎言语。

歌声虽然生涩，曲调却是沿袭古乐，幽怨动人。一个没有接触过音乐的女孩子，虽然不解其意，但妙乐仙音，赏心悦耳，竟使她兴奋得一把抱住小兰："你唱得真好，只是我一句也听不懂，你讲给我听听吧！你也教我唱吧！"

"我也不懂，姐姐们教一句，我就记一句。"小兰得到玉良的称赞，有些飘飘然了，但她毫不掩饰自己的无知，仍然高兴地挽起玉良，"当然教你，你就是我的妹妹了，我带你到后面去玩玩。"

小兰俨然像位大姐样，带着玉良，向各房间的姐妹介绍新来的妹妹。最后，她们来到后花园。名曰花园，只不过是个空旷的院落。院中有一泓池水，青苔使水变得绿油油。池内生着荷莲，伞盖样的荷叶，仿佛洒了层薄薄铅粉，有些灰茸茸的。初拔的荷花蓓蕾像支支翠色玉簪，挺立在水中，荷池畔有纤纤杨柳和不规则的石凳，还有疏落的桃树。她们在一条石凳上坐了下来。

玉良低着头，呆呆地看着地下的泥沙，久久没有说话。刚才看到的一切，像盆浑浊的水，淹没了她那不曾阅世的幼稚心田。那些大姐挤眉弄眼，浓妆艳抹；那些进出的轻佻男人，浪声笑语。舅舅不是叫她来刺绣的吗？怎么不见绣架和绣花的人呢？这些女人不像是会刺绣的呀！这到底是什么地方？这些女人又是干什么行业的？她真有些迷糊了。

她记起小时候，舅舅不归家，邻人告诉她：你舅舅上消春楼去了。她不知消春楼是什么。后来从邻人的嘴里隐约听到那消春楼是女人卖笑卖灵魂的地狱，浪荡男人寻欢作乐的地方。在那里面的女人，没有自由，没有做人的尊严，任人踩踏。难道这里就是那种地

排练 23cm×24cm 年代不详 安徽博物院藏

方？难道舅舅说的工作就是把她卖进火坑？她满腹狐疑，怯生生地向小兰探问："兰姐，这里做的是什么行业？我怕……"

"做什么行业？你还不知道？就是卖笑卖歌！卖肉，卖魂！我们都是干妈买来赚钱的呀！"

"啊！"玉良高叫一声，"天哪！"便一头向池边的柳树撞去，像鸡啄米样在树干上碰起来。小兰吓慌了，一把抱住她用力往回拉，她死死抱住树干不放，头上碰起了包。小兰没法，只得飞跑着去把李妈妈找来。

李妈妈用强力把玉良拉脱开那棵树，然后满脸堆笑地一把将玉良揽在怀里，一面给玉良揉搓着额上的撞伤，一面哄着她说："我的孩子，这是何苦来！撞伤了身子，碰破了面相，那可怎么得了！你自己不心疼，我还心疼……"玉良未等她说完，就推开她的手，要挣脱她的怀抱。她哪里肯放，强按玉良在石凳上坐下，又摸出丝手绢给玉良抹着泪说："好了好了，我的好孩子，不要耍孩子脾气了。干妈我心肠软，看不得这种可怜相，特别是你，干妈一看就喜欢的人。"鸨儿似乎真的动了感情，流出了眼泪，她边擦泪边继续说："唉！我也是个苦命的人啦！没儿没女，没人心疼。孩子呀，你也无父无母，怪可怜的，你就做我的女儿吧！你现在年龄还小，妈不会叫你做为难事的。以后我找人教你念点书，学学唱歌弹琴，将来不想干这行，也可以改行的。妈说话算话。"

玉良对她的话好像无动于衷，既没点头，也没摇头，只是低头继续哭她自己的。鸨儿没奈何，板起了脸命令小兰说："小兰，你好好陪着妹妹玩儿。她若有个闪失，我可饶不了你。"她走了，潮湿的鹅卵石小径上，留下了快节奏的"咚咚"脚步声。

小兰一直默默地站立一旁，静观干妈的表演，见她走远了，这才拉起玉良的手抚摸着说:"好妹妹,别难过,只怨我们命不好。还是回去再说吧!"

天是什么时候黑下来的,她们不知道。怨恨和绝望,使她们忘记了饥饿和时间。

半夜过后,天上突然雷声大作,狂风卷着骤雨,拍打在她们的窗户上,把两个未成年的小姑娘吓得紧紧相偎在一起。同陷泥淖的悲惨命运,使她们两个自然而然地互相帮衬起来。

这一夜玉良仿佛突然长大了好几岁,开始领略到了一点人生的险恶,她恨舅舅,恨干妈,为什么他们都做好了圈套来坑害自己?据说改朝换代了,为何女人的命运还是那么悲苦?难道我们就愿意在这个人间地狱里呆下去?突然,她一把捉住小兰的手急急地说:"姐姐,我的好姐姐,我们逃走吧!就是讨饭……"

小兰忙抽出一只手,捂住玉良的嘴,悄悄地告诉她说:"好妹妹,快莫说,来到这里,就莫想逃出去!"她惊慌地四下望望,帮玉良脱掉衣服,对着玉良的耳朵说:"不要胡思乱想了,要吃亏的,睡下来,床上对你讲。"

两个小姑娘并头在被筒里,小兰近乎耳语地对玉良说:"打消逃的念头吧。前年,有位姐姐才十六岁,干妈为讨好一个恶棍,要叫他来给那个可怜的姐姐破身子。那天,干妈叫人给她开脸时,她就吓得发抖。后来趁人不注意,从后院墙上翻过去,已经逃到码头了,还是被追了回来。干妈为了惩罚她,也是为了杀鸡吓猴,叫来好几个干兄弟,对这个小姐姐百般糟蹋,轮番蹂躏,活活地把这个小姐姐折磨得只剩下一口气,然后又卖给了一个小流氓。后来,就没哪个敢跑了。"小兰用衣袖擦去涌出的泪水,又说:"干妈的神通可大了!商会老爷、米行老板、帮会的头头都是她的干兄弟。小

双人扇舞 油画 33cm×24cm 年代不详 安徽博物院藏

姐妹们的苦只能吞到肚子里去！"

玉良吓得一把抱紧了小兰，呜呜地哭起来："姐姐……"

"妹妹，过一时算一时吧。我们还小，这几年还不会……你睡吧！"小兰把玉良抱得更紧了。

夜，墨黑墨黑，风吼雨啸，掩住了她们的抽泣声。

六、良缘

1916年初夏的一个夜晚，芜湖县城里最豪华的餐馆江上酒家灯火辉煌，几盏雪亮的汽灯把宽敞的餐厅照耀得如同白昼。车声辚辚，彩轿顶顶，贾客要人，长袍马褂，都往这里云集。这是芜湖商界同人举行盛宴，为新到任不久的海关监督潘赞化接风洗尘。

潘监督年少英俊，风度翩翩，西服革履，光彩照人。他端坐在主宾席上，左边是米业巨贾李老板，右边是商界巨头马会长。在这群光头、毡帽、长衫、马褂中间，他有种鹤立鸡群的气度。

马会长致词后，潘赞化站了起来，向众人点点头说："赞化感谢诸位的盛情。鄙人初到贵地，一切生疏，还望诸位关照。今天虽是初次相会，尚请诸位允许鄙人直言相告，袁大头刚刚宣布退位，国力维艰，民众苦难，关税乃国家之财源，鸦片乃国家之禁运毒品。鄙人受政府之重托，定当严守政府关税章程，希望得到诸位先生的合作。"厅内响起了一阵不紧不慢的掌声。

远离主宾席，靠后窗边的席位上，几个商人谈兴正浓，一个光顶的人晃着肥硕的脑袋，神秘而又有点自豪地向同桌介绍："他是

潘赞化

我的同乡，桐城人，十八岁就留学日本，在日本有幸结识了孙中山先生，加入同盟会；袁世凯称帝后，他又参加反袁护国军，还是个不小的头头呢，革命的功臣，才能补到这个肥缺呢！"他的同席人不约而同地向这个饶舌者抱拳致意。一个脸上针都挑不起肉的瘦猴举起酒杯说："慕甫兄，鄙人如有不周之处，还望阁下在监督大人面前美言美言，给我们高抬贵手！"被称为慕甫的胖子得意洋洋地举起酒杯："一定，一定！"

正当厅内觥筹交错，与席者沉浸在醉语拳声之时，马会长起身说："有酒岂能无丝竹歌弦助兴，潘大人虽是阅过大世面，见过洋美女，但未领略过我们小城女子的歌喉风韵，我已为欢迎大人的到来，物色了两个色技绝伦的姑娘。"他神气活现地向身后一招手，两个怀抱琵琶、低头缓步的姑娘走了进来。

她俩好像初见这样的大场面，羞涩中带有惊恐。尽管胆怯，却掩盖不住她们的绰约风姿；忐忑慌乱，更显出她们的青春妩媚。那个身材稍高的姑娘，两目秀美，白里泛红的两颊时时现出一深一浅两只酒靥，一颦一笑，就像两杯醇厚的青梅酒，诱人思醉。她们穿着旗袍，显露出优美的身体曲线轮廓。她们那股迷人的魅力，使举席皆惊，大厅里突然静了下来，几十双贪婪的眼睛，一齐射向她们不谙世故的脸上，她们只能低眉不语。马会长让她们在潘大人的左右两面落座，这两个动人的姑娘就是玉良和小兰。玉良的身材长得比小兰高挑，也出落得水灵。

潘大人被夹在两个小姑娘中间，感到有些不自在，宛若左右是两盆炭火，身上有种炙人的燥热。他不知怎样对待这两个还是孩子的姑娘，才不使她们感到受辱和不适。李老板谦恭地侧过身说："潘大人，您点曲子吧！"

潘监督如释重负地向左右两个姑娘淡淡一笑说："拣你们熟悉的弹唱吧！"

玉良向小兰示意，她们轻拨琴弦，一曲《卜算子》古调就在餐厅内回荡：

不是爱风尘，似被前缘误。花落花开自有时，总赖东君主。去也终须去，住也如何住！若得山花插满头，莫问奴归处。

曲子重复了两次，悠远凄怨，渴望幸福和自由的旋律，在大厅内久久萦回。可是，这群听众中，却是和者寡，他们的注意力都在美酒佳肴上，还有人悄声说"没味"。真正能理解这首词思想和韵味的，只有潘大人。他没有料到这两个小姑娘还能弹出这样的雅调，更使他吃惊的是她们居然敢借词曲抒发自己的情怀。他停杯默默良久之后，转向玉良，想考考她："这是谁的词？"

玉良喟然一声长叹："一个和我们同样命运的人。"

"我问的是她是谁？"潘大人执著地要她回答。

"南宋天台营妓严蕊！"玉良像是回答又像是自语。

"你倒是有点学识。"潘大人也像是在自语。

"不，大人，我没有受过教育，是听教唱先生讲的。"

潘赞化意味深长地"啊"了一声，一缕惋惜怜爱之情油然而生："可惜呀，可惜！"

玉良抬起悒郁的眸子，报给潘大人一个感激的苦笑。自从被卖进那个脏地方，从没有人把她当人待，也没有人对她表示过惋惜，更少有人给予她同情，她觉得这个大人似乎与别人不一样。

赞化的表情，没有逃过马会长的眼睛，他是看在眼里，喜在心里，端起满满一杯酒递给玉良说："张姑娘，快给潘大人敬酒。"

玉良低着头接过酒，双手向赞化送过去，心虚胆怯使她的手一抖，酒泼到赞化身上。马会长、李老板不约而同地"哎呀"一声，站了起来，瞪着眼责怪着说："你怎么搞的？"

赞化拎起衣摆抖了抖说："不要紧！不要紧！"并立即接过玉良手中的酒杯，不在意地呷了一口酒，问道，"你们多大了？"

"我们都是十六岁，我长她两个月。"小兰抢着回答。

马会长目睹了这一切，心中暗自高兴，转过身，将那油亮亮的嘴凑到潘大人的耳边，向玉良那边努努嘴说："这个还是黄花闺女！"就注视着潘大人眯眯地笑起来。

潘赞化听到这话，感到有些不快，出于礼貌，他没有显露出来，只是机械地点了点头。少顷，他站起来说："诸位先生，鄙人量微，已有些过量了，恕我先走一步。见谅，见谅！"他说完抱了抱拳。

大厅里桌椅碰撞声响成一片，喝得醉醺醺的商贾们七歪八倒地站了起来，表示对潘大人的敬意。马会长、李老板则相随在潘监督的身后，并向侍者授意："等会儿将张姑娘送到潘大人处。"

马会长、李老板等人像众星拱月样将潘监督送上车。黄包车已消逝在夜幕里，他们几个仍未离开江上酒家的门口台阶。

"马会长，您看监督这个人……"李老板打破了沉寂，他心不在焉地仰头在夜空中似乎寻找什么。

"还拿不准，看来有别于前任。有些货过关，还得小心点为好。"他好像突然想起了什么，"你没注意，我看他对那张姑娘有点意思，已吩咐送去了！"他们边谈边走进餐厅。

车夫躬着身子在石板路上吃力地拉着，风灯在黑暗里摇曳，像个患了眼疾的人的浑黄的眼睛，一眨一眨。潘赞化眯缝着眼睛，他的眼前不时出现那对忧伤的大眸子，他睁开眼，想仔细端详一下，那双眼睛又不见了，他又眯上，耳畔又响起那渴求自由的忧郁旋律，想细细听听，那旋律又消逝了。他闷得发慌，心乱如麻，一股从未有过的烦躁侵扰着他。他想静静思索一下，这是为什么。他已走过二十八年的人生旅程，见过日本姑娘的温柔，安庆姑娘的泼辣，家乡姑娘的朴实，酒肆茶楼姑娘的妖艳，从来没有这样惴惴不安。他二十岁结的婚，虽说是由父母做的主，妻子也算是名门闺秀，一个娴淑的小镇姑娘，也已生儿育女。他算是个好丈夫，结婚八年，他自省没有做过有伤妻子自尊的事。他两次渡洋到日本求学，后来又参加蔡锷将军领导的讨袁战争，终年在激流里生活，却感到少了根能牵拨他心弦的线，很少有那种因思恋妻子而产生的痛苦。可是这个刚才邂逅的烟花女子，只轻拢慢捻的一曲，淡淡的几句话，却在他平静的心湖里掷下了一块巨石，激起圈圈涟漪。那悒郁的眼神，使他不安；那聪敏的答话，使他震惊；那祈求的歌喉，叫他感到郁闷。在怜悯中他又联想到，革命并未给这些弱者带来好处，许多聪慧的灵魂仍在火坑里受煎熬。本来他还可以在她们身旁多待会儿，他瞧着这两个可怜的不幸者，没有继续待下去的勇气。马会长那狡黠的目光，叫他受不了，只得找个托词退席。

车还在继续摇晃，车灯的光越来越微弱了，他一点也看不清面前的路。突然，车停了，他才从纷纭的思绪中解脱出来。

他迈开大步上了楼，进了卧室，关好门，坐到案前。为了解除心中的郁闷，顺手拿过一本书，原来是《周元公集》，随手一翻，竟是他爱读的《爱莲说》，他轻轻诵读了起来。

他非常喜爱这篇短文的寓意深刻，特别是那句"……予独爱莲之出淤泥而不染，濯清涟而不妖"。今天读来仿佛又品嚼出深一层的意思了。他感到她们，就像生在烂泥里的荷莲……

"咚咚，咚！"有人在叩门。听那熟悉的节奏，他知道是跟随他多年的家仆。

"什么事？"他没有抬头。

"马会长派人送来个姑娘，说是来伺候大人的。"

他一惊，想到她，她就来了，心里一阵不安，他们为什么要难为这个小姑娘，他朝门口大声说："我睡了，叫她回去！"说完，他又觉不妥，有伤人的自尊心，便走到门口，拉开门，向家人补充说："你告诉她，明天上午如有空，请她陪我看看芜湖的风景。并向马会长致意。"

处理完这件意想不到的事后，他强制自己上床休息。可是，他怎么也不能入睡，逢迎的谄笑，阿谀的眼神，虚假的关心，那许多表情不一的面庞，都在他眼前晃动。想着想着，前任监督被愚弄的事，在他脑海里活动起来。"莫非……"他警觉起来。

玉良从江上酒家被押送到监督官邸，一路上泪水涟涟，无声地淌着。她恨，恨舅舅，恨一切人，甚至恨她早逝的父母不该生她养她。她也恨自己，为什么不害一场病死掉，那不就没有今天的屈辱？她的少女童贞就要在这个监督大人的铁蹄下被踩碎了。天哪！多可怕！她嘤嘤地哭了起来。当她的车停在监督官邸门前时，她怕哭出了声，忙用手帕堵住了嘴。不一会儿，就传出了监督的意旨，她不相信这话是真的，以为自己哭昏了头听错了。当车子把她往回拉时，她还以为是在做梦。两年的青楼生活，见到的男人都是嗜色成性，没有一个不想寻女人开心的。这个监督却拒女人于门外，真是少见的怪人！她此刻的心境就像一个已推上断头台的死刑囚犯，突然又被人救下那样，欣喜中又杂有惶恐不安。是梦还是醒？是假还是真？她拿不准。直到她走进怡春院的大门，才相信这是真的。她脸上藏不住奇遇和兴奋的红润，她想告诉小兰，监督是个很怪的好人。

她快步跑上楼梯，不住口地叫着"兰姐！兰姐！"，却没有应声。她来到小兰门口，房门紧闭，灯亮着，还能听到里面有响动。玉良以为是兰姐和她闹着玩儿，故意不理她。她便对着门缝向里窥视。啊，一幅可怕的景象映入她的眼帘！

一个长满络腮胡子的大汉，像猫盘老鼠样把小兰搂在怀里，小兰挣扎着想叫唤，却被"大胡须"堵住了嘴。

玉良"啊"地惊叫一声，两手蒙住眼睛向后倒退着。正当她惊魂未定，干妈派人来叫她了："张姑娘，小兰姑娘房里有客，快走吧！干妈叫你。"

玉良听喊，心更慌了，她心里猜想着，今晚定是凶多吉少。但又不敢迟疑，来到干妈门前，未进门就闻到一股鸦片特有的香味。

马会长、李老板等几个常来的商界要人都在，鸨儿正歪在榻上给马会长烧烟。

玉良神色慌张地站在门口，鸨儿一跃而起说："进来，把门关上！"玉良进了房，见他们一个个虎视眈眈地盯着她，她不知犯了什么错，低着头看着脚尖，呆立在那里。

过了一会儿，马会长发话了："你怎么跑回来了？"

"监督大人传话叫回来的。"玉良轻声地回答。

"养兵千日，用在一时，你是你干妈花大钱把你养大的，现在用得着你的时候，你就应该出力。整天不开笑容，谁愿意看你那一脸哭相啊？真是天生的贱货！"马会长声色俱厉地骂着。

坐在一旁的李老板，过足了烟瘾，他那用绣花针都挑不起肉来的黄瘦脸上，堆满了淫笑："嘿嘿嘿……好！好！张姑娘，潘监督不喜欢你，我喜欢你，嘿嘿……"说着说着就要动手的样子。

鸨儿装着非常慈爱的模样，亲切地把玉良揽在身边，用眼瞪着李老板说："看你这副馋相，别想从我女儿身上打主意！我养的女儿，她会听我的。"

她将玉良拉至一边，满脸堆笑地说："傻姑娘，听说监督大人对你很有意思，像我们这种人家的姑娘能巴结上监督，是做梦都要笑醒了的好事。你不是想出去吗？这是个好机会，只要大人喜欢你，就有希望了。"她看玉良对她这段亲热的话，毫无反应，便收敛起了笑容："明天他不是要你陪他游玩芜湖风景吗？你要好好伺候他，要讨人家的喜欢。明天再叫人家赶回来，可别怪我做妈的保护不了你啦！"说完，挥挥手，叫玉良走了。

玉良走后，这些商界巨头又嘀嘀咕咕起来，这个说："听说姓潘的很厉害，铁面无私。"那个说："不怕，英雄难过美人关。"

歌舞艳声　彩墨　64cm×134cm　1957年　安徽博物院藏

马会长冷笑着说："你们不要高兴得太早，还不知明天这个小女人肯不肯下功夫呢！""哼！你们倒好，我可花了血本了。"鸨儿故作姿态地说。

马会长马上和颜悦色地说："看你说的，事情办成，还能少得了你的好处吗？哈哈哈……"

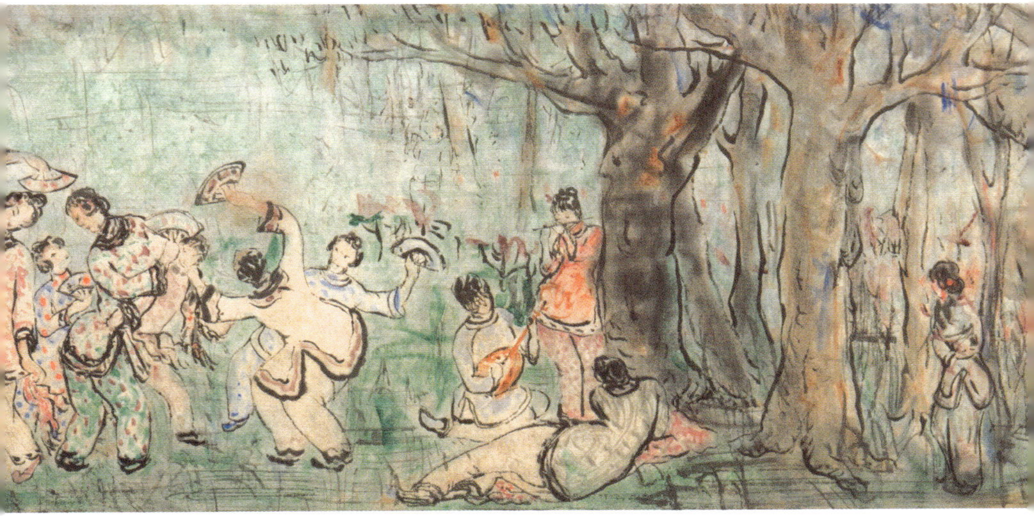

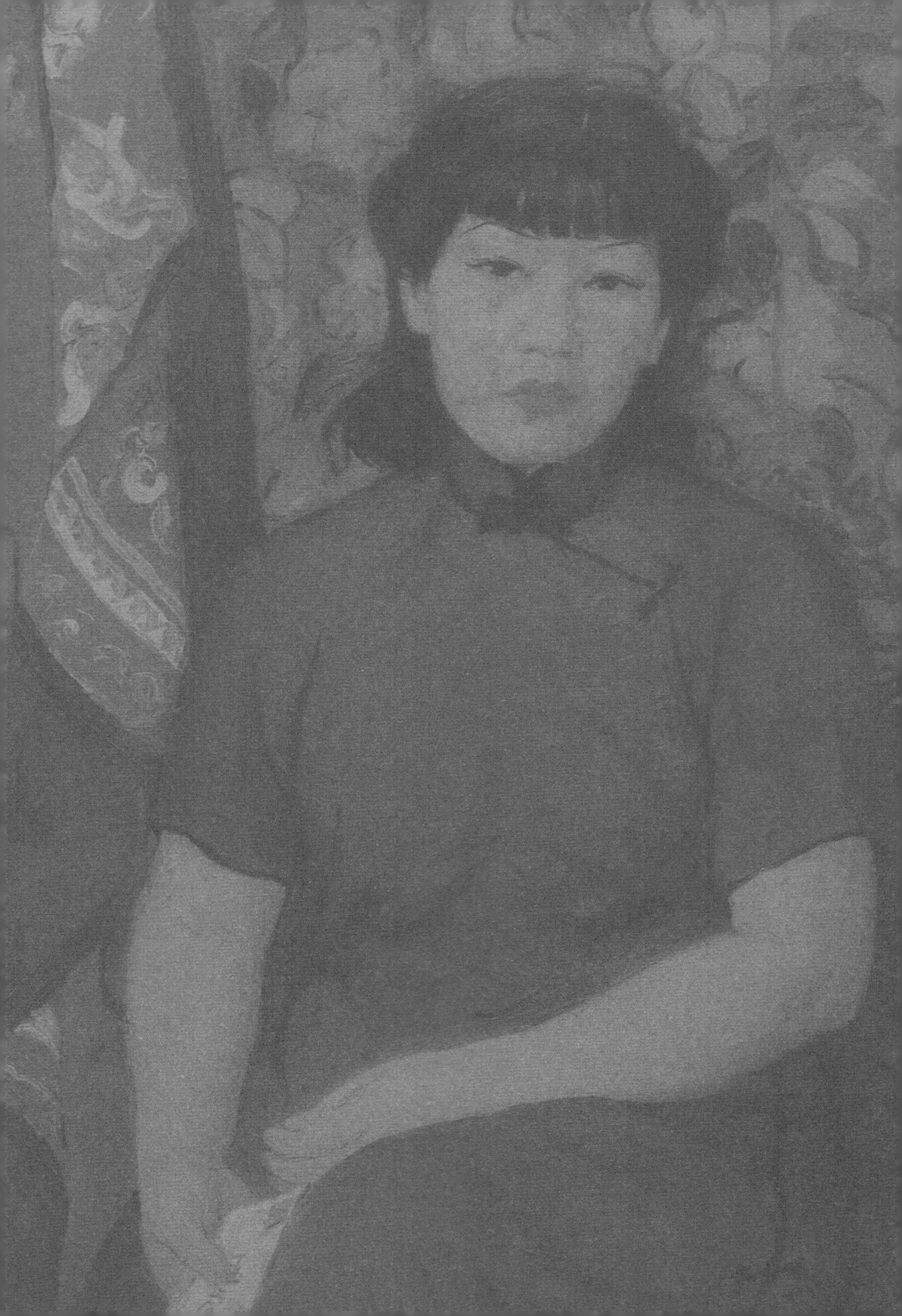

第 2 章 新婚

一、"蒸花"女
二、"挖藕"人
三、上海行

她一抬头，看到沿江岸有列
那些纤夫，躬着身，匍匐在
就在那些艰难的路上。

，逆水而上。

的江岸上。也许真正的人生，

芜湖 >> 上海

一、"莲花"女

  太阳慢慢坠落西山,金色的夕照逐渐转成玫瑰色。玉良坐在黄包车里,看到它把最后一缕余晖投抹在前面监督大人的车篷上。
  今天,她奉命陪潘大人出游,竟像个木头人一样,一点也不知道这些名胜故事,也讲不出它们的好处。然而潘大人没有因此轻看她,也没有只把她当作一个伴游的烟花女子,而是很耐心地给她讲述这些风景名胜的历史和典故。她在芜湖住了三年,从来就不知道有个"荆山寒壁"的所在和卞和得玉的典故,也不知兀立在对江的巨石就是孙夫人祭江殉节的地方,更不晓得江边唐太史李淳风墓的神奇传说。潘大人讲时她只好"哦!哦!"地应着,一切忧愁痛苦都在这不无惊讶的"哦!哦!"声中消失了。她忘了自己的处境,忘了自己身份的卑微,也忘了世人的歧视和冷眼,她仿佛遨游在知识的宫阙和传奇的雾霭中。她感到潘大人不同于别的男人,他有学识,懂得很多,她又觉得他待她似老师待学生、似兄长待妹妹那样真挚。他还不厌其烦地教她念彭玉麟为殉节祠书写的那副楹联,她现在还能背出:"思亲泪落吴江冷,望帝魂归蜀道难";她虽然不懂潘大人讲的什么"中国历史上政治婚姻的又一悲剧"的内涵,但她仿佛能品出这副对联的文意针对的是她,想到这,她一阵痉挛,有些害怕。

随着夕阳余晖的收起,白天荡漾在心头的愉悦都消退了,空虚、胆怯,一起向她袭来,使她感到一股沁骨的寒意。今晚,她是留在潘大人处,还是回去?一想到这个问题,后背不由地冒出冷汗。天哪,不能回去!昨晚干妈和马会长的话又萦绕在脑际。回去,将意味着什么呢?但是留下,又是怎样的下场呢?她是回也不能回,留也不能留,天地无边,宇宙无垠,却没有她的栖身之地!她闭上了眼睛,陷入了痛苦绝望之中。

"送张姑娘回去!"

潘大人吩咐车夫的声音把她惊醒了,这时她才发现车已停在监督宅邸门前。这句话,使她吓得跳了起来,与这一条件反射动作同时,她不自觉地叫出了声:"回去?"这脱口而出的两个字,不知是机械地重复还是反诘,她自己也说不清。她马上又在心底否定了,昨晚小兰房里的那幕又回映在脑际。不,不能回去!突然间她拿定了主意,不管今天的命运如何,也不愿去给禽兽们糟蹋。她跳下车,几乎是跟跄着来到潘大人跟前,双膝跪下:"大人,求求您,留下我……"

潘赞化没有想到这一招,慌忙伸出双手要扶她起来:"不要这样,还是回去吧!"

玉良泪水盈盈,死死跪着不起来,赞化弯腰去牵她的双手,她就势匍匐在他手臂上,泣不成声断续地说:"大人……留下我吧!"

这一幕,吸引了路过的人们,有人停步翘首,有人探问原因,潘监督有些着慌了,只得连声说:"先起来,进去再说吧!"

玉良低着头,跟随着赞化走进了监督宅邸。他把她带进客室,让她在椅子上坐下,她仍在垂泪。家人送来了洗脸水,叫她擦泪,她也不动,只顾抽泣。潘赞化不知说什么好,在室内来回踱着。从昨天宴会上认识这个姑娘以来,她给他留下了可爱的印象,他同情她,怜惜她,从她们弹唱的那首词中,可以听到她们的痛苦心声和对自由的渴望,说心里话,他喜欢上了她,他还在心里悄悄把她比作一枝才出水的荷莲。是自己太善良,见了弱者就同情,还是错把鱼目当作珍珠?刚才的这幕表演,击碎了他心中的美好形象,莫非她的本性就是这样?一种受骗受辱的愤懑充塞了心胸,他突然在她的面前站住了,不客气地问:"我问你,留下来做什么?"

一天多来,玉良还未见过潘大人动气,突然见他发怒,吓得双膝一跪,"哇"的一声哭了起来。这叫她怎么回答呢?她有口难开,有苦难吐,只有以哭泣代替回答。她一点不怨潘大人生气,他越动气,她越觉得他是个好人,还对他产生了由衷的崇敬,也越不敢倾吐实情,也就越抽泣不止。可是潘大人却没有被她的哭声所动,她越哭,他越气,他认为这是她使出的伎俩,大凡这等女人都有这一招,小小的年纪,就会这一套,他恨恨地对她说:"我原是很同情你,可怜你,你却太不自重!"

这句话,说得玉良停止了哭泣,她霍地站了起来,毫不示弱地回答:"大人,算我有眼无珠,看错了人。我原以为大人是天下最好的人,认为只有大人能救我,所以求大人留下我!谁知我错了,天下是没有好人的!你也一样,今天,我纵一死,也不留恋世上什么了!"说完,噔噔就往外走。

这几句话,像钉子一样,钉在赞化的心上,他感到一阵隐痛。

难道她有难言之隐？如果是这样，刚才那句话是过重了，伤了她的自尊心，她若由此走上绝路……赞化追了上来，急切地喊："张姑娘，你回来！"

玉良像没有听到那样，大步往外走。他见她没理睬，几步就跨到她的前头拦住了她，和善地说："张姑娘！你为什么不回答我的问话呢？来，回屋里坐下，如果相信我，就对我说真话，讲清你的难处。我潘某绝不是只讲好听的伪君子。"

玉良原地未动，也毫无回转之意，只是身子有些摇摆，似有要倒之势。赞化见此，双手扶住玉良的两肩，强行扭转玉良身子说："刚才我的话如果伤了你，就请原谅。"

玉良听此，泪泉又溢出了眼眶，低首慢步由赞化牵扶往回走，刚迈进客室，玉良突然站住了，转过身面向着赞化，惊恐的眼睛射出乞怜的光，呜咽着说："大人，如果今天再被你赶回去，他们就要对我下毒手了！"

"哦！为什么？"赞化暗暗吃惊，没想到问题还这样复杂。

玉良犹疑了会儿，望了潘大人一眼，才鼓足勇气说："他们把我当鱼食，想钓您潘大人上钩。一旦你喜欢上我，就来找你讨价还价，给他们货物过关行方便，否则就会以你狎妓不务关务来败坏你的名声。若是你不能迷上我，又把我赶回去，他们会怪我无能，不卖力，有意和他们作难，他们就要找流氓来糟蹋我。我知道，大人是正派人，留下我对您不利，还会玷污您的名声，我也不愿这样做，可是……也只有大人能救我呀！"玉良说到这里抑制不住地放声哭了。

"他们是谁？"赞化沉默了一会儿问道。

"马会长、李老板和干妈他们呀！"

"那……"赞化看到玉良痛苦的目光,心里很不是滋味,他在低头思考着,他想帮助她,但也有许多难处,不管怎样,他不能眼看着一个苦命的可爱姑娘因没能让他迷上而受迫害。他向她伸出救助的手,决心留下她,但必须有个防备小人的妥善对策。他来回踱着步子。

玉良见赞化迟迟没有作声,又忙起身说:"大人不必为我作难了,我相信您是好人,我也不怪您,我只恨我自己的命苦!"说着低头流泪往外跑。

赞化急忙叫住:"站住!我潘赞化也绝不是见死不救的懦夫!"他又叫来了老仆人,吩咐他在书房里开个铺,他在书房住,把卧室让给玉良。老实的家人就去执行主人的命令去了。

他们一道用过晚饭,赞化送玉良进了他的卧室,他告诉她:"你不用担心,就住在这里,饭有得吃,我还可以教你读书。他们不来催你回去,你就不要走。"

玉良睁着充满了深情的大眼睛望着他,不无激动地回答:"大人,您真好,若是有一天我能报答您的恩德,那就是我一生最快乐的事了。看来,今生今世我是享受不到这种幸福。不过,我可以伺候您,扫地、抹灰、做杂事……"

"不要讲远了,你看怎么过得不拘束就怎么过。不过,人总是需要有些知识的,有了知识,可以变得聪明,心胸开阔,还会给生活带来力量和勇气。从今天开始,我教你读书识字,头天上的课,第二天要背出,写出来。今天暂且教你这篇短文《爱莲说》吧!就怕深了点儿。"他随手拿过《周元公集》,翻到这一篇,逐字逐句教起来,直到玉良能读通他才离去。

他回到书房没有马上脱衣就寝,这一天发生的事情像藤萝样纠缠着他的心。他深深地叹了口气,感到人生道路的艰难,还没到任,这里就给他设下了圈套,想用一个无辜的姑娘来收买他。他想揭穿这些嗜利成性的商贾的阴谋,但那就无异于置可怜的姑娘于死地;留下了这个姑娘,明早消息就要在整个芜湖商界传开。他不如将计就计,既让这些人以为他上了钩,又暂时庇护了玉良。他为他的决定感到满意,心里也坦然得多了,便解衣躺到床上,不知不觉就睡着了。

这一夜,玉良却是如卧针毡。潘大人冒着牺牲自己名誉的危险收下了她,又让出了卧房,她感到不安;潘大人教她读书识字,鼓励她学知识,明事理,这犹如在她空漠暗淡的心里点起了一盏灯。她觉得眼前有条模糊的路径,她决定向那里走去。一时睡意全消,她又默默地背起那篇文章,越背越觉得其味隽永,她真的爱上这高风亮节的荷莲了。爱,使她振奋。她一骨碌坐起来,悄悄披上了衣,坐到案前,捻亮了灯,随手拿过一张纸,在上面画起莲来。她虽然是第一次执笔绘画,但她母亲的艺术细胞遗传给了她。她很小的时候,就曾用小指甲在粉墙上刻画过家门后的溪流和浮游在上面的小鸭;怡春院后花园荷池内的莲花,即使她闭上眼睛也能清晰地在脑际再现它那种绰约风姿。她按记忆中莲的形象再加上她心中的节操,就在纸上勾勒起来。画完后,还在右上边抄上了今晚学的一句:"出淤泥而不染,濯清涟而不妖。"做好这一切,她吹灭了灯,摸上床,安然进入梦乡。

第二天一早,监督大人就出门了,出门时说话的声音,玉良也听到了。其实,她早就起来了,只是不敢造次开门罢了。她把卧室整理得有条不紊,擦拭得窗明几净,直到初夏的阳光上了花窗,在卧室的粉墙上绘出了金色的壁画,她才意识到腹中有些不受用。她

纳凉
油画
54cm × 46cm
1939 年
安徽博物院藏

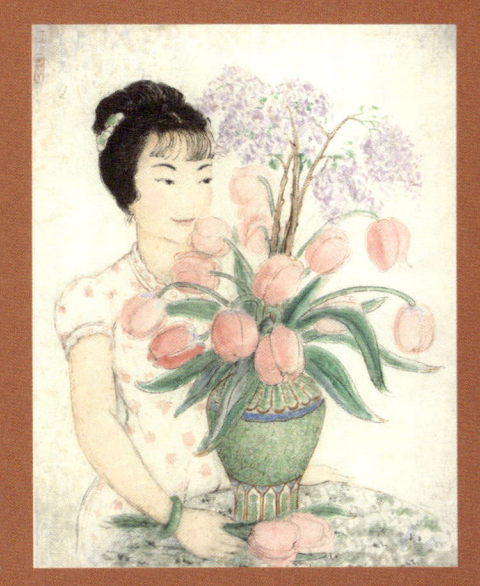

少女与丁香
彩墨
68cm × 52cm
1962 年
安徽博物院藏

想出门去找好心的老伯,刚把门拉开条缝,善良的老家人恰巧端来了饭菜。玉良慌忙开开门,双手接过托盘,歉疚地对老人笑着说:"大伯,难为您了,我自己来,您有什么事要我做的,就叫我一声。"说完又对老人感激地一笑。老人笑成一朵金菊样的脸上,漾出了慈祥的光。

  这一天,玉良没有迈出卧室一步,老人按照他家主人的吩咐,给她送了三顿饭。她将昨晚学的那篇文章背得滚瓜烂熟,抄过几遍后,又默写了几遍。当夕阳从西窗上消失的时候,她有些不安了,她的听觉神经绷得像琵琶上的弦。大门口一点响动,她都以为是潘大人回来了。几次跑到窗前顾盼、凝望,几次失望。潘大人出现在她的生活里,好像给她晦暗的生活带来一股新鲜色彩,一缕明霞,她第一次感到世界上有色彩,有善美,有像莲样品格的人。她过早枯竭的心田感受到蒙蒙细雨的滋润,尝到了一丝淡淡的甜味。同时,又感到有所渴求。大人还没回来,她有些惆怅,心上有种说不出的滋味。她盼他早点回来,再给她讲篇文章,给她带来知识。即使她在他面前感到拘谨,有些不自在,她也希望能在他身边多待会儿。这种心情随着夕阳微光的收起,越来越强烈,她有些心神不宁,坐立不安,一会儿伫立窗前掀开窗帘的一角,屏息倾听大门口的动静;一会儿又回到桌前,拾掇那已很整齐的文房四宝。直到天完全黑下来了,她也没点灯,索然无味地坐在床沿,摸着琵琶,轻轻抚动琴弦,小声地唱起了小兰教给她的那首舞曲:

    溪中春水清,
    岸与春花明。
    ……

一曲结束，她长叹一声，就斜倚在床上。突然，嘶的一声，有人点亮了灯。她吓了一跳，噔地坐起来，站在灯前的，就是她所期待的人。她姗姗地向他走过去，叫了声："大人，什么时候回来的？"

"啊，听你弹曲子，好半天了！"赞化淡淡一笑，"你看，给你带回了什么？"他扬起手，是套新编的高级小学课本。"我看你没念过多少书，一开始就学古文有困难，还是按部就班地先易后难吧！现在先上课。"

玉良温顺地在他对面坐下。

新课上完后，赞化又给她布置了第二天的练习，就起身准备回去。这时，玉良也跟着站起来，怯生生地望着他说："大人，给我多讲点儿吧！"

赞化回头惊疑地看了她一眼，问道："你能接受得了？也能写出？"

"能。大人，你看。"她把白天默写的《爱莲说》递到赞化手里。

他一翻，是整整十张小楷，字写得不算好，倒是工工整整。赞化看到她学习这样勤谨，高兴地问道："是抄的，还是默写的？"

"默写的。"玉良轻声地回答。

"你能讲讲这篇文章的意思吗？"他想测试一下她理解的程度。

玉良想了一会儿，那修长的眉眼向上挑了挑，不无羞怯地答道："大人对我讲解过这篇文章的意思，我心里是记着的，我讲讲看，不知对不对。世上有百种百样的花，也有各种各样的人。不同的人喜欢不同的花。有人喜欢菊花，不怕严寒，傲霜开放；有人喜欢牡丹的艳丽华贵。这个写文章的人，特别喜欢莲花，喜欢它生长在污泥中不被烂泥污染，还能挺出水面，开出清新美丽的花朵。大人，我看您也是特别喜欢莲花的。"

"噢！怎见得？"赞化惊奇地问。

"我看大人的为人品格就像莲花。"

"哈哈……你把我看得太高了。"赞化听了玉良对他的评价感到高兴，但又忙谦虚地说。

玉良低下头，无限感慨地说："唉！怎么古代人写文章就像是看见今天这个世道一样，爱牡丹的人多，爱莲的人太少了。"

赞化非常吃惊地感到玉良的接受能力这样强，理解得这样深刻透彻，有这等天资，他有些激动，宛如在一片沙漠中突然发现了一颗闪光的钻石那样惊喜！但他尽量抑制这种喜悦，没有让它形于色，而是重又坐了下来，继续教她另一课。他坐在一旁，一面倾听她诵读课文，一边信手翻着书案桌上的报纸。无意间，他的目光落在玉良画的那张荷花上。他拿过来，左右前后端详着，画虽然没有功力，既不像写意，也不似工笔，却画出了荷莲的风姿和情韵。不用问，就知道是玉良的作品，这又是他不曾料到的。他轻轻地叹了口气，在心里赞叹着："过人的天资，天生的艺术素质，如果好好培植，倒是个有用之才！可惜呀，可惜！"接着他又长叹一声。

这一声叹息，使玉良感到有些惊讶，她停止了诵读，迷惘地看了他一眼。当她发现他在端详她的画时，羞怯使她本能地伸出手想

月夜琴声　油画　73cm×54.5cm　1950年　私人藏家

将画抢过来。赞化眼疾,将画移开了。"画着玩儿的,大人见笑。"玉良羞答答地说。

"画得不错,这个就送给我吧!你写个名字在上边。"玉良拿起笔在左上角写上了"张玉良"三个字。赞化一边看她题名,一边对她说:"你喜欢莲花,等它们到了开放的时候,我带你去陶塘观赏吧!"说完,拿着画就回书房去了。

玉良目送着他,一丝无形的寂寞向她袭来。

二、"挖藕"人

时间过得好快啊,像一阵轻风,节令已进入盛夏。太阳撩起了温柔的面纱,露出了火辣辣的面孔;连风吹在身上也使人感到热乎乎的。这时的玉良像个饥饿得太久的人,一下子扑在知识的餐桌上,狼吞虎咽起来。高小的语文课本上册已被她吞食了,以至时间的流水从她身边滑过她也没有觉察到。她只有一个心愿,按潘大人指的路走,至于走到哪里,她也不去多想。她紧紧把住这根对她来说是唯一绚丽多彩的弦。她很清楚,在世人的眼里,她是个无耻的妓女,潘大人是个嗜色之徒,把一个青楼女子,长期独占在家。这在芜湖早已是件桃色新闻了。可是,谁又能相信他们的真实生活呢?世界上唯一了解他们生活内幕的只有赞化的老仆人。他觉得他家主人是个怪人,是个"圣人",家中藏着个年轻美貌的女子,夫人又远在家乡桐城,却没有发现他在她房里过夜。他觉得奇怪,由此也更加尊敬他的主人了。但是,他又怎能知道,在他们心里,已有某种东西在默默萌生呢，这是一缕看不到的情丝，有着一股剪不开、斩不断的难以抗拒的力量。可是，他们都各自把它紧紧掩藏着。

入夏以来，国家局势发生了急剧变化，袁世凯在举国上下的声讨声中，一命呜呼。为了这个可喜可贺的消息，赞化乐了好几天。又听说黎元洪继任总统，这个消息又像一片乌云罩在他心上，令他觉得惆怅郁闷。他很明白，这是老药店新开，旧店新招牌，对民众来说，是换汤不换药，中国仍在军阀割据之下，安徽还属袁世凯的爪牙倪嗣冲所统治，饿殍遍野，生灵涂炭。想多为国效点犬马之劳不能，想做个正派的人也不易。国势动荡，给商人们以可乘之机。近来过关的货物增多，赞化秉公办事，早出晚归，酬酢应付，整天忙碌，即便这样，他仍没有忘记对玉良的许诺，带她到陶塘看荷花。他自己也趁此机会散散心。

陶塘位于芜湖城西五里的赭山山麓。塘中遍植荷莲。这时，正值百花争妍，千红万紫，有如一片彩霞遗落在赭岭上。夏阳骄骄灿灿，岚气笼罩山巅，构成芜湖有名的八景之一"赭岭晴岚"。他俩绕塘漫步，品评这满塘的水芙蓉，有的才露尖尖角，有的刚绽笑颐，有的则风吹即谢，水面已有少许落瓣漂浮。落花引起了看花人的惆怅。玉良长长地叹了口气。

"你不是喜欢荷花吗？为何又不高兴？"赞化听到这声叹息，站住了，转过身来问她。

"我叹人不如花，它能出污泥不染，濯清涟不妖，而我呢？只能算是它的一节根，永远留在烂泥里。蒙大人的庇护，暂时还未受践踏，但我担心，就像那些落瓣一样，很快就要回到泥水里去。"

这席发自内心的话语，宛如一阵响雷，震醒了沉醉在梦幻中的赞化。原只为同情她，暂时收留下来，几个月的相处，在他心里种下了爱怜的种子，也就这么糊里糊涂地处了下来。他虽然喜欢这个女孩子，当今狎妓也不算丑事，纳妾还被当作一种时髦，但是，那既对不起糟糠妻子，也辱没了这个天资很高的姑娘。他愈觉得她可爱，便愈不愿伤害她。他痛苦、彷徨，他想就这样处下去，过一天算一天，但又担心失去这个平衡，害怕这个棘手的问题。没想到玉良今天就说出了自己的忧虑，一时他也不知怎么回答她。他斜睨了玉良一眼，又瞥见了那对像深潭样忧郁的眼睛，一种无名的激动和振奋鼓舞着他，他要把她从泥潭里拉上岸来！他便笑嘻嘻地对她说："莲的根不就是藕吗？藕有什么不好呢？我曾写过一首赞藕的诗，正找不到人赠送，就把它送给你吧！你听我念：

    原是冰肌洁白身，
    玲珑心曲本天生。
    漫言埋没无颜色，
    一出污泥便可人。

"你说，这藕多可爱？"

"可是，谁愿溅一身泥浆，下水去把它挖出来呢？唉！世上的人啊，爱藕的多，吃藕的人更多，可挖藕的人却太少了！"玉良悒悒不乐地说。

"我倒愿做个挖藕的人，把你赎出来，送你回扬州老家去做个自由的人，怎样？"赞化说完，便在原地站住，想等待看她激动的情态，她一定会兴奋得两颊泛上荷红，上面滴洒着两三点露珠。

可是，他失望了，玉良没有驻足，也没回头，仿佛没有听到他说的话。他紧赶几步，跟上了她。他看到的不是激动得发红的面庞，而是张灰白的脸和拉成直线的坚定的嘴唇，大胆地注视着他惊疑不定的眼睛。

良久，玉良果断地回答道："大人的好心，我领了，大人的情，我受了，我感激大人的恩惠，一辈子也不会忘记。不过，您不必为我破费，我不回扬州。"说完，低眉落眼往陶塘北岸的广济寺走去。

赞化一下蒙了。他想救她跳出泥淖，让她做个自由的人，她竟

寺庙　油画　44cm×53cm　1934年　安徽博物院藏

不愿接受他的情意，真是太奇怪了。他很想知道是什么原因，便跟了上去，同她一起走进了广济寺的滴翠轩。

滴翠轩相传为黄山谷读书的地方，现在已辟为游人歇息的茶座。他们在临窗的一张桌边相对坐下。玉良愁云笼罩，低头不语，看着茶房搁在她面前的茶杯。她揭开盖，一缕热气从碗面袅袅升起，慢慢消散在空气中，茉莉花和茶叶在杯中上下浮动，她的心仿佛也跟着它一起沉浮。

赞化不解地看了她一眼，拧起了眉头，轻轻问道："你说说原因吧！"

玉良叹了口气，轻声地向他述说了自己的不幸身世。说完，她悲哀地望着赞化，几乎是乞求地说："大人，回扬州，我一个孤苦女子，无依无靠，无疑是从一个火坑跳进另一个火坑。大人的情我白领了，大人的恩我更无从报答。大人，我钦敬您，我知道您也喜欢我，我求您把我留在身边做个佣人吧，我愿终身侍奉大人。"玉良眼里噙满了泪水。

这时，一个卖报的孩子正沿着茶座走过来，嘴里不停地叫唤着："卖报，卖报！刚出来的晚报！桃色新闻！"

赞化似乎敏感到什么，忙递过去一枚铜板，接过一张报纸，浏览起来。突然，他的脸色阴沉下来，变得铁青，嘴角也有些微微颤动，把报纸重重地往桌上一放，自语似的骂道："无耻！"站起身来，面向远处的荷塘。

玉良见状，吓了一跳，胆怯怯地伸手拿过报纸，找到赞化刚才看的地方。她虽然识字不多，报上文章的大意她还是领会了。原来报上登了篇攻讦潘大人的文章，讲他不理海关政务，沉于女色，独占一妓在家。她明白了潘大人生气的原因。心里一阵难受，是她连累了他。要是她不求潘大人救她，他就不会受这种气了。内疚、悔恨折磨着她，她大大落落地站起来。

玉良的直陈心曲和小报上的文章，此时在赞化心里翻起了波澜。他了解玉良的心曲，他同情她，喜欢她。他也明白了那篇文章的背景和企图，无非是想对他施加压力，要他在关税上给他们一点让步。"嗯，这可办不到！"一个决断已在他心中定下，他要给阴谋者一个意想不到的回击，要他们哭笑不得。现在他要考虑的是怎样同玉良说了。

"大人，都怪我的命苦，连累了大人，我不知如何……"玉良走到赞化身边，满脸泪水，躬身低头轻声地说。

赞化忙打断她的话说："不要难过，我们到外边去走走吧！"

玉良跟在赞化身后，走出了滴翠轩。赞化在一棵广玉兰的浓阴下站住了，他诚恳地对玉良说："玉良，你是个好姑娘，又很聪明，在我眼里，你还是个孩子。我长你十二岁，家中早有妻室儿女，我总不忍委屈你。现在看来我已没有别的办法了，要是你愿意，我就决定娶你做二房。明天就可以在报上登结婚启事。"

玉良的眼睛放出了异彩，抬起头，大胆而娇媚地看了赞化一眼，轻轻地说："大人，如果对大人没有损害的话，我愿意终身侍奉大人。"

第三天下午，马会长来到监督宅邸，一见赞化，便满脸堆笑，抱拳拱手，连声地说："恭喜，恭喜！美女配英雄，天作之合，天作之合哇！"

"哦？马会长这么快就知道了？"赞化故作惊讶地问。

"报上一登，还能不知道吗？"

赞化"哈哈"地笑了两声，请马会长在太师椅上坐下，一边说：

"看来马会长很关心报纸嘛，前天报上的新闻，马会长也知道了？"

"那是小人之见，潘大人不必计较。"

"民众监督我们海关工作嘛，这是好事。话又说回来，若不是这篇新闻，喜事哪能办得这样快呀？哈哈……当然了，还应该感谢马会长牵的红线哩！"

"哪里，哪里。"马会长已品出了监督大人的话中有话，连忙掉转话头说，"我只顾讲话，倒忘了正事。"说着向客厅外一抬手，"拿过来！"

马家的仆人托着一个沉甸甸的红布包，轻轻放在他们对坐的方桌上，就退下了。

马会长解开布包的结子，露出白花花的银元。

赞化不动声色，他已知这招的含意，装作不解地问："这做什么？"

马会长光额上闪着油光，小眼睛不停地在赞化脸上闪动，他知道赞化这是先发制人的明知故问，便也采取主动向赞化侧过身，显出亲密的神态说："我们知道赎出张姑娘，又办喜事是要一笔钱的，潘大人廉洁奉公，手头并不宽裕，这是商业同仁的一点心意，表示祝贺，请大人笑纳。"

赞化装出非常感动的样子，也侧身面向马会长说："马会长和诸位的盛情我领了。不过，钱不能收，您是最关心兄弟的，难道还想让报纸上给我再添条新闻吗？哈哈……马会长，办喜事我打算一切从简，只略备一席喜酒，明天一定请马会长来赏光。"

"不敢当，不敢当……"

"怎么不敢当？你是当之无愧的月老大人嘛！哈哈……"

"哦！好好……"马会长满脸尴尬。

三、上海行

江轮的船头像一把利剪,剪开了扬子江浑厚的波澜,在船舷的两边溅起堆堆雪浪。这由船头分开的"八"字浪迹,愈近船尾就愈变得安静温柔了,在轮船尾部的不远处消逝了,大江重又弥合起来。可是,人们心灵的思波情涛却不能像它那样,斩断、剪开,又天衣无缝地长起来,留在人们心灵深处的东西,永远不能磨灭。

这几天,生活的急剧变化,使玉良处在极度兴奋之中。她眼花缭乱,仿佛置身于色彩斑斓的梦境之中。这天外飞来的幸福,把她击得昏昏晕晕,她怀疑起发生的这些事的真实性。当她一扬眉一抬眼就能看到她所崇敬所依恋的赞化,也斜倚在顺水而下的二等舱的床铺上假寐时,她才从梦境中醒过来,相信这一切都是真的了。

昨夜婚宴后,他们送走了客人,只剩下他们俩的时候,他们好像突然变得拘束了。玉良被幸福烧红了双颊,那两个一大一小的酒窝随着细长的柳眉一挑一闪,显得娇媚动人。她低着头,怯羞羞地坐在床沿上。赞化偷眼瞧着她,心中涌动的热流被她的美点燃了,青春的力量在血管里振动。赞化摇着玉良的身子,在她的耳边,悄悄地说:"玉良,有句话跟你说。"玉良如梦初觉,扬起柳眉,看了他一眼,"嗯"了一声。"这件事,事先也没同你商量,我给上海去了电报,请老朋友为我赁套房子,你以后就住上海,这对你有利,明天就送你走。"

玉良万万没有想到这一招,先是一愣,继之低下了头,娇悒地说:"我不走,我要在这里伺候大人。"

赞化轻轻地托起玉良下垂的头,深情地注视着她的眼睛说:"你以为我就愿意送走你？离开这个是非之地，对你有好处啊！"赞化放下玉良，站起身，动手解开外衣，继续说："听我的，到上海去好，我给你请个先生，按部就班地教你读书。潘夫人是应该有文化知识的嘛！"

她想到这里，激动地欠起身，赞化已发出轻微的鼻息声。她心疼赞化昨晚睡得太晚了，拿起自己铺上的毯子，轻轻地给他盖上。她要让他多睡会儿，不能惊醒他。从江面反射进舱里的金色阳光，耀人眼目，她又想起了昨晚跳跃在洞房中喜烛的光。

她悄悄向船舷走去，斜倚在栏杆上，望着太阳投在江面的光柱，一抖一抖的，就像昨夜烛心开的那朵多么好看的花。当她痴痴地看着灯花时，门上轻轻地响起了三下，这是他们的老仆人独特的敲门声。赞化忙去拉开门，从老人的背后闪出一个姑娘，她向赞化鞠了个躬说："大人，我是玉良的姐妹，才知道她的喜期，特来……"

玉良在房内听到这个熟悉而亲切的声音，又惊又喜，忙大声应着来到门口："兰姐，是你呀，快进来。"她们紧紧地抱在一起，各自把面颊尽情地磨蹭着对方的面颊，把头偎依在对方的肩颈上，仿佛她们分别的不是岁月而是整个一生，此刻相会，竟忘了时间和空间的存在。最后还是赞化提醒她们："你们快进里面去坐吧！"玉良才挽起小兰进了新房。

赞化大概是想让她们姐俩互诉衷曲，悄悄走了。

小兰透过满眼的泪光，打量起新房来了。这里没有新添什么陈设，只有一对红烛一蹿一蹿地闪烁着欢乐的光，墙上挂了张白纸黑线勾勒的荷花，旁边还有行字，她识字少，但张玉良几个字她还是认得的。她指着玉良的名字惊奇地说："是你画的？"玉良羞涩地点点头。小兰艳羡地看了好一会儿才如梦初醒，从衣袋里掏出绣花小包对玉良说:"我们刚刚知道你办喜事,这是姐妹们的一点心意。"她说着就打开小包,把几块银元捧到玉良面前说:"你收下,这个手绢,还是我俩共绣的,那花样还是你画的呢!留个纪念吧!以后发达了,不要忘了我这个可怜的姐姐。"说着又呜咽起来。

玉良流着泪,双手捧过这姐妹们的心,久久贴在心口上。她的心激烈地搏动着。她知道,不收下,她们将多么难过;收下吧,她又怎能忍心?她深知道这些钱来之痛苦。她默默地站在小兰的面前,脸对着脸,无声的泪泉把小兰脸上的薄粉又犁出了几道沟。玉良打定了主意,只收下她们的心。

她把绣巾摊在桌子上,从上面捧出银元,送到小兰面前说:"姐姐,姐妹们的心意我收下了,你的绣巾我也留下,这些钱你带回去,作为我请姐妹们吃喜糖的钱吧!看来我是没时间去向她们告别,代我向姐姐们致谢意。"她们推搡着,玉良执意不收,小兰泪水泞泞地走了。

玉良深情地攥紧绣巾,再次紧紧贴在胸前。她回身看了一眼墙上她画的荷花,一枝冲出水面,一枝还在泥水里。玉良心里默念着:"它何时才能跃出水面呢?"

一簇浪花追逐着另一簇浪花。玉良目送着不断消失在地平线处的白帆,向来路的远天眺望,无意间在衣袋里触摸到小兰送给她的绣巾,心里一阵酸痛,想把它举到眼前,但她忍住了,没有掏出来。面前是壮阔的大江,它多像人生的浊流啊!多少金玉被泥沙卷裹而去,它昼夜不息,又望不尽头尾。玉良像是对浩瀚的江水,又像是对自己,似乎也是对还挣扎在泥坑里的小兰说:"兰姐,我永远记住你的情意,你的友谊,你善良的心。如果能有一天,我有力量,定会来赎出你!"

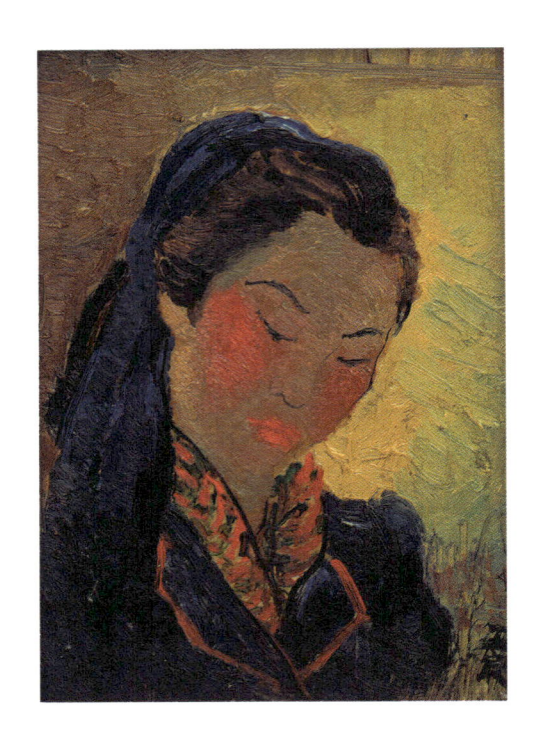

着蓝巾女头像
油画
22cm×16cm
年代不详
安徽博物院藏

    江水无语东流，玉良的思绪又回到昨夜。小兰走后，玉良从激动中清醒过来，她突然明白了她的命运已完全同潘大人连结在一起了。她的幸福、自由都是他给的。她拿起笔，就在自己"作品"的署名上面工整地加上一个"潘"字。写好后，她正在欣赏时，赞化进来了。

    "潘玉良？你怎么把姓也改了？我是尊重女权和民主的，还是姓张吧！"

    玉良回首一笑，撒着娇："大人，我想我应该姓潘，我是属于你的，没有你就没有我。"

赞化笑了起来，抬起手，抚弄她的秀发说："其实姓名本来没有什么意义，只不过是个标记罢了，你高兴姓什么都行。不过，以后不要再叫我什么大人了。我们既已结婚，以后就应该是平等的夫妻关系，更不要动不动就下跪，懂吗？"

玉良听了这几句话，犹如吃多了糖醋辣椒说不出确切的味道。自从陷入泥淖后，有谁把她当人待呢？她也不是天生的奴性。她长长地叹了口气回答说："我原是个倔强的人，是命运逼得我不得不跪着求生。"

赞化已意识到他的几句话，引起了玉良的酸楚，慌忙安慰她："怪我多讲了一句话，引起了你的不愉快。好了，今后再也用不着对任何人下跪了！因为你现在是监督大人潘赞化堂堂正正的夫人了！"赞化这么讲是想把玉良逗笑，可玉良并没有笑，他急了，又说："啊！不相信吗？来，让我在你这名字上面加上潘赞化夫人几个字好吗？"说着就从玉良手里夺过笔，蘸墨欲写。

玉良忙拉住他的手："看你，写上那些多难为情啦！"说完低头一笑，赞化也笑了。

玉良想到这里，一股幸福的暖流冲撞着她，她拢了下被风撩起的鬓发，无声地笑了，她笑得那么甜蜜，那么欢欣！

"你在想什么？"一只温暖的大手碰到她的臂膀。不回头，她也能感觉到是她的赞化。她低头悄悄地笑着。她真的有点难为情了，为了掩饰内心的慌乱，她抬手一指船尾，那里有群水鸟在俯冲翱翔。"我想不通这些鸟为何一直跟在我们的船后面？"

"这个吗，我知道一点它们的秘密。"赞化诙谐地说，"它们都是些投机取巧的懒鸟，跟在船后就能不费力气地吃到螺旋桨掀起的鱼虾！"

"啊！"玉良仿佛明白了生活哲理。她一抬头，看到沿江岸有列小船，逆水而上。那些纤夫，躬着身，匍匐在崎岖的江岸上。也许真正的人生，就在那些艰难的路上。

三天后，他们的船到了吴淞口，驶进了上海港。他们一上岸，赞化的老朋友早叫了两辆人力车等候在码头上。他把他们送到为他们租赁的新居——渔洋里。

渔洋里，是上海的一条普通的街道，路窄房低，居住的多为中下层知识分子。这位老朋友也住在这条街上，《新青年》就诞生在这里。他与赞化同乡，同去日本留学，回国后又同在故乡安庆组织读书会，宣传民主救国思想，他们青年时代是很要好的朋友。他坐在前面的车上带路，口若悬河地指着远近楼房和景物向第一次到上海的玉良作着介绍：那是苏州河！那是大马路！那幢最高的房子……"嗨！上海可是个藏龙卧虎之地哟，池深……"正说得高兴，车就在一座灰扑扑的院门口停了下来。老朋友跳下车，伸手准备扶玉良下车，玉良已轻捷地跳了下来。

院子不大，一条灰砖砌的围墙低矮得像一只桶箍，无力地圈住了一楼一平两列排成角尺形的半旧房屋，角尺的空当，长着一棵香樟，地上积了层已枯干了的像细碎桂花样的樟花，余香仍然清冽芬芳。

老朋友噔噔地踏上了那幢南北向楼房的楼梯，开了锁，推开门，对赞化夫妇做了个请的姿势说："就这几间，嫂夫人，屈就了！"

玉良笑了起来："陈先生，我可不是娇小姐！难为你了！"

他们花了几天时间购置了必需的生活用品，布置好了房间，经过玉良的双手，这个小家已显得典雅洁净。她还特地把她画的凝聚着他们爱情的"荷花"也从箱子里拣出来，贴在他们卧室的墙上。赞化真为玉良聘请了个教师，开始了新的生活。

牧场　油画　46cm×54cm　1940年　安徽博物院藏

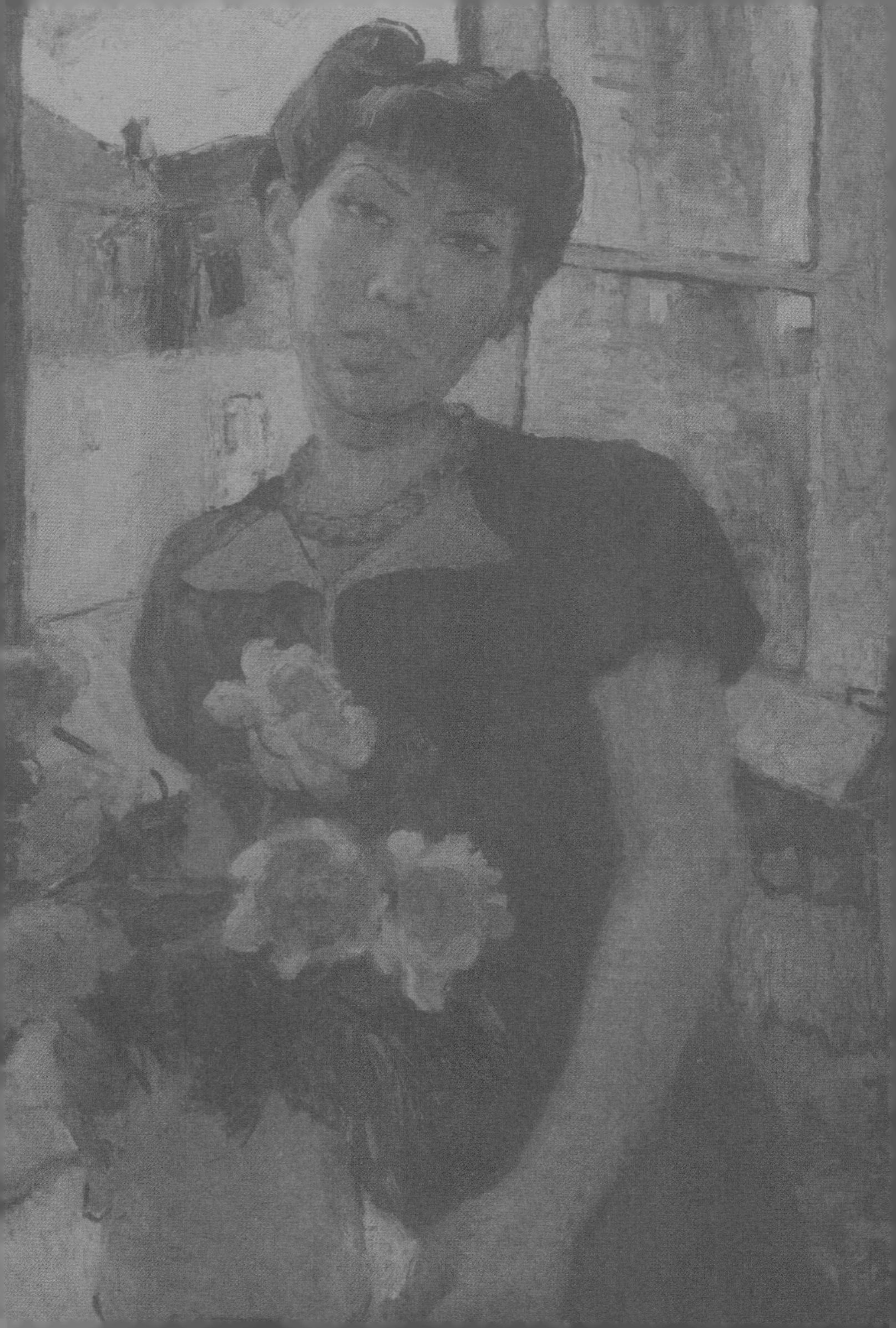

第 3 章 迈向艺术之路

一、荆山之璞
二、"美"的勇士
三、裸女风波
四、留学欧洲

海上的风已小了，海面又变
的浪啸了，只有细碎的喁喁
她已感不到是飘浮在海上，

静安详起来,听不到碰击船帮

行进在亘古不息的台伯河中。

上海 >> 巴黎 >> 罗马

一、荆山之璞

半月后,赞化带着依依不舍的恋情离别新婚妻子,回到任所。熟人们看到他只身而回,以一种异样的目光注视着他。他的一系列作为,在芜湖已引起广泛的议论。人们为此困惑不解,在背地里讲他是个怪人,花巨款买了个青楼女子,却不把她留在身边侍奉自己,而是把她远远地送到上海,让她独处。在世人的眼里,纳妾只是为了寻欢作乐,或者传宗接代。在以利己为人生哲学的社会里,他的与众不同的作风自然得不到人们的理解。

在他回来后的某天,马会长见到了他,老远就诒笑着飞奔过来:"潘大人,什么时候回来的?蜜月旅行愉快吧?你真福气,好一枝水灵灵的荷花哟!"

赞化听了这话,像吞了只苍蝇样难受,但他出于礼貌,没有发作,只是淡淡地笑着解释道:"我把家安在上海了!"

"那……张姑娘……啊,是潘夫人,没跟你一道回来?"马会长故作惊讶,"大人怎么丢得下……"

赞化感到受了侮辱，正色回答道："这是我们自己的事。谢谢你的关心！"说着就迈开大步向前走了。

许多天来，他遇到很多惊奇的目光，这些目光，在他的脑海里形成了一串串问号。为什么这些人如此关心他的私生活？是因为他们感觉失去了玉良这个钓饵而失望，还是什么别的原因？命运把玉良赐给了他，他又把一个人的尊严和价值还给了玉良，这有什么不好！他爱这个小妹妹，他思念她，依恋她，他一闭上眼睛，就会看到她脸上那一大一小的酒靥和那放射出忧郁光彩的深潭样的大眼睛。正因为他真诚地爱她，他才做出这样理智的决定。他希望人的自尊心和对生活的理想回到她的心上，他要她忘记过去的一切，去追求未来的新生活。因而，他决定送走她。他为他的决定感到满意，他也相信玉良会理解他的决心，而以勤奋和毅力来做回答。

白天，他忙于同那些商人们周旋，无暇想到玉良。当他回到宅邸，独自一人坐到书桌前或躺卧在床上时，玉良就会自然而然地来到他的心中。他们相别已有一个多月了，在相别时曾有约在先，她接到他的信，就得马上回复，这就像他以往要求她完成作业那样，一定要按时完成。他写给她报平安的信已有不少时候了，为何至今未见她的只字片纸呢？是病了，是第一封信不知怎么写？还是被什么别的东西迷住了？

他即使有极其丰富的想象力，也不会想到玉良是被这样一种强烈的爱吸引住了，她正在如痴如醉地追求着。

赞化走后，玉良的老师每天上午来给她上三小时的课，下午她就做练习，把老师教的知识吞下去。有时她累了，也到走廊上逛逛。每当她经过邻居洪野先生的窗口，尽量注意不去向人家窗内窥望。有天下午，她无意间向窗里斜睨了一眼，一种美的魅力立即抓住了

梳妆女　彩墨　91cm×64cm　1961年　安徽博物院藏

她。自那以后,她常到这扇窗外徘徊,有时她能在那里逗留几个小时。她的这个行动,后来被洪野先生从书架前的镜子里发现了。

那几天,洪先生正对着镜子在画自画像。他一抬头,发现镜子里还有个年轻女子的影像,他本能地回过头去眺望后窗,却什么也没看到。他又转过身来继续自己的工作,当他又注视着镜子里的自我时,那个女人的面影又同时出现在镜子里。他好生奇怪,再回头,同样看不到窗外的人。从镜子里,他知道,这个女人是邻家的女主人,他揣摩她是在窥视他画画,又不敢冒昧进来,只得躲在窗外偷偷地看。他想,既然她想看,何不叫她进来看呢?他站起身,来到门口。

玉良没有想到洪野先生会突然出现在门口,已来不及躲掉,只好低头装作在走廊上找什么。洪先生发现她那不自然的窘态,便笑着对她说:"潘夫人,掉了什么呀?不用找了,想看画画就进来吧!我欢迎。"

玉良满脸飞红地坐在洪先生身后的方凳上,看着他画自画像。她舍不得眨下眼睛地注视着洪先生的画笔在画板上沙沙飞动。一看就是几个小时,直到洪先生的大女儿出来喊她爸爸吃饭,她还要向画板上盯视几眼,才怏怏离去。

从这天以后,玉良早上起得更早了,她把文化课的练习、预习都安排在早上,腾出整个下午去看洪先生画画。她天天像傻子样坐在洪先生的身后。有一天,她看洪先生把那个闪光的瓷花瓶和插在瓶里的一束玫瑰,从桌子上,用一枝铅笔移进了画里。画里的花瓶闪闪发光,几乎能够触摸到那厚厚的釉彩。那几朵玫瑰,浓淡相间,仿佛能嗅到一股馨香,能引来蝴蝶和蜜蜂。她被它迷住了,第一次知道世界上除了刺绣,还有这么美的事业。她的视野完全被洪先生

玫瑰　油画　45cm×54cm　年代不详　安徽博物院藏

占据了，并且产生了一种幻觉，画架前坐的是她，她正在把大自然的美搬进面前的画纸上。

一天，洪先生在画"大卫"的素描。大概是课堂要用，他画了整整一下午，直到别人家都吃过晚饭了，还在继续画。他的妻子、女儿，几次三番来催他吃饭，他还是不想离开画架。她们恼火了，迁怒于玉良。他的妻子不无讥讽地斜视着玉良那副痴呆呆望着画面的神情，冷笑着对玉良说："潘夫人，你也不饿？"

玉良这才意识到该回去了，忙起身告辞。她刚出门，洪先生的女儿就把门嘭的一声关上了，嘴里还嘀嘀咕咕地说："真不识相，天天到人家坐着不走，少见！"

洪先生没有理会妻子、女儿的态度，而是继续完成他的工作，听女儿的话讲得太没有礼貌，才停下手中画笔说了她几句："你们不要这样待人，她只不过想看看我画画而已。邻居，要互相尊重点。"

"哼！尊重？她值得？"洪夫人的声音渐渐小下去。

洪家的对话，被玉良隐约地听到了，她的心仿佛挨了一刀。她伏在被子上，尽量控制住不要哭出声来，自制使她颤抖得厉害，铁架床发出吱吱的响声。这一夜，她没有点灯，也没有烧饭，一点也没有感觉到肚子饥饿，全身都好像有股力量在振搏着、鼓动着，这是受奚落的反作用力。她决心争口气，她想起了那句俗语："世上无难事，只怕有心人。"世间的路虽然有平直的大道和长满荆棘的曲折小路，人生的路却从来没有容易走的。她决定选她最爱的，也是最难走的路走下去。她想着想着，眼前出现了缤纷的色彩。她和衣睡着了。

第二天，东方还未出现晨曦，玉良就点灯起床了。她复习了前一天学的功课，又预习了当天的课程，完成这些后，上海才进入真正的早市。她看了下钟，知道老师还有一个多小时才能来，就夹起小包出门去了。她先到小摊上吃了早点，一张薄饼两根油条，外加一碗豆浆。她要吃得饱饱的，好去实现理想。她带着一股力量走进文具店，买了几张图画纸和一打绘画铅笔；又走进了书店，她在书店里寻找，从线装书架到平装书架，终于买到了一本《芥子园画谱》，

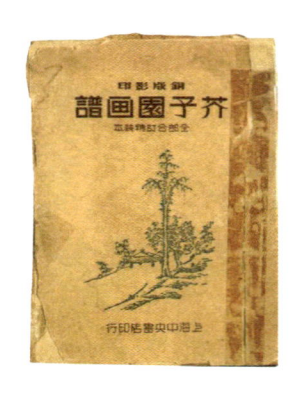

潘玉良收藏的
《芥子园画谱》

如获至宝地带回了家。

这天下午，她就对着画谱临摹起来。不几天，她就临了不少，越画兴趣越浓。后来，她觉得老是临摹没什么意思了，就试着像洪野先生那样，将一把茶壶和一只茶碗摆在茶几上，按照洪先生的画法画了起来。她觉得有趣得很，虽然画得不怎么像，毕竟能从纸上看出是茶壶茶碗。这样画了不少张，越来越觉得其乐无穷，其味无比，而且愈画愈像了。她在欣喜之余，又仿照洪先生的样子，坐在镜前画起了自画像。

玉良一连十几天没有到洪先生家看他画画。起初，洪先生还不在意。又一周过去了，还没见她来，他感到有些蹊跷了。她为什么不再来看他画画呢？他有些纳闷。啊，他想起来了，肯定是因为那天妻子和女儿的态度，是宣布她不受欢迎了！他感到歉疚，人家爱艺术，喜欢看我画画有什么不好呢？他越想越觉得损害了潘夫人的自尊心，他想到隔壁去向她赔个不是。

玉良的门是虚掩着的。他轻轻地敲了两下，里面没有反应。他就轻轻推开一道缝，看到玉良正坐在镜前聚精会神地画自画像。他推门进去，站在镜子照不到的地方观察起来。她的用笔和画面布局，几乎都是严格仿效着他的画法。艺术家的心是容易激动的，洪野踱到她的身后，端详起她的画来。她一抬头，从镜子里发现了他，吃了一惊，慌忙站起来，随手将画板翻转，放到大镜子的后边，红着脸礼貌地说："洪先生，快请坐，什么风把您吹进来了。"

洪先生就在方桌旁的椅子上坐了下来。玉良忙去倒茶，才发现茶壶里没有水，就要到厨房去烧，洪先生止住了："不用客气，把你画的画都拿出来我看看。"

"那……那……"玉良有点怕羞地迟疑着。

采花女　油画　54cm×38cm　1953年　安徽博物院藏

"那什么？拿出来吧，也许我能帮助你。"

"真的？"

洪先生向她点点头。

她喜出望外，先头的尴尬全消散了。她把这几天临摹的、写生的画稿一起捧到洪先生面前。

洪先生看着这一张张凝聚着爱和意志的画，他感动了，眼角有些湿润。他没有想到这个年轻的女子有这等顽强的精神和意志，也没想到她确有天生的艺术素质。他无语地翻着她的习作，良久没有声言。

玉良坐在他的对面桌边，屏息等候着他的宣判。时间在沉默中缓缓流去，玉良的脉搏在急速跳动。

突然，洪先生站起来了，在室内踱着方步。玉良的目光跟着他转，室内的空气突然变得有些紧张。俄顷，他在玉良面前站住了，抬起头看了玉良一眼说："我被你的勤奋和毅力感动了。从明天起，你就跟我学美术。不过，绘画是艺术，艺术不是孤立的，它需要文学和许多别的知识做基础，你不能放松别的功课的学习。我想，只要你真正地爱艺术，就会走出一条路来的。"

玉良就像个虔诚的信徒注视着洪先生的脸，眼眶里泪水盈盈，顷刻就像断了线的珠子，扑簌簌掉了下来。

远在芜湖的赞化，他哪能知道发生了这样的变化呢？直到他接到洪野的那封信，信上写的是：

赞化先生阁下：

  不奉清谈，蟾月几圆。尚记尊夫人来沪时论及欲习绘画事否？恕我当时双瞳不敏，面璞玉而不识，今知过矣。回想那日之出言不恭，真是令人汗颜无地，感愧难言。并乞先生大度谅之。今特专函奉告，蒙尊夫人之不弃，已随我学画，经短期教授，得亲睹尊夫人对美术观察之锐，感觉之敏，领会之深，确非泛泛；更难能者，乃其意志之坚，毅力之恒，使其探求之诚，已达寝食皆忘之境。每日除消食李先生所授之国文外，几乎终日忘我在线条艺术之中。即或亲如先生，恐亦难夺其恋也。

我感佩先生之慧眼，觅得真玉。尊夫人乃荆山之璞，一经雕琢，我敢断言定成光彩炫目之器。先生可拭目以待。

意切神驰，顺颂

大安

洪野顿首

赞化一连看了好几遍，白天的劳累，酬酢的烦恼，全被这封短笺驱散了。他被一种幸福的潮水浸润着，仿佛是乘着那袅袅的烟波在飘，飘呀飘，飘回到两个月前的上海家中。

临别的前两天，他准备了一桌丰盛的午餐，除玉良的家庭老师李先生，还请了几家邻居。

他听说紧隔壁的洪野先生是上海美专的老师，非常高兴。玉良想学绘画，这不是打着灯笼也找不到的老师吗？饭后，他请洪野先生到书房休息，把自己的想法告知了洪先生，想请他一天给玉良上一课。洪野先生没有立即表示可否，而是很认真地询问："夫人是什么学校毕业的？"

赞化被问蒙了，讷讷地回答："她没有受过正规教育，只是近半年跟我读了点书。不过，她很聪明。"

洪野先生哈哈地笑了起来："潘先生，您是官场上的人，恕我直言，您也许没研究过艺术。一个没有受过多少文化教育的人，就想去迈进艺术的门槛，似乎不大可能，一般说，没有文学就没有美术。"从他说话的语气和神态，已显示了他的不高兴，在他认为叫一个小学生跟他这个高等学府的教授学画，好像是种侮辱。他的嘴角拉成了一条直线，又傲慢地摇摇头说："潘先生，鄙人不能承此重任。"

赞化的脸像泼了血样的红，自尊心迫使他为玉良辩解。他强忍住就要喷射而出的怒气，带点自矜的样子回击洪野："她虽然没受过正规教育，没有从师学过画，她却画过画。"他站起身，从卧室的墙上取出玉良画的荷花，拿出给洪野看："这不是画得不错吗？"

洪野先生斜视了一眼，又哈哈大笑起来，他说："潘先生，不瞒你说，我搞美术几十年，就是没当过小学图画教师呢……"说完又笑了起来。

……

难忘的侮慢，就像这秋月般冰冷的脸……

这封热情洋溢的信，又像一阵温煦的风。他仿佛是从深秋一下子进入了仲春，不太相信这气候变化的真实。

二、"美"的勇士

人生的际遇是难以预料的，有时偶然性也表现为一种奇特的命运，会把意想不到的幸运赐给人。认识了潘赞化，是张玉良人生道路上的转折点，并决定了她后来的整个生活道路；与洪野先生为邻，又被他收为弟子，无意间使她迈进了艺术门槛。如果说命运的含义是指机会、巧合、环境和条件，必然中的偶然，那她相信她的命运已有转机。她不懂什么是唯物主义，但她知道要紧紧抓住它，争取最大的好转，以至在后来的生活道路上，她一直恪守这条规律。她相信像她这样不幸的女人，只有奋斗，只有顽强地追求，才能多少改变不幸的命运。当日和月交替着在她所钟情的线条中飘过的时候，她的艺术水尺的刻度也在逐渐上升，虔诚和勤奋终于感动了主宰艺术的上帝，向她敞开了大门。1918年，她迈进了中国最高艺术学府的大门——上海美术专科学校。

当时的中国正处在军阀割据的情势之下，一个个军阀乔装打扮，粉墨登场，败者为寇，强者为王，冯国璋取代了黎元洪，中国空中弥漫着浑浊的空气。这时的上海美专，宛似一枝刚刚出水的荷莲，以藐视满塘污泥的气概，傲立在水面。年轻的艺术家刘海粟任这所新型的艺术学校的校长，王济远先生任西画系主任，玉良从王先生学西画。这个艺术府第为中国的艺苑培养了多少杰出的艺术家，是无以数计的，但它却在成长的过程中经历了一场艰苦卓绝的战斗。这场斗争不是物质条件的维艰，也不是对西方美术原理探求之艰苦，而是社会上一般人对美术的顽固保守和横加指责。

1917年，学校选出学生的习作五十余件，在张园安铠第开作品展览会，展览会上陈列的人体习作，使荒凉、清冷的张园掀起了轩然大波。一位女子中学的校长斥责"刘海粟是艺术界的叛徒，教育界的蠹贼，公然陈列裸体画，大伤风化，非惩戒不可"。后来围绕着模特儿的斗争持续了有十年之久。五省联军统帅孙传芳，还曾下令查禁模特儿，封闭上海美专，最后还告到了法院。展览会后，学生家长纷纷来到美专，要求子弟退学，顷刻间，学生走掉了一半。

这场风波，玉良也隐约从洪先生那里知道一鳞半爪，她没有因此而动摇。对改变命运的渴望，为取得独立的人格，成为被人尊重的人，以及对美的爱，坚定了她报考这个学校的决心。她曾对洪野先生说过："即或只有我一人参加考试，我也要上你们的学校，今年不取我，明年再来考，我只有这条路可走。"没有料到的是，参加考试的人有那么多，黑压压地坐满了五个画室。有这么多美的追求者，她还感到孤独吗？遗憾的是，女生寥寥，她成了真正的凤毛麟角。

这时的美专位于苏州河畔，环境清静幽美。以往，她常经过这里。那时，她只能从门外偷偷地向里面觑一眼，它是那么神秘、深邃，对进出这个大门的人们她怀着敬意，很想走进去看看，但即使洪野先生在里边任教，她也不敢借故去实现这个奢望。今天，她居然坐在明亮的画室里，对着讲台上的静物在作素描。一想到这个变化，她的前面仿佛充满了阳光，头脑和手都比过去灵活多了，起初的胆怯也飞到爪哇国去了。她感到从来没有像今天这样得心应手，她泰然自若地挥动着铅笔，运用自如地把感觉准确地用线条表达出来。她画得飞快，交卷时，她抬头望了一眼同考者们，他们正挥洒犹酣呢！

她疾步走出校门，心里荡漾着喜悦的涟漪。来到乍浦路桥上，她才发现这是个多美的所在。她倚栏伫立，苏州河畔此刻正被夕照紧紧拥抱，橘黄的晚霞亲吻着波光粼粼的河水，涟漪变成了碎金般的鳞光，渔烟袅袅，白帆点点，充满了落日镕金的壮丽诗意，她的心也融进了这美丽的景色。她欢蹦着往家走，心里却暗自说："等我学了色彩，就把你画下来。"好像她已成功地把苏州河的夕照写进了画里。她轻松地哼起了很久以来未唱过的一首歌：

春花烂如锦,
春草绿如茵;
春山迎人笑,
春水移人情。
看碧桃绽蕊,
听黄鹂两三声。
俯视游鱼潜沉,
……
喜悦随着轻歌飞扬。

回到家中,她发疯似的拉开所有的电灯,让所有的房间充满光明。无意间,她看到了那张琵琶,用手一抹,上面积满了灰尘。她拿起了一块抹布,把它擦拭干净,坐到床边,轻轻地拨弹起来。

"咚咚!"虚掩的门上响起了敲门声,她拨弹的手停住了,忙去拉开门,站在门口的是洪野先生。他那突出的颧骨上染上了红润,本来容易向下拉的嘴角不自觉地向两耳方向弯去,一看就知道他很高兴。玉良请他进屋,他乐呵呵地走了进去,刚落座就说:"潘夫人,没有想到你还会弹琵琶,它的声音提醒我要来跟你说几句话。"他接过玉良递过来的一杯茶,抿了一口继续说:"你今天考得不错,监考老师都很称赞你那张素描,看来进我们学校没什么问题。"

为了控制自己的过分兴奋,玉良起身给洪先生兑茶,她拎茶壶的手激动得微微发抖。洪先生对她做了个手势,示意叫她坐下,不无感慨地叹了口气说:"我们就要结束教学关系了,你将从王先生学画。不过,有句话我要直率地告诉你,以你的基础,能学到这个水平,已很不简单了。要再往前进一步,就不那么容易了。美与苦是一对孪生兄弟,每向前走一步,都要付出艰苦的劳动。"

玉良的心里燃烧着一把火,她笃诚地感激老师的教诲,又激动又尊敬地对老师庄严地说:"既已选择了这条路,我就要沿着它走下去。"

洪野先生站起来,收敛了笑容,认真地说:"这可不是一句话哟!"他走了。

室内只留下玉良一人的时候,她突然从兴奋的顶峰滑落下来,一种不安摄制着她,美专是不是只凭成绩录取呢?她不幸的过去会不会给她带来不测风云呢?

她在痛苦中等待着。

一周后,学校发榜了,校园门口,人山人海,摩肩接踵,玉良也挤在人群里。她在那行行名单上寻找,从左看到右,从右看到左,从上看到下,又重复一个个名字看下去,都没有发现自己的名字。她疑惑起自己的眼睛了,揉了揉又找,还是没有。最后的一线希望破灭了,如同一盆凉水兜头劈脸地浇了下来。她已敏感到不录取她的原因,不是别的,而是她跳到长江里也洗不清的出身。想到这儿,她脸色苍白,像掉了魂一样,跟跟跄跄夹在人群中往回走。走到乍浦路桥上,碰到了洪野先生。洪先生见状,以为她病了,就要送她上医院。她摇了摇头,表示没有病。

"那,怎么了?"洪先生急切地问。

"榜上没有我的名。"她有气无力地回答着。

"不会的,是你看漏了。回去,我们一道找。"

玉良摇了摇头,就撇下洪先生,径直朝自家方向走去。

她走了好远,洪先生还木然地站在桥上,目送着玉良消逝在人群里。他不相信这是真的。前几天试卷评选中,她的分数名列前茅,怎么会发榜又没有她呢？肯定是她看漏了。他想到这里，就大步向学校走去。走到校园门口，他仔细地在榜上找了会儿，证实了玉良的话是真的，他就向教务处走去。

教务处的先生们直率地告诉洪先生说："我们的模特儿纠纷还未平息，再取了她这种出身的学生，不正好给卫道士们找到口实吗！"

这种回答，使洪先生像头被激怒了的狮子咆哮起来："这是谁的决定？"

"我们！"

"你们可知道，这不仅是扼杀了人才，还会出人命哪！"洪先生一边说，一边又像阵风似的冲进了校长办公室。

不一会儿，刘海粟校长执着一支饱蘸了墨汁的大毛笔，跟在洪野先生的后面往校园门口走去。来到榜文前，竖起笔，就在第一名的右边空隙处写上了"潘玉良"三个字，写罢，跟随洪先生向乍浦

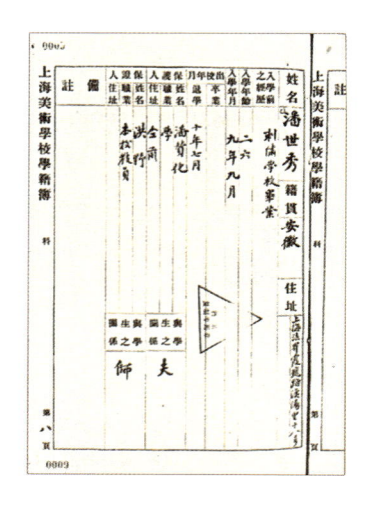

潘世秀入学登记簿
上海档案馆藏

路桥上走去。黄山松烟散发的芳香，久久留在校园门口的空气中。

玉良走到自家门口，仿佛完全失去了知觉，以至在开门锁时，半天都对不上钥匙。洪师母同她打招呼，她也像没有听见，就一头撞进门去，插上闩，倚门长叹一声，完全瘫软下来，滑坐在地板上。

洪师母发现玉良神态异常，感到了惊异，蓦地，她预感到发生了什么不测之事。她一面用力敲着玉良的门，一面呼唤着玉良的名字，里面也无反应。她更加愕然了，只得屏息站在玉良窗外倾听房里的动静。

洪师母屏息倾听良久，也没有听到声音；她又自己安慰自己，没有响动，大概不会有什么意外的事情吧，可能她累了，想安静地歇一会儿。她刚刚准备离开玉良的窗口，却突然从窗缝间渗出了一缕哀怨的气息。这种摄人魂魄的悲叹，牵动着她的心。她的心不由得阵阵颤抖，搅动了记忆长河的泡沫沉渣。

那是两年前，玉良成为她邻居不久的时候，玉良被美术迷住了，如痴如醉，想从她丈夫学画，为此她曾讥讽过玉良。后来丈夫心血来潮，宣布正式收她做门生，还决定不收教课费。自己不满丈夫收这个出身微贱的女人做学生，怨恨过，觉得不光彩，受了辱，常常在丈夫面前嘀咕，也曾当着玉良的面摆脸色。她的态度使玉良很难受，但玉良没有在她面前表示过抗争和不满，总是表示出忍让和自谦。她家经济不宽裕，全靠洪先生一人教书度日，玉良总是变着法儿让她收下授课费，往往还要多给一点，还不叫她丈夫洪先生知道。她家的孩子多，自从大女儿出嫁后，家务常常忙不过来，玉良还帮她编织毛线什么的。这一切，她都能理解，玉良是为了她能支持洪先生教她学画。她还看得出来，玉良并非生性忍让懦弱，而是个要强好胜的人，她是把痛苦深深埋藏在心灵的深处，尽力回避同人争论，犹恐别人触及她心上的瘢痕。同是女人，她能理解这种苦衷，因而她逐渐对玉良产生了同情，支持丈夫教她。随着玉良的刻苦自励和艺术素养的提高，她看得出，玉良脸上的阴云慢慢飘散了，考试后的那几天，玉良的脸上几乎是流淌着灼人的波光，仿佛她已挣脱了习惯和偏见的魔掌，赢得了人的尊严。有时，她还能听到玉良轻声哼唱京戏。昨晚，玉良还硬拉她和另外两位女邻居欣赏她最近画的作品呢。由此，她也感染了快乐，一种母性的慰藉。她虽然也是女子中学毕业生，也爱丈夫的艺术生涯，但她从来还不知道艺术有如此的魅力，它能使一个痛苦自卑的灵魂有了奋斗的勇气。她觉得丈夫追求的事业伟大，她希望玉良能在这条道路上走下去。

前天，她从丈夫口里得知，玉良考得不错，进美专没有问题，她感到由衷的高兴。玉良今天的态度，肯定不会是因考试而起。那又是为了什么呢？啊！她想起来了，玉良曾经向她倾吐过痛苦，潘先生赎出她，同她的结合，是瞒着家中大夫人的，但潘先生则向玉良隐去了这段衷曲，以及他不能留玉良在芜湖任上同住的因素，玉良也只知道是为了让她离开那会触及她痛苦的地方和让她安心读书。潘先生的苦衷，玉良近期才从潘先生密藏的一封大夫人来信中知道。虽然玉良能体谅她丈夫的衷曲，是怕有伤她敏感的心，她也就不去揭开，但是，她同样惧怕大夫人要杀上门来问罪。今天的失神莫非为了这个？可怜的女人，她那该死的舅舅，葬送了这个绝顶聪明的女子的一生！难怪她那么顽强啊！她是想从艺术上挣扎出一个平凡人的人格！走出一条属于她自己的路啊！

正当洪师母天南地北地想着的时候，玉良的门吱的一声开了。只见她穿了件她最喜爱的紫红贡缎旗袍，咖啡色高跟皮鞋，长长的头发用根紫黑色绸带高高束起，目不斜视，风也似的飘了出去。洪师母这下子更紧张了。自从她们成为近邻后,她还是第一次发现玉良这样打扮。天哪!这是怎么回事?洪师母吓住了,她叫来十二岁的儿子,派他跟在玉良的后面,看着她往哪里去,她自己则急得似热锅上的蚂蚁,在走廊上跑来跑去,不知该怎么办。

蓦地,她的目光落在急急走来的丈夫和刘海粟校长身上,她就向他们迎了上去。

"玉良呢?在家吗?"洪先生迎头就问。

"出了什么事呀?她刚出去,看她神态很反常,我叫阿新跟去了!"洪夫人急急地回答着,又突然意识到没有招呼刘校长有些失礼,忙笑着说,"刘校长,您是稀客,请屋里坐吧!"

这时阿新一面往回跑一面喊叫着:"妈妈!妈妈!潘阿姨在河边站着呢!"

刘校长没有来得及回答洪夫人的话,就在阿新的带引下向苏州河边飞步而去。

苏州河边,玉良的目光呆呆地投向落日染红的河面,愈来愈长的血红落日的投影在水面抖动着。她仿佛周身起了层鸡皮疙瘩,蓦地感到一阵痉挛,难道这血海就是她的归宿?人世间哟,本来有日有月,生活在地球上的人们本应共同享有它们的光明和温暖,可是你却为何这样不公平呢?不愿给我一点光明和温暖呢?命运哟!原来我相信人的意志力量能摇撼你,征服你,可你却为何那样固执和偏狂?不在我的挣扎面前让点步?兰姐呀,我的命运并不比你强,除了被踩在泥里,就只有被世界抛弃。只有死,对每个人都是公平的。我只能得到人间的这个公正。赞化呀赞化,你莫怪我就这样去了,没有给你留下只言片语。我能给你留下什么呢?只能使你更加悲伤!你救了我,把我从深渊中拉到岸上,你给了我爱和知识,你却无力赐予我人的自由和尊严！你悄悄为我忍受着正人君子们的冷眼藐视和原配妻子的责问。可是你的牺牲并未解除我的痛苦，我只不过是从一个小小牢狱走进一个大的樊笼。我到哪里也逃脱不了人们的偏见与歧视。人们不管我的心地纯洁和内心的苦痛，只要是从肮脏之地走出来的人，就被认为沾满了毒菌。我该怎么办？我一直努力想使自己成为一个人，一个受尊重的人，可是世俗连这一点都不允许！难道我就永远洗不净可耻可悲的污垢？难道我热烈追求的艺术也因此受到牵连？世界这么大，怎么就容不下我呢？赞化兄，我能写给你些什么呢？不如就此悄悄离别，让我在你的心中还能留下一点美好的回忆……

玉良觉得老在河边站着会引起人们的注意，就装作散步的样子在河边踱来踱去，她想让行人走尽时再实现已决定了的计划。她想人不知鬼不觉地溜下河去，人们就什么也不知道了。即使发现她失踪了，至多议论几天也就将她遗忘了。唉！人们为什么在她就要告别这个世界的时候还不能体谅一下她的心曲早点走开呢！

"玉良，刘校长亲自找你来了！"洪野先生望到玉良徘徊的身影，高喊着向她奔来。

玉良回过头，惊呆了，苍白的脸变成了灰土色，她的头无力地低下了。

阿新跑在头里，他一把抱着玉良，亲热地说："阿姨，我跟着你好半天了，快回去吧！"玉良抬起冰冷的手，抚着阿新的头，一手拨开阿新搂抱的臂膀，强笑着，迎着洪先生走去说："先生，我散散步就回去，何劳你们找到这里！"

洪先生兴奋地站在玉良前面，激动地说："玉良，你已考取了，刘校长非要跟我一道来，亲自通知你。"

自画像　油画　90cm×64cm　1940年　安徽博物院藏

玉良漠然地摇了摇头，又向刘校长鞠了个躬，苦笑着说："刘校长，为什么……"

"你考试成绩很好，是我们工作的疏漏，请原谅。我已在榜上补上了你的名字。"

"不，刘校长，不要安慰我了。"玉良冷静地说，"您的情我领了，还是把我的名字划掉吧！"

刘海粟后退了一步，仰起头，上下打量着玉良说："为什么？"

"因为我热爱美术，也爱你们的美专学校，我不忍因为取了我这个出身不好的学生，让您为之奋斗的艺术事业和你们美专受到别人攻击。我不愿……"玉良难过地说不下去了。

刘校长听到这些，激动地转过身凝望着落在苏州河上的晚霞，那晚霞像一片火海，火海的那面就是他的美专。他的眼角湿润了，他想起了一位诗人说过的一句话，追求美的事业，从来就比海盗更危险。这话说得多么确切呀！他从河面收回了目光，又把它投射在玉良身上，激动地对玉良说："张女士，追求美的人，从来都是勇士！美专的青春只会因为收了你们这些勇士，焕发出光彩来！"

玉良的泪水再也抑制不住了，像断线的珍珠，簌簌地滚在苏州河畔。

三、裸女风波

两年后的一个早春，天空灰蒙蒙的，被冬天脱光了叶的杨柳，又快活地在春风中翩翩起舞。去年枝叶间的芽苞，也已开始鼓胀起来，淡黄中露出嫩绿的颜色，充溢着勃勃生机。春，来到了黄浦江边，也悄悄来到玉良的身上。可是，它却没有带给玉良欢乐。

她整天躺在床上，面色蜡黄，深陷的眼窝使本来明亮的眼睛显得大而无光，眼皮下平添了一道半圆形的灰暗圈，两腮的肌肉也瘪缩下去，她仿佛一下子老了十几岁，少女的娇美风采，显然在她身上消逝了。她胸前的被子上摆着一本法文课本，似寐非寐，不时侧身向床边的痰盂吐着口水，又不时艰难地背记像泥鳅样溜滑的法文单词，她想了许多办法，也不能叫思想集中起来。两年的学生生活片断，不时来侵扰她的思绪，逐赶着法文单词，占据了她的思想屏幕。

黄浦江边的晨曦，苏州河畔的落日，虞美人的墓地，黄道婆丝业的遗址，一张张画卷，送走了第一个学年。第二个学年伊始，他们班开设了人体素描课。上第一课的那天，一走进教室，就看到讲台前站着个健美的裸体少女，老师正在给她设计姿势。第一次经历这阵势的男同学低下了头，玉良也有些难为情，就在后面的一个画架前坐下。室内静得能听到相互的呼吸声，以及老师指导画模特儿的声音。

"同学们，现在开始进行人体素描课的学习。这是第一课，不得不向你们说几句。世俗的偏见，有碍艺术的发展。艺术的门徒首先要理解艺术的真谛。在自然界里，人体结构完美谐调，富有生机力量。人类的这个认识是出于人类的天性，也是人们在长期和大自然斗争中形成的观念，劳动完善了人体的构造和机能，也培养了人的审美观。云冈石窟，敦煌壁画以及许多艺术宝藏都有表现人体美的。当今的卫道士们反以表现人体为丑，他们能知道什么是美吗？"玉良听呆了，原来被世俗视为洪水猛兽的裸体画，是我们祖先创造的文明,她的目光紧紧盯视着王先生,他接下去说:"伟大的艺术家席勒,在《强盗》第一版序言中曾说:'假如有个大家都熟悉的甲虫,把珍珠弄成粪丸;假如也有火烧死人、水淹死人的例子,难道就应该因此把珠、火、水都一律查封不用吗?'说得多好!艺术信徒们,用汗水使人体变得更美吧!大家可以充分发挥自己的表现才能,看画稿时再具体谈。"说完就径直走下讲台,来到后面的一个画架前画起来。

室内一片沙沙的铅笔声。

时间不知不觉就在沙沙的铅笔声中消遁着,突然,玉良感到她的身后有人,还没来得及回头,一只握着铅笔的手伸到了她的画板上,勾画起来。

"你画得不对呀,玉良,要记住,画面要很好地表达出形体的深度,这是个很难掌握的技巧。你的风景画画得很出色,怎么在人体造型上,感觉这么迟钝?"

玉良顿时脸色绯红,头低得几乎要碰到画架。她在这画室里,经常听到的是老师对她的赞扬声,今天的突然批评,由于没有思想准备,一下子叫她受不了。王先生也觉察到了,忙说:"不过,也不要紧,女孩子嘛!能画好风景画就很不错了。人体课也可以不上。"

玉良抬头看了老师一眼,她不相信这句话出自为艺术冲锋陷阵的王先生之口。她没有说什么,翻过画纸,重新画。

一张一张的人体素描在玉良的脑海中翻过,一张张众多浴女的速写停留在眼前。

那天,她到浴室洗澡,顷刻间,她的眼睛放出了光彩,虽然开了一年的人体课,画模特儿的机会还是很少,她很不满意自己这门功课的成绩。学西画这是个关键的课程,她很想能多有些机会来练习。这不是个练习人体动态的好机会吗？她放弃了洗澡的念头，就跑回存天阁（美专宿舍名，三字是康南海亲题），拿来了速写本和铅笔，借卧位的一隅，迅捷地画了起来。她沉浸在艺术实践的兴奋中。浴池的哗哗水浪和特有的嗡嗡声响，她一概听不见，她思维的弦紧紧拴在健美的人体和线条之中，灵感启开了感觉的心扉，笔尖流泻出浓淡相间、感觉准确的线条，几笔就能构成一个潇洒的体态，几张浴女群像一挥即就。

"哎呀！"突然一声惊叫从她的身后传来："你们都来看哪！这个不要脸的女人在画我们哪！"

随着这声怪叫，浴室沸腾起来了。

"把伊撵出去！"

"揍她！"

"……"还有人嘤嘤地啼哭起来。

玉良一下搞蒙了，有好一会儿她才明白过来，浴室的风波是由她引起的。看到那么多人向她拥来，她吓慌了手脚，但又很敏捷地将速写本从衣摆下塞到胸前，双手紧紧抱住。

一个水淋淋的有些臃肿的中年女人一把抓住她的前胸，吼叫着："拿出来看看！画了我没有？我可是个有脸有面的人！"

玉良紧紧抱住画本，没有回答她。这时，一个较为年轻的浴女挤上前来，拨开胖女人的手，劝解着："放了她吧！她可能是美专的学生，听说模特儿难请……"

不想这句话反而激怒了胖女人，她突然放开了玉良，向一个澡堂女工扑去，抡起白嫩肥厚的手掌，给女工就是一记耳光，随之双脚腾空跳起，撒起泼来："阿拉花钞票来沐浴，不是来卖肉的；去把侬老板娘叫来，阿拉要问问她收了她多少钞票，放她到这里来画

侧卧床上女人体　彩墨　69cm×92cm　1959年　安徽博物院藏

坐姿女人体　素描　37.5cm×28cm　年代不详　安徽博物院藏

阿拉！"

玉良趁机抓过外衣，想挤出去，她被众浴女推搡着，内外衣服都被她们身上的水擦挤得湿迹斑驳。这时有个尖细叫声送进她的耳鼓："怪不得人家讲这个学堂的学生专画女人光屁股，真不要脸皮，女人也进这个学校，肯定不是个好东西，不是疯子就是婊子。"

玉良的心就像叫根绳索突然勒住了，收缩着，她感到窒息，再也没有力气往外挤了。刚才为她说话的女子在她后面推着她，好容易才帮她挤出重围。那女子在她身后轻轻地对她说："快走吧，这些人惹不得。想画，就画自己吧！"

玉良感激地站住了："小姐，您……"

"我也进过美专，前年退了学。"说完就回身走了。

玉良的脑袋乱哄哄，悒悒地走在人流里，"想画就画自己！""想画就画自己！"长久地在耳边轰鸣。前面的路怎么这样难走，她想走的路就更艰险，一条无形的绳总在勒着她，一条无声的鞭子总在抽打着她受伤的心，难怪洪先生说"不是一句话哟！"。陌生女子的善意启发，给了她力量，"对！画自己"。

星期天，她回到家里，插好门窗，拉上布帘，生起一盆炭火，室内暖洋洋的，她坐到穿衣镜前，脱去衣服。镜内映出了她丰满的前胸，白皙柔嫩的皮肤，匀称的两腿。她拿过油画箱，撑好画架，就仔细观察，画了起来。整个下午，她沉醉在艺术冲动里，得心应手。这张不完全肖似自己的裸体画，仿佛能触摸到肌肉的弹性，能感觉到血液在皮下流淌，她巧妙地隐去了面孔，自己也感到满意。

这一习作《裸女》，后来在学校举办的师生联合展览会上展出，一时轰动全校。校长刘海粟召见了她，亲切地询问了她这幅作品的成因。她诚实地讲了。刘校长默默地看着脚下的泥土，脚尖敲打着地面，良久才说话："玉良女士，西画在国内的发展受到很多限制，毕业后还是争取到欧洲去吧！我来给你找个法文教授辅导你学习法文！"

玉良侧过身，头伸向床边，吐着唾液。这样呆了会儿，又转过身恢复原有的斜卧姿势，喟然一声长叹，自语说，想这些做什么呢？一切汗水将付之东流，又怎么对得起校长的希望和厚意呢？

那些法文句子虽然不易记住，但它们却像磁铁一样，对她产生着强大的吸引力，排斥着异己的干扰，她吃力地睁开眼睛，又念诵起来。这该死的脑子，怎么又颠倒起来了呢？

寒假。就在这床头，她尽情地享受着丈夫的温存和爱抚。赞化呼出的气息撩得她耳廓痒痒的，玉良窃窃地笑了起来。赞化又挽过玉良，把嘴凑到她耳边，悄声地说："你给我生个孩子！"

"不，他是庶出的，人家会蔑视他。"

"有了孩子，对你有利，我不在身边时，起码你有个说话的人，我们的爱也该结个果子了。"

玉良没有回答，她只把自己冰冷的脸贴到赞化的颊上。谁知爱神真的赐给了他们一颗生命的种子呢！种子的萌生，给玉良带来了焦渴和痛苦，她不能吃，不能喝，胃里翻腾，直往外泛酸水，身体明显地衰弱下去。开学已有一周了，她不能去上课，这该是何等样的惩罚啊！即便反应期能很快过去，能顺利地完成毕业作品和论文，也不能带着孩子考留学津贴出国去吧？她把一切恼恨都倾泻到这颗不合时宜的种子身上。她困惑，不知怎样来处置这颗自己亲手栽的苦果。结婚已有三年了，赞化要个孩子，按说是理所当然的，对玉良来说，也是天经地义的义务，她有什么理由不满足他这点可说是微薄的要求呢？像她这种出身做二房的人，要在家庭中占一席位，唯一的办法不就是生男孩，才有跻身立足的地方吗？现实生活又改变了她这种幼稚的看法，她不会给未来的孩子带来幸福，"小娘养的！""××养的！"将会像锁链样桎梏着无辜的孩子。要想孩子不受歧视，就得他的母亲用汗汁洗去不光彩的污秽，在社会上争得一个独立的人格。她正在努力改变时代和命运给予她的不幸，爱的结晶出现在她腹中了，她陷入了激烈的矛盾和无尽的痛苦之中了。她把这一切告诉了赞化，想取得他的谅解和支持。鸿雁北去了，却没给她送来回声，是她想终止妊娠使赞化生了气，怨她不近情理呢？还是……她拿不准，也许他根本不同意她的想法。她忽然想起了赞化看到她自画的裸体画时的情景。

"你画的是谁？怎么这么面熟？"赞化问。

"你猜！"玉良诡谲地笑着。

"模特儿？"

"不是。你再猜，猜到有赏，猜不到扯三下耳朵！"

赞化的脸就像晴空突然飘来片雨云，刚才还阳光普照，忽而变得阴沉下来，他不愿证实的事被证实了。

当他第一眼见到这幅画时，就认出了是玉良自己，但他希望玉良讲是别的女人。除了学校的模特儿还有谁让她画呢？既然她否定了是模特儿那就等于向他宣布了是她的自画像。"玉良呀玉良！把你从那种地方拉出来是为了什么呢？难道连这点都不懂？这不是有意给我难堪吗？为了娶你，我已忍受了世俗人们的议论和挖苦，你就应该自爱，不再往自己脸上涂脏！传扬出去叫我怎么在官场上混？真想得出，这样的画还拿到学校去展览，不怕人家指脊梁！真是改不了的……"两个最难听的字总算还没有骂出来。但，赞化的脸不由涨得通红，他抑制不住地怒吼着："还不快用刀子划掉！丢人现眼！"

满心想得到丈夫夸赞的玉良，受到了赞化的轻侮和谩骂，犹如晴空霹雳，一下把她击昏过去了。她像根钉子样钉在原地一动没动。

赞化见她像没听见样无动于衷，更加火从中来，随手操起把裁纸刀，向《裸女》奔去。

玉良见状，心往下一掉，便像道闪电样赶在赞化前扑向画布，双手向后伸开护卫着，惊恐地望着赞化。赞化攥刀的手停在半空，满脸怒气逼视着玉良说："你走开，你自己舍不得处理，只有我来！"

玉良也毫不退却，一字一板地回答说："要杀我，要割我的肉，请便。你给我的恩情，就是把我割成碎片奉献给你，也表达不了我对你的感激。但割画不行，它不属于哪个人，它是艺术，产生于我心上，胜过我的生命。"

赞化拿刀的手垂了下来，他把刀子往地上一丢，转身将门嘭的一声带上就出去了。房里只剩下玉良一个人，她像打翻了五味瓶，心里不知是什么滋味。自从认识了他，他就是和善的，没有见过他发大脾气。婚后，他也尽量满足她的需求。没想到自己一张满意的作品，不但没有得到他的赞赏，反使他生了那么大的气。赞化至高无上的形象，在她心中突然逊色了。他促使她走上追求艺术的道路，原来是有条件的。她是他的私有财产，不能贡献给艺术。他同样逃脱不了世俗的偏见，不能接受表现人体美的艺术形象！画画模特儿还马马虎虎，画自己的妻子就不能容忍。这件事虽然后来赞化没有追究，玉良的心上却添了一层淡淡的哀愁，难受了许久。

现在她为了能去法国深造，要搞掉赞化久已盼望的孩子，他能同意吗？这也许是不堪设想的事。她想到这里，一颗心好像落在冰水里，瑟瑟发抖了起来，不敢继续想下去。

披发女人体　油画　33cm×24cm　1957年　安徽博物院藏

她转动着麻木的身体，想变换个姿势，摆在被子上的法语课本啪的一声滑落在地板上。这一声响仿佛是把她从混沌的梦中惊醒过来，她挪开被子，双腿往床沿边一伸，躬下身捡起书，又坐回床上，在心里自语道："我怎么啦，难道胆怯了？屈服于命运了？不去争取最大的好转，忘了第一天上学的勇气了吗？"

那天，秋阳骄艳，黄浦江浪花层层叠叠，乍浦路桥头，校园门口，集拢了许多人，他们以看西洋镜样好奇的眼光，注视着背了画夹，拎着画箱，留着长发的美专学生，仿佛这些人是洪水猛兽，几张人体画就能动摇社会的根基，使大厦倾圮。那些人中，有鄙夷冷笑的，有破口大骂的，有显出不屑一顾神态的。玉良像没有看到这

披绿衣侧睡女人体　彩墨　23cm×35cm　年代不详　安徽博物院藏

些一样，背着画具，昂起头，如入无人之境。她听到背后有三两女孩子交头接耳地说："哟！还有女的！也去画……哈哈哈，真不要面皮！"她装作没听到，心里只想着刘校长那句话，"追求美的人，从来都是勇士"。

回想到此处，她的精神好像振奋了不少。她穿好衣服，走进厨房，开始熬稀饭，她想强制自己吃饭，恢复体力。这晚，她把稀饭当药，喝了一大碗，只是不争气的胃不受用，想把稀饭往外赶，她强咬着牙不让它吐出来。饭后，她回到床上，斜倚着床头，再次给赞化写信。没写完，她就疲惫地睡着了。

"咚咚！咚咚！"有人敲门。听节奏，她知道是谁在敲门。惊喜使她麻利了许多，掀开被子往地上一站，就跑着去开门。突然的惊喜使她头一阵晕，就倒在风尘仆仆的赞化怀里了。

赞化见玉良虚弱到这样，没有说话，只是默默地抱起她，重新放到床上，为她掖好被子，回身关好门，又坐回床边，仔细地端详她离别后的变化。他抚摸着她深陷的双颊，吻着她失去光彩的大眼睛，轻声地说："我们就要有孩子了，是吧？"

玉良没有回答，也没睁开眼睛，好长一会儿才长长地叹了口气说："他来得太不是时候了！"

"时候好得很，我算过了，刚好是你毕业考试后。"他微微向后仰着，眯缝起眼睛，打量着玉良说："我现在要做的事，是要使你的健康很快恢复过来。明天我就去请医生。"

"你同意打掉？"玉良惊喜地睁开了眼睛。

"什么打掉？"赞化蒙了。

"你没收到我的信？"

"收到啦！"赞化微歪了下头说，"想给你个突然的喜悦，没有回信就回来了。"

"你没看懂。"玉良闭上了眼睛,闷闷不乐地说。

"怎么会呢?"

"你怎么装佯呢?"

"他不会影响你学业的。"

玉良沉默了。赞化要个孩子,是人之常情,他很少向她提出什么索求,在男人中,他算是个好丈夫,她怎好继续坚持争论下去呢?她示意赞化去洗漱,自己仍在闭目沉思。她爱赞化,不想违背赞化的意愿,但她更爱艺术,艺术给了她至诚的爱。公正的感情,她只有在艺术光环的宠幸里,才真正感受得到;也只有翱翔在艺术的天地里,她才享受到不受歧视的人生的欢乐。

枕边一夜诉衷情。玉良委婉地向赞化述说了自己的苦衷和要求,她重复了只有艺术才能给她生活以青春。

赞化听后没有反应,他陷入了痛苦的思索之中。接到玉良信的当天,他收到家乡妻子的信,妻子在信中说:"早听人言,君从青楼买得一女,纳为妾。妻素信君之人品,以为虚传,不足为信。近接好事者书,曰君纳妇已三载,送沪独处,使其攻读绘画,属实乎?妻虑之再三,何不带归乡里,与之同住,或君以妻不贤,疑以为妒乎?望君接书,送妇回归。一者减轻君之负担,二者妻年岁渐长,身体不支,亦需侍奉。"

这封信叫他进退两难,一个是满腹疑愁,嗷嗷待助;一个是兴师问罪,言之成理。他不知如何是好。既要安稳好妻子,又要照顾到玉良。考虑再三,决定派老仆人带着封长信回桐城去见妻子,自己抽身回上海解玉良燃眉之急。他想玉良首先养好身体,完成毕业考试。毕业后,她想工作他也不阻拦,不想出去做事,在家画点画,教养好孩子也可以,反正当今大学毕业在家当太太夫人还是种时髦。可是玉良不满足这些,要打掉腹中的孩子,出国深造,给家中妻子知道还得了？本来他同玉良的结合,妻子不知道,现在她知道了,虽说没有恶言厉色,那是做一位贤妻应有的素养。但对培养玉良攻读,她是有异议的。妾在家中的地位与奴仆相等,在这个问题上她同丈夫享有同等的支配权。玉良真要出国留洋她能忍受吗？况且,国内军阀混战,国力维艰,安徽发生的"六二"惨案,掀起的学生运动,虽说驱逐了省长李兆珍,取得了胜利,增加了教育经费,但考留学津贴也不容易。即或考到津贴,也是时有时无。学别的则可,学美术对一个女人来说,有许多想不到的困难。一个女人家,只身飘零海外,那简直不堪设想……不成全她的意愿吧……哎,这个犟女人！他想起了玉良曾给他讲过她孩提时代以头碰石头的故事。

赞化落入了矛盾的漩涡中,在床上烦躁地辗转反侧。

没有听到赞化反对,玉良以为赞化已被她渴求艺术的精神打动了,就推了推他的肩膀,把他的脸扳向了她继续说:"化兄,巴黎、罗马是文艺复兴的策源地,那里有数不清的艺术大师,我可以亲聆他们的教诲,把西方的艺术带回来,我们现在多么需要面目一新的艺术啊！刘校长对我说:'学西画不去西方,就等于没有学。'在目前的中国,西画还受到很大的限制,我既已走上了这条路,你忍心看我前功尽弃吗？"她把头埋在他的胸前,撒娇地说:"要孩子还不容易,等我学成回来,你要几个,就给你生几个。那时,我以我的艺术在社会上取得一席地位,我们的孩子就不会受歧视,就能享受到和别的孩子同等的权利。不好吗？"她推着赞化,"你说呀！"

赞化默默地任她拨弄。

这一夜,他们都没有睡着,昏昏眩眩,仿佛飘浮在云雾中。

第二天一早,赞化外出雇回一个女仆。紧接着请来个老中医。老医生伸出养有长长指甲的右手,按在玉良的右腕上,左手不时牵扯着银须,眯着眼睛。不一会儿,又示意玉良伸出左手。搭完脉,便挂上老花镜,摊开药笺,自言自语地说:"喜动气虚,需和中补益,吃几剂药就好了。"

送走了老中医,赞化就让女仆去抓药。

女仆刚出门,玉良就沉着脸说:"我不吃药。"

赞化像逗小孩样:"不吃药,就不能吃饭,不吃饭,身体就好不了,身体不好,那就不能去上课,不能去追求你的艺术!"

不谈艺术犹可,一谈艺术,玉良火就上来了,她气呼呼地说:"早知如此,不如不踏上这条路。"她突然歇斯底里地高叫起来:"艺术,艺术!在中国哪来艺术!可怜的中国女人,永远逃不出封建樊篱,即使像你这样自称尊重女权、崇尚民主的丈夫,也还是要把妻子作为私有财物!"她抡起两个拳头,捶打着自己的腹部。

"看你激动的!"赞化攥住她的两手,坐到床边,"你听我说!"他捺着她躺下,"昨晚我想了一夜,孩子要不要倒无所谓,你还年轻,我们还会有的。只是打胎很伤身体,也许会毁了你。既然你的决心已定,我成全你的意愿。不过,先要把身体养好,增强抵抗力,才能施行。"还未说完,玉良竟似孩子一般,双手抱住赞化的颈子,破涕笑了起来。

赞化叹了口气,抚着她的秀发私语般地说:"唉!你呀你,我对你没法子哟!"

玉良把他抱得更紧了,附在他的耳边,轻声地唱着:

一片晨曦,

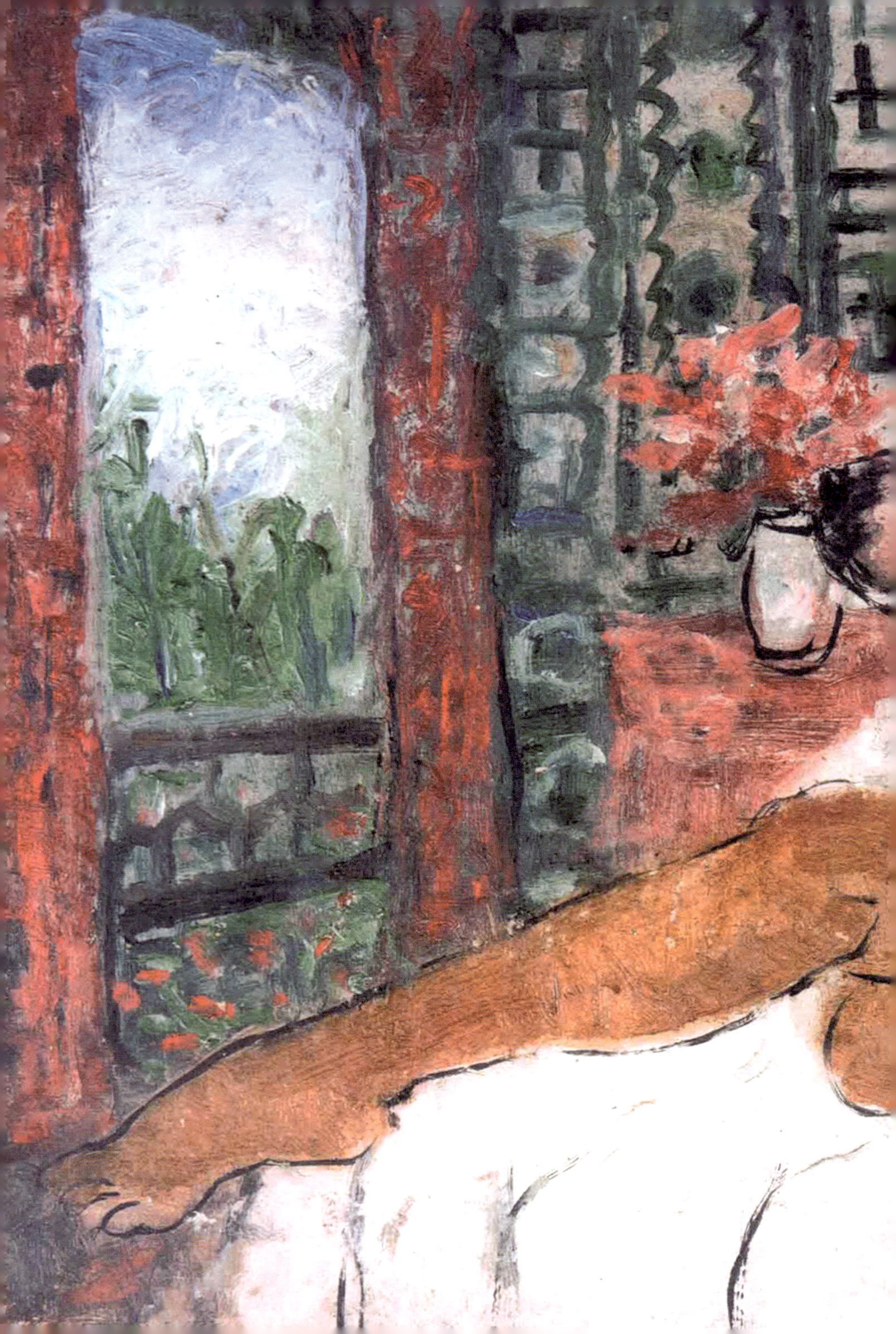

母子情　油画　24cm×33cm　年代不详　安徽博物院藏

拂去了愁容,
如今满地万紫千红。
人生的理想,
并非虚空;
收获要靠播种。
美的收获要靠播种。
幸福的舵在我手中,
抱定志向朝前进攻,
人生伟大的理想不是虚空。
……

四、留学欧洲

  轻柔的海风带着丝丝缕缕的咸腥味，从窗口飘了进来。玉良正聚精会神地注视着小几上的一张八开世界地图，左手肘撑在小几拐上，右手握着一支红蓝铅笔，在地图上延续着虚线。虚线的起点是上海的吴淞口，它经东海、南海、孟加拉湾、印度洋、红海，过苏伊士运河，直抵地中海的彼岸——马赛。虚线继之沿马赛的罗尼河逆水上行到里昂（可以看到在标志着里昂城市的红圈旁注有红字1921—1922字样），这条红色虚线从此处转向西北的巴黎（巴黎的边上注有1923—1924），突然它又掉头向南，伸向罗马（罗马城边上注有1925—1929）。经罗马西南行至那不勒斯，又回归到地中海，与原来的红线在苏伊士运河上重合，缓缓伸到新加坡的外海，红铅笔在地图上的南中国海上停住了。

  玉良放下铅笔，长长地舒了口气。这条漫长的逶迤的虚线，就是她九年来的足迹。现在，她正在沿着她来时的足迹回去。祖国的海岸线既已在望，她就要回到赞化的身边，可以肯定地说，他自接到她启程的电报，就天天在翘首巴望，或许一天要去一趟码头，拿着手杖，站在江边，眺望着吴淞口，捕捉远洋邮轮的踪影，他肯定尝够了"误几回、天际识归舟"的滋味。

  八年前，赞化陪她从十六铺乘小轮到吴淞口，送她乘上加拿大皇后号邮轮。他的眼睛里罩着厚重的阴云，这两片云至今还飘浮在她的心里。他把她送到她的舱房里，微黑的脸沉落落的，眼帘低低垂下，滚下了泪水。他们面对面久久站着，默默无语，他只是做着重复的动作，轻轻地搓揉她的手，说着："小心，保重，我等着你。"

话语简短得叫人难以相信。然后，还是痴痴地注视着她，持续了很久很久，好像要将她的影像永远嵌在他的心里。

玉良深深地被感染了，低垂的睫毛盖住了眼睛。自从考取了留学津贴，她就沉浸在欢乐中，想的都是未来的艺术天地，刚才在路上，她还取笑赞化儿女情长呢！但当他们一踏上远洋轮的甲板，她就意识到分别的痛苦竟像这海水样漫涌开来，仿佛是朗朗晴空突然飞来了阴云。她不忍就这样同赞化分别，那会给赞化留下长久的不安。她强作欢乐宽慰赞化："化兄，今天可算是值得我们纪念的日子啊！你应该高兴呀！"

"是呀，我只是放心不下你啊！"赞化把她的手攥得更紧了。

"你放心吧！当年你出国留学时，比我现在还小得多呢，我会照看自己的。"

催促送客离船的铃声响了，赞化不得不向她告别。提着手杖，缓缓地走下船舷，他的背影，怎么有些弓了起来呢？邮船慢慢驶离了码头，她俯在舷栏上，向他挥手。他摘下礼帽，在空中摆动着。送行的人们陆续离开了，他还像钉子样站在那里。

码头越来越远了，海岸渐渐模糊起来，最后只在地平线上留下一些轮廓的剪影，她才突然意识到失掉了什么，一缕内疚萦回在心头。她对不住他，多少天来只顾自己高兴，没有体谅到他的心情。几年来，他为她做出过许多牺牲，能考上官费留学，成绩固然重要，但更重要的还是赞化的支持。且不说扼杀了就要出世的孩子，还运用他的影响为她在安徽省争取到一个官费留学名额，使她实现了梦寐以求的愿望。能这样做的男子汉，当今能有几人呢？怎么能只顾自己的欢乐而无视他的一片深情呢？她怏怏地走进舱房。

海，湛蓝湛蓝，无边无际，远处闪射出鱼鳞般细碎折光，炫眼耀目。她站在窗前眺望着它，品味着它的博大。九年了，岁月的流水仍不能冲洗掉她心中的愧疚。面前的大海多么宽阔、深厚而富有啊！你给它任何东西它都能容忍，海多可爱啊！人们常说的"海涵"就指的是它的心胸伟大吧！再过两天，她就要见到他了，同他说些什么呢？先讲哪些？九年的话，在心中积存得太多了，就像小口瓶子装满了油，要倒出来，争先恐后，一齐挤塞在瓶口，欲语无头。啊，先说里昂中法大学吧：那是吴稚晖先生主持的，它的实质是海外补习学院，是为留学生预习外国语和某种专业知识的，她虽算是开办后第一期的学生，却只在那里待了一个月，就以素描成绩优秀考进了国立里昂美专，以后又转插到巴黎国立美专……

"哗！哗！"邮轮碰上了巨大的浪头，船身轻微地抖了一下，她不自觉地扶住窗棂。海上起了小风，俗谚说，海上无风三尺浪，何况有风呢？刚才平静的海激动起来，海水翻滚着泡沫，追逐着，一直追到船边，嘭的一声，溅起雾样的水花，玉良赶紧摇上窗子。她有些失去重心地躺在床上，她的目光与挂在床对面的那张油画碰上了，这是她上船后从画捆里拣出来的习作，也是她到巴黎后的第一张作品。

1923年她从里昂美专前往巴黎国立美专后不久，先期在巴黎美专攻读的同班同学徐悲鸿，带她外出写生和熟悉街市。他们步行在香榭丽舍田园大街林阴道上，这是条迷人的路。希腊神话中，香榭丽舍是守法的教徒、鞑靼人和罪犯们居住、逗留、散步的地方，被描绘成神话中的仙境。用它来为巴黎这条中心街命名，更富有奇异色彩。它被称为"欧罗巴生活的橱窗"，是巴黎最繁华的商业区。她随着他走在参天的栗子树林下，犹如乡下人进城，被五光十色的镜头撩拨得眼花缭乱，东张西望，不知不觉中，就到了凯旋门。这

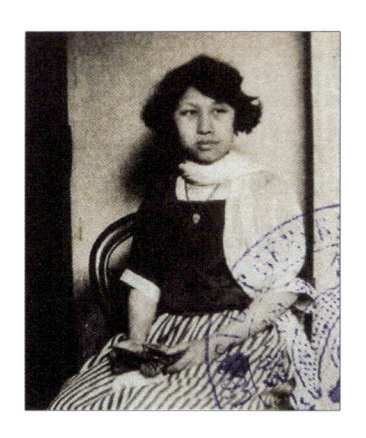

1924 年
潘玉良
巴黎高等美术学院注册证照片
法国国家档案馆藏

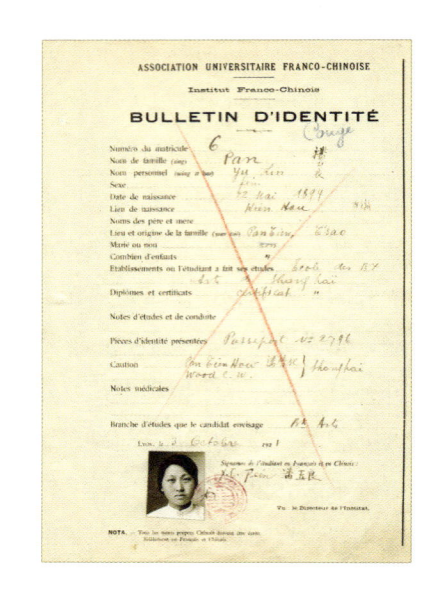

1921 年
潘玉良
里昂中法大学入学登记表

1924 年
潘玉良
巴黎国立美专入学通知书

是纪念拿破仑战功的宏伟建筑，门下燃着一盏长明灯。最吸引他们的是饰在它东西两个立面上的浮雕。一幅是法军同欧洲联军作战的壮阔画卷、玛尔逊将军的葬礼，另一幅是著名雕塑家吕德创作的《马赛曲》。她深深地被那些栩栩如生的艺术形象感动了。展翅飞翔的自由之神，高举左臂，呼唤着一群武装公民，勇猛的高卢人，挥舞着帽子向女神致意，他的孩子握着短剑剑柄，要求投入武斗；一个全副武装的老兵，躬身奋力前进；一个弓弩手，拉起满弓，号角声声，红旗涌动。玉良如醉如狂，撑开画架，展开画夹……

《马赛曲》的群像移进了她的画夹，画上女神的呼号，似乎还能隐约听到。

玉良坐了起来，从皮箱里取出另一幅画，摊放在地上，慢慢地展开来，用两本书压住画的两头。背景是艾菲尔铁塔，一个年轻的女画家一手执调色板，一手握着画笔，在凝神观望什么，这是徐先生在她忘情地速写塞纳河时悄悄画下的，后来送给了她。

漫长的旅途生活，枯燥乏味，唯一的乐趣是看画。她又打开一捆作品，品味每一幅作品的经历。她抽出了一张达·芬奇的《蒙娜丽莎》，是她在卢浮宫临摹的作品。

卢浮宫，多么令人神往而留恋的地方啊！它在巴黎的中心塞纳河畔，北界利物路，东邻卢浮路，西接推勒利斯路，南面码头。规模虽然较凡尔赛宫小，却比它历史悠久，人称老皇宫。它在中世纪时，还是个城堡，亨利第二时代建造了西南部分，后经亨利四世、路易十三、路易十四，改造、扩建为一个完整的建筑物。它庄严、优美、富丽堂皇，它出自著名建筑设计师彼尔·雷斯科之手。1793年辟为博物馆以来，陆续收藏了人类艺术的精华，成为举世闻名的世界艺术品的宝库。法郎西斯一世为它的艺术珍藏起过奠基人的作用。他重视文化艺术,曾在侵占意大利时,将达·芬奇邀请到法国,以优厚的待遇奉养在宫中,对他的艺术备加关怀和扶持,他为他留下了举世艳羡的四件珍宝,奠定了这艺术之宫的烜赫。它的形式是那么完美,它的内容又是那么丰富,是巴黎人心中的一颗闪光的明珠,一种自豪和骄傲。几个世纪以来,它一直像磁石一样吸引着全世界的艺术追求者,也时刻牵系着玉良爱美的心。

为了多临些大师们的作品,她极少在星期天休息。天还没亮,她就起来,带上画具,往卢浮宫美术馆去。

暮春的晨风,轻柔中藏着温馨,空气中弥漫着花都特有的芳香,林阴道和高大建筑物的上空,萦绕着蒙蒙晨雾,东方一片青白。巴黎夜的喧闹带来了晨的静谧。她乘坐的电车上,行人寥寥。她一心想着美术馆画廊里那些杰作,仿佛它们矗立在街道两边,向她迎面扑来;她感觉眼前飞旋的是色彩的云涛,她被裹挟在其中;她的耳畔也传来了文艺复兴巨匠们呼喊自己的声音,她多么想把这些大师们的杰作全部临下来啊!她已经连续几周在那里画了许多个下午,今天就打算在那里干上一整天。

达·芬奇的《蒙娜丽莎》叫她夜不成寐,她一闭上眼睛就看见那富有女性魅力的手和那能融化灵魂的笑。她要把她那永恒的微笑带回祖国去。多少天了,她总觉得不能体现原作的意境,心里躁动不安,但愿在天之灵的大师们今天赐给她灵感。她跳下车,低头踏上了卢浮宫的台阶。森严的大门还紧关着。她这才意识到来得太早。抬头看看天际,晨曦才开始涂抹朱唇,云霭变成了浅浅的玫瑰色。她就势坐在门槛上,拿出速写本,画起了稀落的人群。

时间在宇宙色彩的变化中漫步。

"轰!轰!"大门在庄严的钟声中启开了,等待在门口的人们

巴黎街头　油画　24cm×33cm　年代不详　安徽博物院藏

依次而进。

　　玉良来到绘画馆的中央大厅,在《蒙娜丽莎》前停了下来,她支好画架,却无法开始工作。原来这件使观者魂牵梦绕的"神秘微笑"的杰作,1911年曾不翼而飞,一年后才找回来,相传是一位在卢浮宫做工的意大利木工偷去的。此后,就对它采取了特别监护措施,它被嵌进墙中,外面加了防护玻璃,要临下它,很不容易。若是临摹别的作品,只要按照事先的登记序号,付了费,就可以从上午十点到下午三点到专门的画室去临,可是,要临它,既不可能把它搬到专门的画室,也不可能叫熙来攘往的参观者不来影响你,在这样的环境里临画,很难集中注意力。玉良为此非常苦恼,但她的决心早定,非临好不可,她摆好未完成的画,祈祷着参观者很快稀落下来。说也奇怪,她很快就沉浸到艺术的湖底去了。

　　巴黎圣母院的午祷钟敲响了,参观、临摹的人们也随着钟声稀落起来,玉良好像没听到,管理人员来到她身边,很有礼貌地向她鞠着躬说:"小姐,绘画厅要关门了,两点钟再来吧!"

　　"先生,我想完成这幅画再走,能通融一下吗?你的门可以照关。"玉良微笑着向他要求。

　　"这?"管理员大叔的下巴微微一仰,他愣住了,经过片刻的沉默,当他意识到这个要求的出格又不可能给予满足时,便回答说:"小姐,这个要求太突然了,我们还没有先例,还是请吧!"

　　玉良贪恋地望了一眼未完成的画,失望地叹了口气,收起画具跟着管理员沿着一条长廊,向出口走去。玉良的脚步缓下来了,廊柱间那些精美的、粗犷的雕塑占据了她的心房,留住了她的目光,牵住了她的双脚,她不自觉地停下来了。

　　管理员走出好远,发现身后已没有声息,回首一看,见玉良站在维纳斯雕像前如痴如呆,管理员只好站住等她。等呀等,等了许久,见她还没有移步之意,老人又习惯地摊开双手,无可奈何地微笑着摇摇头,扬了下长满灰白胡须的下巴,又回身向玉良走来:"艺术真是个魔鬼,使你们中国人也着了魔。前不久,有个徐先生像个疯子在这里醉了几个月,现在又换上了你。好吧,看在上帝的面上,今天为你破个例。你就留下吧!"

"谢谢先生,上帝保佑您!"玉良向老人深鞠一躬,兴奋地返身回到原来的杰作前,继续临摹,一直到下午四点。眼看画就要完成了,她突然觉得心里不好受起来,胃里直冒酸水,还伴有叽叽咕咕的叫唤。她这才想起来未吃午餐。她忙打开提包寻找昨夜准备好的面包,分明记得是放在包里,现在却找不到。啊,想起来了!昨晚睡前怕老鼠咬包,临时又拿出放在橱里了,早晨又起得早,忘记再装进去。怎么办呢?本想到街上去买点吃的,但时间紧迫,必须抓紧,再过一个钟头,卢浮宫就要在巴黎圣母院的晚祷钟声中关门。她想抽根烟转移下注意力,艺术宫内是不允许吸烟的,她咬咬牙,又继续工作下去。

"小姐,你忘了用午餐吧!喏,请用点这个吧!"

玉良回首一看,是管理员老人用盘子托了一杯咖啡和两块面包,散发出诱人的香味。这对饥肠辘辘的玉良来说,无疑是美酒佳肴。但她没有接受,对这位异国老人的友谊报以深情的微笑和感谢:"尊敬的大叔,我已吃过了,谢谢您!"

"嗯!你骗不了我!你刚才在包里找什么?我一直在注意着你,知道吗?姑娘,我被你们这些艺术的圣徒感动了。吃了吧!"

"我真的吃了面包,肚子还饱饱的呢!"

玉良刚一说过,就感到很不妥,这不但会使老人难堪,也有负老人的一片心意。她连忙放下画笔，从老人盘子里端起已经有些凉了的咖啡，一饮而尽。还回空杯时，她深情地说："可以了吧？大叔。不喝下大叔不高兴，对吧？真是好心的大叔。谢谢。"

老人笑眯眯地摇摇头说："唉！你们中国人啊！真不可思议，只要有艺术，就不怕累，不怕饿，我佩服！我真希望能有机会去你们中国，我要好好看看容易着魔的坚强民族。姑娘，你不要以为巴黎到处都是艺术品，人们就酷爱艺术。不！那些多半都是为了装潢门面，显示风雅。真正热爱艺术、懂得艺术的，不可多得！"他那空着的右手做了个无可奈何的姿势，又继续说，"我在这里服务多年，我懂得，爱能产生不朽的作品，祝你成功。"

他端着空杯子和面包走了。玉良目送着他消失在画廊的尽头。她虽然只喝了一杯咖啡，却仿佛吃下了许多美好的食品，老人的心意使她顿觉精神振奋，挥舞彩笔，还不到关门时间，就完成了这一杰作的摹制工作。一朵浮自心灵深处喜悦的云彩飘上了她的嘴角。

晚上，她饥不择食地啃了一大块冷面包。几天紧张兴奋的劳动过去，当时感觉不到疲劳，一旦完成了预定的任务，就感到累得慌，浑身像散了架。开水没有了，她也懒得烧，就着自来水喝了个饱，就上床休息了。

很快她进入了迷迷糊糊的境界，又回到了卢浮宫。她忘情地徜徉在雕塑馆内，一向膜拜的《胜利女神》载着阿波罗和达芙莱朝着她飞来，向她伸出友谊之手，邀请她一道邀游太空。她一纵身就跨上了她另一翅膀。说也奇怪，胜利女神似窥透了她的内心，载着她很快回到了自己祖国的上空，又平稳地降落到母校的讲坛上。雷动的掌声，陌生而又热烈期待的面孔，请她讲演古罗马艺术。听众的目光流露出崇敬和爱慕，她仿佛获得了一种潜在的力量，昂首挺胸，侃侃而谈。往日的自卑和怯懦飘逝得无影无踪。她好像是一个被人尊敬的艺术女神。当她正想向听众介绍阿波罗和达芙莱时，胜利女神摇晃起来，一只秃鹫伸出利爪，向女神扑来，女神被抓走了，她也从高空坠落下来，一声惊叫。她醒了。

玉良口干舌焦，腹痛恶心，冷得浑身发抖，不能继续入睡，躺在床上辗转反侧，木板床发出吱吱声响。她想起好多好多的往事。

人工流产后，赞化要女仆专门照料她，还常常自己把桂圆汤、银耳粥捧到她床边，劝她多吃一点。她吃腻了，不想吃。赞化端过碗，一匙一匙喂她。那汤碗里溢出来的香味儿，后来常常在她饥肠辘辘的梦中飘浮。此刻那诱人的香味远逝了，她只想喝口清凉的水，熄熄燃烧的火焰，却难求得。她不由得又想起她的远在祖国的"赞化兄"来了……

"潘女士，你怎么啦？"房东米斯太太叩着玉良的门，焦急地问着。

玉良有气无力地回答说："我，没什么，有点不舒服。"

"你能起来开下门吗？让我看看要不要送医院找医生！"

深更半夜，惊动了房东太太，玉良已感到内疚了，再要麻烦她，她就更感到不好意思了，便佯装着无事的口气说："谢谢你，不用啦！躺躺就好了。"

"没关系，你还是开开门，不看看你我这心也放不下！"

玉良挣扎着下了床，一手按着前额，一手扶着墙，打开了门。

米斯太太一眼看出她支持不住的样子，忙把她扶到床上，让她重新躺下，用手摸摸她的前额，看看她的嘴唇，说："可怜的孩子！病成这样，还讲不碍事呢！"她拎起水瓶，摇摇，是空的；看看食橱，只有两片干面包。她不禁连声叹息，不住地摇头，自言自语"只

花园小憩
油画
33cm × 24cm
年代不详
安徽博物院藏

有中国人能这样！只有中国人能这样！"，就快步回到隔壁她自己的房间去了。

玉良久久凝视着米斯太太背影消逝的地方，心里升起一种异样而亲切的感情。

米斯太太的父亲是早年的华工，母亲是里昂山峰人。靠着他们的勤劳和节俭，积攒了一点资金，曾在巴黎开过一片饭馆。她是独养女，年轻时候也不乏追求者。后来，嫁给了米斯先生，他是个浪荡子弟，婚后不久，就抛弃她而远去。不久，父母破了产，忧愤而死。米斯太太不怨天尤人，靠着父母留下的这点房产过日子，生活不富裕，也不穷困。她喜欢招留中国房客，愿意方便中国留学生，也许是华人的血统使她对他们有种特别的感情吧！玉良不但同情她的命运，还尊敬她的为人。她对玉良的关照，带有一丝母爱的成分，能遇上这么个好房东真叫人庆幸呢！

门口传来了米斯太太的脚步声，她端着个热气腾腾的碗过来了，坐在玉良床边，一面帮玉良坐起来，一面说："这可是我们中国有名的舒姜熬的汤啊，驱寒有特效作用。一位老房客回国后带来的，我一直舍不得用。姑娘，你是受了凉，喝了发身汗就好了！"

玉良顺从地双手捧起碗。这哪里只是一碗驱寒的姜汤啊！这是一掬使玉良浑身温暖的爱，她仿佛回到了自己的家里，想起了自己的童年和慈祥的妈妈。

米斯太太看她喝完姜汤，安稳地躺下了，又给玉良披了披被窝，并叮咛："明天好好休息一天，不要去上课了。"这才轻轻走开了。

清晨醒来，玉良觉得心里好受多了，但仍感头重脚轻。一想到上午有著名的绘画大师大仰·布凡脱老师讲课，精神为之一振，连忙穿衣起床，匆匆收拾，准备去听课。米斯太太听到玉良房间有响动,匆忙走过来,看到玉良已做好了去上课的准备,也就没再阻止,只是做了个无可奈何的手势说:"我还是不放心,让我送送你吧!"

玉良想到这里,觉得眼角痒痒的,才发现自己不知在什么时候流泪了。

她收起《蒙娜丽莎》,又看了同它放在一起的另外几张画,那是她画的罗丹和布尔代尔的几座雕塑的素描,它们是巴黎现代美术馆的藏品。只要一忆起这个现代艺术家所追求、向往进入的最高艺术圣殿和珍藏在里面的现代艺术杰作,玉良就激动不已。因为她就是在那里,置身在艺术品之间时,第一次萌动了一个奢望——她想在未来的一天,她的作品也能进入这个艺术圣殿,为中国现代艺术占一席位置。她永远感谢大师们的作品给她的启发和力量,使她有勇气、有魄力给自己定下这个追求目标。虽说现在离这个目标还非常遥远,但她并不因之惶惑、气馁,她相信只要不知疲倦地追求下去,世界上没有实现不了的目的。就在那里,她知道了在法国只有法国人才有资格得到罗马奖金,她痛恨那种褊狭的种族歧视,又羡慕那些能够得到奖金的法国人,才决定远走罗马去求学。终于,她作为一个中国人也得到了过去只有法国人才能得到的荣誉。

海上的风已小了,海面又变得宁静安详起来,听不到碰击船帮的浪啸了,只有细碎的唧唧情语。她已感不到是飘浮在海上,而是行进在亘古不息的台伯河中。

1925年,她结束了巴黎国立美专的学业,来到了艺术之都罗马,台伯河像一个多情少女,永远依恋着这座都城。它以规模宏大的古代建筑和丰富的艺术珍藏称著于世界,文艺复兴的三杰就崛起在这里。达·芬奇、米开朗基罗、拉斐尔,这些名字对艺术的追求者,无疑是太阳对于追求光明的人。这次带回的几大捆画,是她九年留下的足迹，也是艺术对求爱者的恩赐。她眺望着烟波淼淼的海面。海，多么辽阔、深邃，叫人眼花缭乱的闪光，把她带回到四年前的罗马。

罗马的这段岁月，是她求艺道路上值得回忆的岁月，是浸溶着友情和辛酸的岁月，她永远不会忘怀。

她记得，是一张米黄色的招租广告，把她引到了台伯河畔一家收费低廉的小旅馆。它有些破旧，可是，站在窗边门前，就能欣赏台伯河的点点白帆。玉良决定在这里下榻。接待她的是位须发蓬松，两眼含着悲凉而善良微笑的看门人。他用他那阅尽人间风雨秋色的双目，打量了一下玉良。他和善而又恳切地说："小姐，若想少花几个钱，就跟我的干女儿同住吧！你们也好彼此做个伴。"

人们常常赞叹画家眼睛厉害，大概是说一眼就能看准事物的内涵吧！玉良对于自己的眼力向来是自信的。面前的老人素昧平生，但她相信他是个好人，她已从他那笑纹里看到了慈祥和善意。她感激地向老人致谢说："这太好了，大爷，谢谢您。"

老人把她带到临河面的一间阁楼上，尽管比较低矮，却能一览台伯河旖旎的风光。她高兴极了。

随着老人一声喊，一个黑姑娘拿着一块抹布跑上来了，她不解地看看老人，又看看玉良，眯眯地笑着。

老人用意大利语同黑姑娘交谈了几句，就转向玉良介绍说："这就是我干女儿安尼丝，是从阿比西尼亚来的。她不懂法语，可人很聪明，有什么事，可以叫她。"

他们就这样相识了，玉良生活在这些下层人们中间。

玉良到罗马来，不是为观光，也不是为考察，是古罗马的艺术在召唤她。为了开阔眼界，继续研究油画艺术，她前来投考罗马国立美专。考试与开学这中间还有一段时间,她便利用这个空隙去礼拜罗马城。

罗马城有数不清的古代建筑,收藏着丰富的艺术品,玉良简直是醉倒在里边。她恨不能一天有两个、三个二十四小时,恨不能将整个罗马搬进她的画夹。

她算是命运的宠儿,生活也给了她特殊的恩宠,一踏进罗马,就找到个满意的落脚处,又结识了那么几个善良的人。白天她没命地画,晚上回到旅馆,安尼丝已为她准备好了晚餐,安东尼大爷教她意语。她的意语学得很快,借用表情和手势已能和安尼丝交谈,赢得了他们的信任。

一天晚上,玉良把她的画拿出来叫安尼丝看。她俩并排坐在床上,像姐妹一样,安尼丝对玉良的画直点头称好,后来她又连说带比划向玉良倾吐了他们的不幸身世。

原来安尼丝是个女奴,父母被繁重的劳动夺去了生命,还是个孩子的她,被转卖到那不勒斯妓院,因为不愿忍受非人的蹂躏,跑了出来,流落到这里,门房安东尼大爷收留了她。安东尼今年七十岁,年轻时是法国一家剧院小有名气的歌星,生性刚直害了他,多次冒犯了主角,主角怀恨在心,精心策划让安东尼的妻子跟着一个丑角跑了。他从此跟酒交上了朋友,喝倒了嗓子,终于被老板辞退了。不得已,安东尼又当了搬运工,一次码头货堆倒塌,砸伤了老人的腰,他只得在这里谋了个看门的差事。

玉良听着听着,脸色不由得阴沉下来。他们的不幸,触痛了她心灵上的瘢痕。她默默地抓起了安尼丝的手,握得紧紧的。室内静静的,仿佛世界已经睡去。她觉得心里有股泉水在向外翻涌,发出淙淙的流淌声。她又觉得这声音是从安尼丝的手上传来的,她仿佛突然领悟了什么,这原是存在的,只是喧哗的人世、烦乱的生活掩盖了它,这是安尼丝心底的泉流给她的感应。

"好妹妹!"玉良疯也似的把安尼丝搂在怀里,"你听听我这里,它在狂暴地跳动!在抗击人生的不平!"

安尼丝嘤嘤地哭了起来。

玉良又一下放开了安尼丝,说:"不要悲伤,去洗洗脸,把你最好的节日服饰穿戴起来,我要为美丽的安尼丝画像!"

她在画板上挤上了银灰、淡黄、菜绿、红黑和棕色多种颜料,

黑人女肖像
油画
46cm × 37cm
年代不详
安徽博物院藏

给安尼丝的身体和装饰罩上了一层古铜色的光环。画像收到了铜雕样的效果，别具一格，体现了安尼丝朴实而强悍的性格。安东尼大爷看了题为《黑女》的安尼丝画像，感动得像孩子样地哭了。

画像未干，不幸就降临到安尼丝父女的身上。那不勒斯妓馆里的老板又探得了安尼丝的下落，知道安大爷是她的保护人，他们绑架老人上了汽车当人质去了。幸好那天玉良没有上美术馆，她站在自己房间的窗口，画台伯河上的风光。安尼丝痛哭流涕地跑进来，抱住玉良哭诉说："不好了，大爷被抓走了，老板丢下话，如果不放我回去，又付不出两千里拉的赎身债，就要把大爷害死！我是回来向你告别的，中国姐姐，我去换回大爷，就纵身往台伯河一跳，人总要死一回的！"

玉良的心尖像是被虫子咬了一口样的抽痛，她丢下画笔，一把拉住安尼丝说："那不行，我们再想办法！"说着，就从手上捋下结婚时赞化送给她的金镯子，又从箱子里搜罗出一些里拉，交给安尼丝。

安尼丝连连摇手往后退着说："不，不能，中国姐姐，你要上学，还要吃饭！我不能让你受累，你为我画的像，就请你转交给大爷作个纪念吧！感谢他养我一场！我走了！"

玉良急中生智，往门口一站，正色地说："听话，拿着！我们有难同当，有饭同吃，画像也拿去卖了，凑足款子赎身要紧。"她伸手摘下画像，"我们一道走！"

安尼丝悲哀地站在原地，嘴唇哆嗦着说："不，不！"

玉良把画像递到她手上，背起画具说："总会有办法的，中国有句俗话叫'天无绝人之路'。"她硬拉着泪眼模糊的安尼丝，一同去到法迪坎宫门口。

希望有时隐藏在绝望之中。油画《黑女》竟使玉良得到意想不到的好运气。

法迪坎宫是珍藏文艺复兴大师作品的宝库，来往于这里的人，不是画家也是绘画爱好者，很少有人敢到这里来叫卖画。

玉良摆好画具，选了个角度画宫殿；安尼丝捧着标价五百里拉的肖像在门口叫卖，这倒引起了不少路人的好奇。

一位身材轩昂、头发灰白、须胡满腮的老人走到安尼丝面前，欣赏着肖像，兴奋地问道："你画的吗？"

"不，是那位中国姐姐画的。"安尼丝向玉良那边指指。

"啊！"老人不无惊奇，伸手从衣袋里抓出一把里拉，对安尼丝说："画，我买了。"说着接过画像，往玉良那边走去。安尼丝紧紧尾随着，不知他去找中国姐姐做什么。

此时的玉良，完全和这座古老宫殿的特殊建筑形式融为一体了，这边卖画的事，她一点也不知道。老人静静地站在玉良身后看着她用笔，只见画笔在画布上不停地飞舞，色彩古朴，显示出法迪坎宫的质感和壮伟，在一片深沉肃穆的气氛中，她在屋檐边的雕饰上，添了一笔亮色。

"好！"老人竟忘情地叫起好来。这一声才把玉良从色彩中唤醒，她朝老人微笑着点点头。

"中国女士，你的笔下奔腾着才气，你将来在艺术上一定会取得很大的成就。"

玉良看到老人手里拿着她的《黑女》，心里已明白了几分，不由得高兴得眼睛放亮。这是一位爱艺术的老人。

老人微笑着问玉良："你怎么不去读美术学校？"

玉良的心里立时飘来一丝阴云，她讷讷地说："先生，谢谢你的关心,我已报考了国立美专。不过,我暂时还不上!"

"先生,她上!中国姐姐,你上学的钱,我都还给你,你上学吧!"安尼丝把钱往玉良手里塞。

玉良瞪了安尼丝一眼,很不高兴地说:"听话!"

"这是怎么回事呢?"老人困惑不解。

安尼丝马上接口说:"她的学费都送给我赎身了!"

老人点点头,"啊"了一声,便慢慢转过身走了。没走几步,他又转过身问:"你们住在哪里?中国女士,你叫什么名字?"

安尼丝抢先作答了。

老人走了,玉良这才回过神来,记起迫在眉睫的事。三下两下收起画具,拉起安尼丝说:"还磨蹭什么,快走哪!"

三天后,一位陌生的先生来拜访玉良,他自我介绍说:"我是国立美专绘画系主任康洛马蒂教授的助手,教授请你去一趟。"

玉良扬起眉眼,想了想说:"先生,我不认识教授呀!"

来人说:"女士,他见过你,请吧!"

玉良跟着来人走进一座带花园的小楼,来人把她让进了客厅,请她在客厅稍事等候。

客厅里非常静,脚稍移动一下,都能听到声音。玉良环视了一下客厅,心不由地狂跳起来。这哪里是什么客厅?这是一间杰出绘画作品的陈列室!满目琳琅,多是当代显赫名家之作,一个多么神奇的世界啊!她看到的是色彩的长河、缤纷的落英,忘记了身在何处。突然,她惶惑了,她的《黑女》怎么也跻身其间呢?她眨了眨眼睛,再仔细看,千真万确。难道买画的老人就是康洛马蒂教授吗?她一阵慌乱,不知所措。

"孩子,你还认识我吗?"玉良转过身,站在她身旁的正是前天买画的老人。不过他今天穿的是礼服，比那天显得更有精神，更有气度些，像个教授的派头。

玉良彬彬有礼地向他鞠了一躬，说："教授，用我们中国的话说，我这叫有眼不识泰山，到圣人门前卖书了，请您原谅。我求您把这张《黑女》拿下来，它不配挂在您的墙上，有污慧眼。"

"不不，不！它别具一格，虽说技法嫩点，但有个性，有才气。你将来会成为大艺术家的！"

玉良羞怯地低下了头。康洛马蒂教授请玉良在沙发上坐下，非常愉快地说："今天找你来，是告诉你好消息，你是我们录取的第一名中国女学生。你的实际成绩已达到三年级水平，我和校长商定，他已同意你插在三年级。学费嘛，你不用考虑，我可以帮你解决一些，学校还有奖学金，我相信你能得到的。"

玉良激动得一时口笨语塞，半响才想起应该向教授道谢，她再次向教授鞠了个九十度的躬，说："谢谢教授的关心，学费国内很快就会寄来，我自己还是能解决的。"

教授也跟着站了起来说："那很好，有困难就来找我，不会让你这样有才华的求学者留在校门外的。"

就这样，玉良她每周去美专听几节康洛马蒂教授的油画课，其余时间就去法迪坎宫——古代美术品的宝库。她节衣缩食，不去做工，把一切时间和精力都用在绘画上。在法迪坎宫，她临下了拉斐尔的许多珍品，领略了米开朗基罗豪放的罗马风格。西斯廷教堂的壁画《最后的审判》和穹顶画《创世纪》对她发出无声的呼唤。一种强大而猛烈的艺术力量长久地震颤着她的心灵，她膜拜在它们脚下：这才是真正的艺术！

她的面前翻过一张张画页。罗马郊外的颓垣断柱，大角斗场的

"我国人入皇家画院以女士为第一,将来学成返国于艺术界必多所贡献也"

画家潘玉良女士影 《图画时报》1926年第287期

女士为上海美术专门学校毕业生,此后入里昂美术专门学校,二年后转入巴黎国立美术院,学习三年,为最近又考入罗马皇家画院留学,深造之研究院正在筹备中。此美术之中心,我国人之入皇家画院,以女士为第一。将来学成返国,为艺术界必有所贡献争。

西风残照,佛罗伦萨古桥下梦幻似的波影。这些都激动过她的心,她凭吊过古建筑的精灵,祝愿过历史深处不再吹来血腥的风,也怀念过诗人但丁,她着意将古罗马的美融进色彩,收入画中。

画夹里那张题名《酒仙》的安东尼大爷的肖像,把她又引向了一条新径。只要望一眼画夹,她就怀念起那位永远带着善良微笑的房东老人。两年的时间，飞一般逝去，玉良就要从绘画专业毕业了。那天，她完成了毕业答辩，回到旅栈，未进房门，就闻到了一股诱人的香气。推开门，嗬！矮桌上摆了许多菜肴，安尼丝还在不停地忙活。像这样丰盛的食品，对他们来说，除非是过圣诞节才能享受。玉良想不起今天是什么节日，她从食盘里叉起一块咖哩鸡，美美地咀嚼着，一面问："阿比西尼亚妹妹，今天是给大爷祝贺生日吗？"

安东尼大爷提着一罐酒笑眯眯地走了进来，接着话头说："不！不！大爷从来不过生日！姑娘，这桌菜是为你准备的！"

"为我？"

"对，为你！你很快要毕业了，就要回到中国去，我叫安尼丝准备了点菜，为我们的友谊和离别喝个痛快！也许我们再也不能相见了！"

"大爷，你可不能再无节制地喝酒了！"玉良欲夺下他的酒罐。

"是呀！姑娘，为感激你的善良和关怀。自从安尼丝成为自由人那天起，我就发誓再也不酗酒。今天，你就让我喝个够吧！你俩也陪我喝一点，以后我永远不喝了！好吗？"

老人尽情地喝着，喝得浑身燥热，满面红光。他不介意地脱去了上衣，把喝空了的酒罐抱放在膝上，用他那沙哑而带点甜润的男低音轻轻地唱起一支墨西哥民歌：

把你的小板凳，
放在我身旁，
我在你眼睛里，
看见了太阳！
……

玉良深深地被感动了，她悄悄拿来画具，画下了老人浓密的头发，雄伟的体格；画下了老人生动直率的面部，玩世不恭的微笑。这幅《酒仙》以其实感强烈，显示了作者深厚的素描功力而震动了罗马画坛。罗马美专师生联合画展，玉良的展品除了一张少女裸体素描外，就是这张油画。

画展开幕那天，雕塑系的琼斯教授派助教叫她。她有些着慌。不知这位雕塑名家为何找她。她怀着不安和忐忑的心情跟在来人后面，走进了琼斯教授的工作室。

琼斯教授见她进来，忙站起身，微笑着打量着她："啊，你就是潘张玉良，学油画的？"

玉良大着胆子应着："是，教授！"

"你的素描基础很好，为什么不学雕塑？"琼斯教授微微仰起头，双手交叉在胸前，再次上下打量着她说，"不喜欢？还是怕苦？"

"都不是，教授！我是怕学不好。还有……"机灵的玉良回答了一半就停下了。

"还有什么？"

……

"有什么困难？说吧！"琼斯真诚地说。

"投师无门。还有……我学油画，再学雕塑，学费就有困难了。"

"啊！"教授好像突然明白了什么，他的眼瞳转了一下。"潘女士，这不是困难，我愿意帮你解决。从现在开始，无课时间你到我们画室学雕塑，至于学费，你无须考虑，我免费教授，好吗？"

又一个免费教学！玉良高兴得一句话都说不出来，只是笑着点点头，又给教授深深一鞠躬后，才告辞而去。

她沿着两条艺术途径走了下去。1928年，油画专业毕业，正

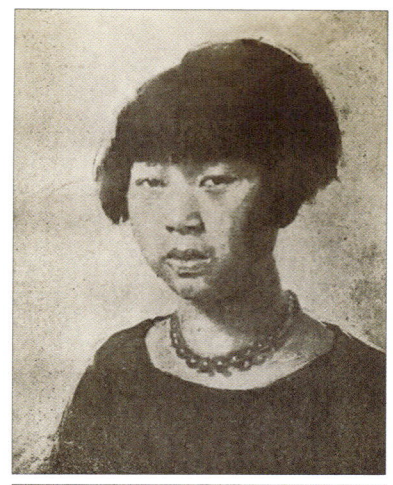

潘玉良粉彩画像
康洛马蒂 Coromaldi 作

潘玉良在罗马春季皇家展览会展览画作：
白菊「左」　油画　1925年作
水果「右」　油画　1926年作

1928年
潘玉良
罗马皇家美术学院毕业证

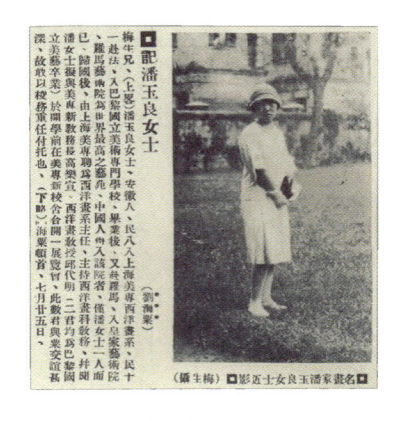

刘海粟介绍画家潘玉良女士
《上海画报》 1928年7月27日

式考入雕塑班,成为琼斯教授在校的正班生了。

那时,国内虽然取得了北伐战争的胜利,但许多军阀却摇身一变成了民国的新贵,引起了人民和同盟会会员的不满。赞化的老友柏烈武几乎为此罹罪杀身,赞化也受到牵连,丢掉了海关监督,只在南京政府实业部得了个专员闲职。本来就很少的留学津贴,早就时断时续,近来赞化心里不快,也很少给玉良写信。即使节衣缩食,她的生活还是受到威胁。她常常饿着肚子去上课,脸颊渐渐清瘦下去,变得灰黄清癯起来。

那是1929年的春天吧,她一连四个月没有接到家信和津贴,生活陷入了困境。她每天只得吃一点干面包,很长一段时间没有见到蔬菜和肉食了。身体慢慢虚弱了,雕塑时往往感到头昏眼花,体力不济,但她没有动摇,咬咬牙休息片刻,又继续学习下去。一个晴天响雷,爆炸在她的头上,她发现自己的视力不行了,离她不太远的模特儿,她分不清鼻子眼睛的位置了。连塑架上的泥胚也模模糊糊。手中的泥土,辨不清颜色。她一下子吓呆了,睁着一双无光的大眼,望着琼斯教授。

教授以为她的作业碰到了困难,走到她的工作架前,指着她正在雕塑的老人头像说:"你今天是怎么啦?怎么这脸上的细部雕得这么乱七八糟的。"显然教授对她今天的作业很不满意。

玉良悲哀地低下头说:"教授,我的眼睛看不清了。"

"啊!"教授一惊,当他证实了玉良的眼睛快要失明的时候,就劝她暂时放弃学业,去治疗休息一个时期。玉良摇摇头说:"不要紧,过些时候就会好的。"她心里有数,这是因为缺乏营养引起的假失明,她恳求着:"让我继续留在画室吧!"

教授坚决地说:"你一定要去治疗,画家怎么能没有眼睛?你爱艺术,就要爱护眼睛。为艺术!艺术!知道吗?"

教授激动的话语,惊动了工作室的所有人。强烈的民族自尊心,使玉良本不想把困难告诉他人。现在事态的发展,逼得她不能再隐瞒下去了。她难过地低下头,耳语般地说:"教授,这不是病,是缺乏营养引起的。我已四个月没有接到国内津贴了。教授,不要赶我走,让我留下吧!"

室内听不到声音,只有两位女同学轻轻地抽泣。同学们不约而同地从口袋里掏出仅有的里拉,送往琼斯教授的手里。教授捧着这些里拉,自己也添上了些,走近玉良,轻轻地说:"潘女士,收下这些吧!先把眼睛治好!"

玉良摇摇头说:"不用,国内一定会汇款来的,谢谢大家。"

琼斯教授叹了口气说:"这不是捐赠,也不是可怜。这是抢救艺术,抢救为艺术而工作的眼睛。快收下吧!"

玉良正要伸出颤抖的双手,忽听外边一声喊:"中国的潘张玉良女士,你的汇票。"玉良收回伸出一半的手,转身奔向室外。同学们都围了上来,"中国的汇票吗?"

"是欧亚现代画展评选委员会的。你看这里有附言:'潘张玉良女士,你的油画《裸女》获三等奖,奖金五千里拉。'"

"啊!啊!"不同国籍的同学将玉良抬了起来,画室内洋溢着真诚的祝贺。琼斯教授也走过来祝贺她,他举起同学们的里拉说:"看来这些捐赠,潘女士是不会接受的了,还是物归原主吧!来,你们自己知道是多少,自己拿吧!"他把钱放到工作台上。

良久,没有一个人向"钱"走去。教授无奈,摊开双手,笑着说:"既然大家都不愿收回自己的心意,我提议:大家今年就要毕业了,潘女士当了我们班两年班长,就用这些里拉,给她买样纪念品好吗?"

室内响起了一片掌声。玉良的心激动得咚咚乱跳。

邮轮在继续前进,已进入了东海领域,站在左舷已能遥望祖国的海岸线了。玉良觉得眼睑鼻沟有些湿润,她举起手绢,擦干泪水,不自觉地转过身来,看到在海与天相接的地方,有些细碎朦胧的闪光。人的思想真怪,在远离祖国的异国里,时时想念着祖国和亲人,但当即将踏上祖国土地的时候,怎么一下又怀念起异国的老师、同学和那些地位卑微的朋友来了?归乡的喜悦变成离别的情思。

毕业考试和答辩都已进行过了,即将举行毕业仪式,她就要离开艺术的摇篮了,她最后一次到法迪坎宫,向大师们的不朽作品告别。在拿破仑妹妹的石雕前,与在欧洲游历的母校校长刘海粟不期而遇。异国重逢,喜悦使她忘记了他们的年龄,她一把抱住校长,一句话也说不出来,只是流泪。第二天,玉良邀集了全班同学,欢迎刘校长来参观他们的画室,观看他们的习作。刘校长赞赏了他们取得的成绩。琼斯教授特地在刘校长面前赞扬了玉良,并邀请他参加即将举行的雕塑班毕业典礼。

毕业典礼仪式进行到最后一项,琼斯教授代表全班同学向他们的班长潘张玉良赠送纪念品。那是一本意大利提花缎面烫金图案的纪念册和一套精制的雕塑工具。纪念册上有同学们的题词和通信处。第一页上是琼斯教授流利的题字:"是你的永不满足和坚忍顽强的精神,才使你成为绘画、雕塑两艺称著的艺术家。"

刘海粟亲眼见到异国教授和同学如此推崇他的学生,感到非常快慰和自豪。当下,他就给玉良写了聘书,请她回国后任上海美专绘画研究所主任兼导师。

西天已收起了最后一片晚霞,大海变得浑浑蒙蒙,与天空融合

画室 油画 16cm×22cm 年代不详 安徽博物院藏

在一起了,她、船和海面上一星半点的星火,就是海天拥抱,犹如热吻怀揣的幼儿。

"潘夫人,外面起风了,你还不进舱休息?"玉良不回头也知道是同船而归的留法画家邱代明。刘校长给玉良下聘书时,她就向校长推荐了他,还有高乐宜、李丹、张弦等到美专任教。

玉良倚着船舷转过身,面对代明说:"还要多长时间啊?"

"这不就到了吗?你真是回乡心切呀!"

八年多了,恨不得有双翅膀,一抖就到了家。

"进舱休息吧!听到汽笛一声长鸣,就是到家啦!"

"好,你也休息吧!"

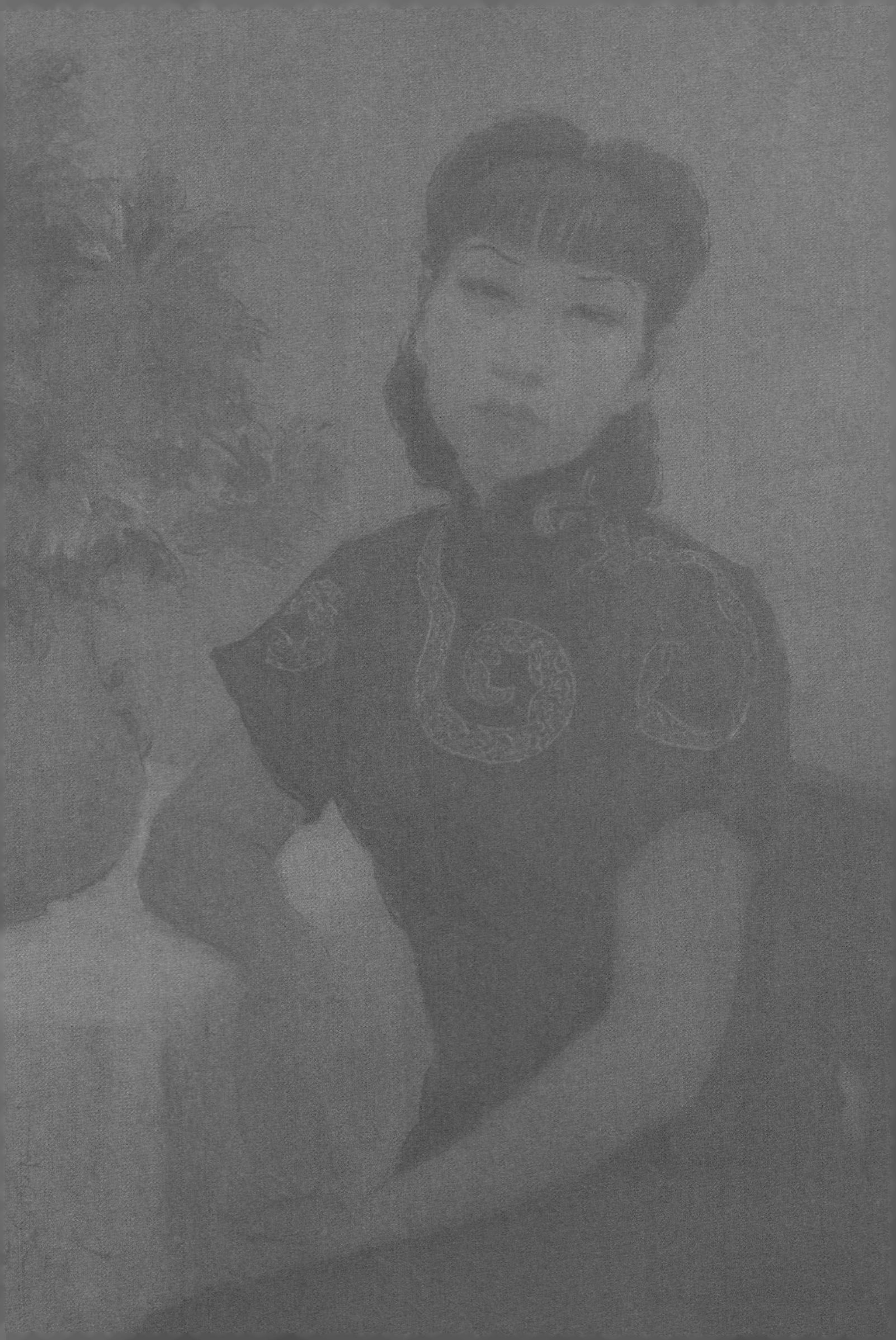

第 4 章 载誉返国

一、遭忌
二、创新

生活里只有强者最有生命力。
压力可以成为动力,直面人生
倒下,强者是决不让造谣者

有出路；谣言，只能使弱者而笑的！

上海 >> 南京

一、遭忌

  海风轻轻地吹，海浪轻轻地摇，邮船沿着近海行进。这些年，祖国多灾多难，亲人怅惘苦闷，更使她思切切，梦绕绕。现在她就要回到他们的怀抱，思绪却像邮船抛下的浪痕，一浪拍打一浪，浪花在船后画出许多问号。九年漂泊，历尽艰辛，现在学成回国，到母校任教，能得到人们的尊重吗？过去的伤疤人们还记得吗？潘家大夫人能对她同等看待吗？……哎呀！烦死人了！怎么又想起这些不愉快的事情呢？她劝慰着自己，不要神经过敏，别再胡思乱想。这时尾舱飘来阵阵乐曲，她想唱歌，借助音乐来分散一下思路。她很久没唱过歌了，也真想抚两下琵琶，但它还留在国内家中。痒痒的手指头，下意识地随着乐曲的节拍，叩击着床沿，轻轻哼了起来：

  紫燕西飞，
  年年盼春，岁岁思归不得归。

想今春风又绿江南岸，

爱侣倚枝引颈眺，

风雨谁相护，冻饥谁相顾，

只有同巢的朋友。

紫燕东回，

剪水破浪，心儿犹似箭归。

想爱侣相见欢愉，

又平添一段愁绪，

那旧烦新恼，

要怎样安排才好？

  她断断续续重复着这支歌的曲调，仿佛音乐真能稳定纷繁的思绪，怅惘也都随着音符飞散了，心地也安谧平静了许多。

  "呜……"一声悠扬的笛声，玉良迅速地从床上坐了起来，穿好衣服，梳洗完毕，船已在吴淞口港靠岸了。她正要拎起小提包，赞化出现在舱门口，身后站着几个拿扁担绳索的脚夫。有许多人在面前，玉良尽力克制住自己的激动，没有扑进赞化的怀里，还静静地站在原地，深情地打量着他，轻声地说了句："你没变！"

  赞化一步跨进舱来，站在玉良的面前，也久久地注视着玉良，深情地说："你瘦多了！"

  他们就这样相视着，忘了身后还站着挑夫。挑夫站久了，有点不耐烦，又不敢催促，便用扁担头敲敲船板，赞化这才意识到该下船了，便说："先把行李挑下去。"他扫了眼地上的木箱，问："装的都是这几年画的画？"

  玉良笑着说："这只是一小部分，许多无法带的，都送给了同学。"

"来，把这些统统搬下去，我们在检查处等你们。"赞化给工人吩咐完毕，就挽上玉良的膀子往外走，一面亲昵地看着玉良说："王济远先生、洪先生家的阿新都在出口处等你呢，我们快走吧！"

"洪先生身体怎样？"玉良急切地问。

"一言难尽哪！到家详谈吧。你走后，房子我没有回，就委托洪先生照看。我们还住原来的房子。"

他们很快经过了检查处来到了出口，玉良眼尖，老远就发现了王先生，他握着手杖，翘首张望，玉良快步向王先生走去。他们的手紧紧握在一起了。他端视着玉良的脸，又退后一步，微微仰起头，仔细地打量玉良的穿着，不无感慨地说："你还是我过去的学生，穿着中国旗袍去，又穿着中国旗袍回。"

玉良兴奋得满脸绯红，她激动地抓住老师的手臂说："老师，劳您老远来接我，叫我如何担当得起！"

"看你说到哪里去了？我不来接谁来接呢？接到校长的电报，聘你担任绘画研究所主任兼导师。我兼代这个职务有十多年了，今天有我的高足来接替，从内心深处感到高兴！这些天，一直在打听船到的时间，你说，能不来吗？"

"老师！"玉良什么话也说不出来了。

这时才轮到站在王先生身边的阿新讲话："阿姨！阿爸、阿妈一听到侬要回来的消息，真好个高兴，伊两个不能来接，派阿拉当代表。"

"哟！是阿新！长成大人了，差点认不出来了。"玉良拍了拍他的肩膀。

这时，邱代明几个也来了，玉良忙上前将他们介绍给王济远先生。脚夫挑来了画箱和行李，一同转乘小轮回十六铺。

小轮在长江口航行，玉良坐在王先生和赞化中间，她急不可待地向他们汇报九年来的追求。最后只听她说："老师，学校的工作还要依赖您的支持，我陌生着呢。我永远是您的学生。"她微微抬起头，下巴颏向邱代明几位示意了一下，继续说："校长已聘请了这几位先生，怎么安排他们的工作，还得有劳您多费点心。"

王先生频频点头："等你们休息几天再说吧！"

"老师，您什么时候有空，来看看我的画，给我指教指教，好吗？"

"指教不敢讲，画，我是很想看的。明早就去，行不？会不会影响你们休息？"

"不不！我们明早等着您，老师！"玉良两手把王先生的手紧紧握住。

一路上，他们几个说不完的话，玉良巴不得一口气把九年的见闻和际遇都倒出来；他们也想把九年间熟人和学校的变化全告诉给玉良。

"玉良，学校已迁到虹口区的横滨桥了，你知道吗？"

"校长已对我讲过了。老师，这些年学校里的女生多吗？可有尖子？"

"学艺术现在已成为时髦了，女生也多起来。不过，好多人学了几笔画就不求深造，只不过是为了当个风雅的太太，高价的花瓶。真爱艺术的当然也有，有才气的也有几个。"

说话间，小轮进港了，他们再次握手，等待着明天再相见。

玉良、阿新、赞化分别乘坐黄包车，他们的脚边，堆着画箱和行李，没一会儿，就到了她过去居住过的地方。

洪先生拄着拐杖，洪师母扶着他站在门口。过去的老邻居，没有见过面的新邻人也挤在院子里，欢迎留洋归来的玉良。他们七嘴八舌地问好，使玉良应接不暇。她从提包里拿出意大利口香糖分散给围上来的孩子们。过去，上海的房客间不喜欢互相往来，今天是例外，几乎这幢房子的人都出来了。不过，一些不认识玉良的男人，只站在自家门口远远张望着。玉良感到无可比拟的高兴，到底是回家了，有这么多的人迎接自己。当黄包车工人把行李搬上了楼，她便一手扶着洪先生往楼上走，一面向邻居们挥着手招呼着："都来玩儿呀！"

她将洪先生夫妇让进屋，待他们坐下，就吩咐赞化从旅行箱内拿出送给洪先生的礼物：一件意大利绵羊皮背心。她记得洪先生常常咳嗽，早就买下的。给洪师母的是双黑色胶皮鞋，她记得洪师母不论天晴下雨，早上都要上菜市场买菜，常常鞋子湿透。玉良递过东西说："师母，没给老师和师母买点像样东西，只买了这两样，不成意思，我都不好意思拿出来。"两位老人像接到自己亲生女儿的礼品那样高兴。洪师母抱着礼物哭了起来："玉良，不怕你笑话，我们这几年是买不起这些东西的。你老师肺病越来越重，已有几年没工作了，阿新也停学做了小工，我们现在能把饭吃饱都困难啦！"

洪先生低着头，双手扶着拐杖，叹着气。

"老师，师母，天无绝人之路，请放心吧！我已回来了，刘校长已给了我聘书，月薪四百元，我可以分一半给你们，阿新的学业不能停！"

"玉良！我的好……孩……子！"洪师母顾不了师道尊严，竟哭着扑向玉良，"我怎样感谢你好呀！"

玉良赶紧扶住师母："师母，您这是怎么了，没有洪先生，哪有我玉良的今天？我是永远也还不清你们的深情厚谊的。"

这天的晚餐，他们两家在一道吃的，赞化几天前就请了个女仆，准备了菜，洪师母挽起袖子下厨帮忙。他们还喝了点黄酒，玉良的食欲很好，吃了不少菜。赞化见她狼吞虎咽的样子，又高兴，又好笑："你真像几年没吃过东西！"

玉良呷了口酒，又夹起一块虎皮肉放进嘴里回答着："是的，九年了，没吃过一顿像样的饭菜。"

容易动感情的洪师母，又滚出了两颗浑浊的老泪。

散席后，洪家人坐了一会儿就回去了。女仆收拾好东西，到厨房去了。房内只剩下他们两个，他们很快洗过脸，走进卧室。八九年的离别，今夕相聚，那柔情，那蜜意，自不必言喻。后来，只听到赞化拉开门，招呼女仆说："这里有十块钱，明早多备点菜吧！"随即又关上门。

柔和的晨曦刚刚照到赞化夫妇卧室的帷幔上，室内还只显出一抹熹微的亮光，玉良就推醒赞化："我们起来吧！今天可能有不少客来，王先生要来看画，得打开挂起来。"于是，他们很快穿好衣服，整理好房间，打开了装画稿的简易木箱，将一张张画拿出来。赞化虽说不精通艺术，好坏还是知道一点的，他一幅幅端详着，脸上流露出内心的喜悦。但是，当他看到那些裸体画时，总有股不自然的神情，或摇下头，或报以"哧"的一笑。玉良能窥见他的心思，笑着说，"不要难为情，巴黎、罗马街头，无处没有裸体雕像，这是艺术！画家的丈夫，要勇敢一点！"

"是，夫人，你也不要因为在外国住长了，而忘了中国的习俗，不过，放在家里是不妨事的。"

玉良一笑置之。

画还未完全摆好，楼下的孩子们就嚷了起来："你家客人来了！车子停在大门口呢！"玉良、赞化慌忙下楼迎接，是王先生夫妇。洪先生听说是王先生夫妇来了，也立在楼梯口迎接。两位先生紧握着手，洪先生笑着说："这是玉良带来的西风把你吹来的呀！"

"是的是的，我们的学生有造就了，这就是吃粉笔灰的最大快乐和荣耀。"王先生回头看了一眼他的夫人，"你说是吗？"

玉良扶着王师母跟在王先生后面拾级而上，热烈交谈，没有听清先生们的谈话，王师母就信口答道："是的是的！没变！没变！"

王先生摇摇头笑着问："什么没变没变啦？"

"我讲玉良没有变洋呀！"引起了一阵哄堂笑声。

玉良把他们让进客室，客室四面八方都摆着画，他们未曾落座就看了起来。面对着玉良临摹的大师们的作品和她的习作，他们一会儿点头称许，一会儿凝神端详。洪先生偏爱她临的《秋思》和《基督受难》，评之曰："色彩鲜明，力量浑厚，色调温暖。"王先生则喜欢马奈的《左拉肖像》。他们对库尔贝和马奈两位19世纪法国大师的《阿黛拉·凯莱洛肖像》和《从巴伦西亚来的洛拉》发生了争议。王先生认为这两幅画在构图上有相同之处，马奈那个洛拉可能是受库尔贝的凯莱洛的启发。洪先生则认为凯莱洛刻画得傲慢自信，还有种故作挑逗的姿态；而马奈的洛拉则不同，她突出地表现在那块纱巾和花边披肩上，创造了一种极其轻快的空间感。她的脸庞的魅力取决于画家善于捕捉表情的不可捉摸性和她的俏皮风韵。"你看，她似笑非笑地撇着嘴唇，一对润湿而发亮的眼睛，颤动着细巧的鼻翼，在她的身上一切都是神秘的，体现着一种诗意，凯莱洛则显得平淡。"

玉良害怕继续争辩下去会引起不愉快，慌忙挽起两位长者的手臂笑着说："都有理，都说得对，只怨我没有临摹好！"

"你这个小滑头！""担心我俩会打起来？"两位先生不约而同地相视着哈哈笑了起来。

就在他们品评画作的时候，洪师母已悄悄来到厨下帮助女仆备菜。谁知画迷们一谈上画就无休无止，早备好的茶点都快凉了。赞化见他们没有停下来喝茶的意思，就提醒夫人："玉良，请先生们坐下喝茶吧！"玉良这才记起该请先生和师母休息了。

王先生微眯着眼睛，斜靠在椅背上，一手罩在茶碗盖上，中指轻轻地敲着节奏；一手牵捋着疏须说："玉良，你打算什么时候去上任？"

"我稍待安顿后就去上班。我推荐的四位，专业水平都不错，您看怎么安排合适呢？"

"校长在信中已作了安排。他对你们寄予很大的希望啊！"

"感谢他的信任。我们一定尽力来为学校多做点工作。"

他们一谈工作，洪先生又恢复了昨天暗淡的神情，躬着身，两手扶着拐杖，支着下巴。

"玉良！"王先生接着说，"我打算给你举办个归国画展，让那些没有看过大师们原作的人能看看你这些几乎要乱真的临摹，也是开开眼界呀！也好让后学者仿效你苦苦求索的精神。"

"这倒是应该做的一件好事。"洪先生说这句话时，他的下巴仍未离开支撑在拐杖上抱成拳的双手。

"谢谢老师，不过，太过奖了！"玉良一面为他们的茶杯对开水，一面说着。

"那就请两位老师为她挑选一下画吧！"赞化诚恳地要求着。

"我看用不着挑选，都可以展出。"王先生很自信地说。

"我想那些裸体画,最好不要拿出去!"赞化提出了自己的看法。

"潘先生,您?"王先生哈哈大笑起来,"您能支持玉良出洋学西画,还怕展出裸体画吗?"

"不是我怕,是我们的社会……"赞化想解释。

洪先生也插上了句:"是得慎重。"

"一件新事物的出现,总是伴随着言论和反对。现在需要的是更多的人为艺术呐喊啦!潘先生!"

赞化讷讷地说:"我不过说说而已,只要不引起风波就好。"

"引起风波也不怕,有我们美专呢!模特儿纠纷打了十年官司,谁赢了?"王先生激动地说着。

"那好吧!"赞化站起身,"今天我们聊备小酌,请老师和师母们到餐室坐吧!"

两个月后,王济远先生在上海举办的"中国第一个女西画家画展"开幕了。展品两百多件,震动了中国画坛。《申报》也发了消息,参观的人络绎不绝。王先生高兴得合不拢嘴,常到展厅转悠,陪同画界的朋友们参观。刘校长从罗马发来电报祝贺。

这时玉良的留法同学徐悲鸿以中大艺术系主任的身份,聘请她到中大去执教,与他共同分担油画课。这应该说是徐先生的美意,但却给玉良出了道难题,这个"聘书"使她进退维谷。她深感刘校长的厚爱和委以重任的希冀,工作中又深得王济远先生的支持,教学取得了一些成绩。如果这时去应中大之聘,不但有负刘校长和王先生的期望,也有愧于同来的几位同学。可她又不好意思完全拒绝悲鸿的好意。考虑再三,只好采取个两全其美的办法,答应一周给中大兼两节课。虽然是往返于宁沪两地,吃点旅途辛苦,但也能从中得到不少收益。不但每周能见到在南京实业部任职的丈夫，还能将沿途风光，源源收进她的画卷，从而增强她对未来事业的信心。

一阵春风，给江南送来了春天，雾蒙蒙，烟袅袅。粉红的桃，翠绿的柳，菜花金黄，梨李银妆，都笼罩在一层雾霭里。春天也给玉良的艺术带来了新生命。回国后的两年里，她创作了大量的作品，先后在上海开过三次个人画展，第四次画展在明复图书馆开幕，展出了她的近作百件。其中《我之家庭》《瘦西湖之晨》《白荡湖》和《春》引起了画坛的轰动。参观者车水马龙，川流不息，把个明复图书馆搞得热闹空前。还有不少美术青年，不远千里，慕名而来。她常常被他们围住，向她讨教绘画技法。这一天，玉良又被一群美的追求者围在休息室里了。他们向她提出个要求，想留下她的倩影，请求她给他们当一次模特儿。她环视了眼面前这些年轻人，便拖过一把椅子，往屋子中间一放，豪爽地说："好。画吧！"就坐了下来。她理解他们，她也是从那条路上走过来的。

室内很快进入了静阒的意境，只有美妙的色彩音符和旋律在空间回荡。那么多眼睛望着她，她一动不动，怡然自得地坐着，她的意念却追随展品的足迹去了。

暑假，赞化陪着她去了趟浮山。站在浮山上，可以望到赞化的家乡。夏天的白荡湖，美极了，像一位没有梳妆的美人。它坐落在浮山脚下，烟波浩淼。清晨，乳白色的晨雾，像轻烟似的在湖面缓缓游动，岸边的浮山古刹，撞起肃穆的钟磬，小船像柳叶儿样悠悠划行，送出一道一道的波纹。太阳从松林后起来了，用它的光针慢慢挑开湖上的梦，湖水光耀起来，远山近水染上了一层玫瑰色。玉良被这美景迷住了，她坐在松林的树阴下，神速地用彩笔画下了大自然在瞬间变幻的美。

《瘦西湖之晨》又把她拉回到春天。她偕一群中大艺术系学生，到瘦西湖写生。故乡，对每一个人来说，都是怀念中的乐土，都有一缕特殊的情愫，不论是爱是恨，它都被涂上了一层美妙的颜色。她拿着画具，沿着湖岸寻找入画的景。她走到水榭旁，一个也在作画的少年，见她走近，便手忙脚乱地摘下画，藏到身后。玉良笑了，向他伸出手说："能给我看看吗？"

　　他迟疑有顷，才胆怯地从身后拿出画，低着头，羞涩地递给了她。

　　她一面看一面说："明朗的天空，银灰色的湖水，画得不错呀！已超过大学一年级水平了。你家在哪里？在哪里上学？"

　　她的嘉许，鼓起了少年的勇气，他抬起头望着她，大着胆子回答说："家在乡下，我在扬州师范读书。"

　　孩子的朴素衣着，尤其是那双土布袜子，引起了她的注意。她抚了下他的头，轻轻地叹息了一声说："乡下孩子能考上扬州的学校不易呀！毕业后来考中大，学美术。你叫什么名字？"

　　"潘教授，我一定努力，我叫师晨。"

　　"你怎么知道我？"她好奇了。

　　"我早知道先生，你也是扬州人！"

　　"扬州人，扬州人！"她在心中轻轻地唤着。一支调门特别的歌，滚进了泥土，飞过湖面……凝成了《瘦西湖之晨》。

　　昨天，她还收到了师晨寄来的一张水彩画，说是用她送的画具画的。要是再有见面机会，她也给他当一次模特儿。

　　"潘教授。"

　　谁打破了静谧？全神贯注的青年们抬起头来，玉良也仿佛被人从梦里叫醒。

　　一位记者模样的人站在她面前，彬彬有礼地说："请您恕我直言相告,我听说,您的作品都是洪野先生画的,您每月给他送钱……"

突如其来的中伤,就像一块巨石压在她的心口上,玉良气得说不出话,也不想为自己申辩。她想不通,有些人为何对她特别苛刻呢?她并未损伤他人,也没侵犯别人的利益呀!只不过不甘被人生浊流吞没,只不过想靠自己的苦斗在艺术上做出一点成就,争得人的尊严和生存的价值!这又妨碍了谁呢?生活里就有那么些可怜虫,自己不努力,还害怕别人奋进,害怕别人比自己有成就。只准你走在他后头,相安无事;你走到前头去了,那还行?!于是,她每月接济洪先生居然也成了造谣诽谤的口实!她的画都是洪先生画的,顺理成章,天衣无缝!人啊人,为何要绞尽脑汁来捏撮同类?把精力智力用到事业上不好吗?你也可以开画展,也会赢得声誉,靠攻击他人获得一时的满足,到头来还是两手空空!悲剧!人生的悲剧!但有些人就是不觉悟!

玉良也太善良了!怎能使人的思想情操都一样呢?倘若都一样了,那还能组成丰富多姿的社会生活吗?没有反作用力哪来的作用力呢?玉良没有机会接触马克思主义,她还不懂得辩证法,应该原谅她是个艺术家!可她还是懂得一点朴素的辩证道理,压力可以成为动力,直面人生,才有出路;谣言,只能使弱者倒下,强者是决不让造谣者掩口而笑的!生活里只有强者最有生命力。也许,一个没有什么被人妒嫉的人是不幸的,能永远叫人妒嫉的人,他也许是世界上最幸福的人。玉良这样一想,完全释然了。她微笑着站起来,从一个青年手里要过画板画笔,走到玻璃窗前,调好色,拉开一扇窗,对着玻璃上的影像,轻舒手腕,动作欢畅。少许,一幅个性栩栩、风格豪放的《自画像》画成了,冠诸这次画展所有的展品,举座大惊。

玉良在一阵热烈的掌声中，微笑着放下画具。小报记者有些狼狈，连连向玉良鞠躬谢罪，尴尬而去。

玉良的作品都是洪先生画的谣言，不攻自破，生活的流水仍按照旧有的河道奔涌，玉良在教学和创作上又取得了可喜的成就。

成就啊成就，你是福也是祸。玉良算是饱尝了你的甘苦。你可以载着人继续航行，追逐更辉煌的前景；也可以将人淹没，连点痕迹也不留。玉良虽血性，她毕竟是个女人！她不怕人家当面指责过错，但她怕同行疏远她、冷落她。使她最难以忍受的是那种鄙夷的目光和不屑一顾的神情。甚至有时还听到那种指桑骂槐的讽刺和挖苦。这真像杀人不见血的利刃，绞碎了她的心。她不知自己做错了什么事，是无意间伤害了同行，还是自己有失检点，骄傲了？看不起别人了？她百思不解其惑。唉！做人真难啦！

"九一八"事变的发生，震惊了玉良，她坠入了异常痛苦之中。她从国家的不幸又想起了自己的不幸，有一些人，对自己同胞恨不能一口吞了，对外侮倒显得宽容。这真是民族的不幸！她能为苦难的中华民族做点什么呢？清夜自问，她只会拿画笔，舞色彩，站讲坛！要是能多为国家培育一些艺术人才，多出些好作品，那也算是自己对民族尽了一点心！玉良决心不去理睬那些着意为难她的人。

新的学年一开始，玉良就决定召集研究所成员会议，讨论新学期的教学。她先把自己的设想诉诸与会者，征求意见。可是，没有人发言。她一再表示："先生们，各抒己见吧！我的发言只是想起个抛砖引玉的作用，也可以全部推翻。"

先是沉默，后是嗡嗡营营。

玉良不安起来，她朝坐在桌子对面的一位年长的同事笑了笑说："您是前辈，谈谈您的高见吧！"

"啊，"他苦笑着摇了摇头说，"潘先生，前辈就意味着过时呀。我们那一套不吃香，现在吃香的是学洋人！"

玉良一听这话中有话，便客气地对他说："您有何见教，请直率地指出，我愿意听。"

"没有，没有！"他的头摇得像拨浪鼓。

碰上这样的人，叫玉良感到一筹莫展。会议又沉静下来。

一个带点女人气的男人，他的纤细声音打破了寂静："潘教授，我有个问题要请教，不知该问不该问？"

玉良朝提问的人礼貌地说："请说吧。"

"有人说我们美专是凤凰死精光，野鸡称霸王。不知是何指，特求释惑。"他说完诡谲地扫了一眼与会者。

会场顿时静了下来。

玉良面如血染，胸口发胀，眼冒金星，喉头像火样炙燎。她结巴着"你……你……你……"，向那人走去。

那人神态自若，以胜利者的神气扫了会场一圈，许多双眼睛正惶惑地望着他们，他仿佛自己顷刻间成了英雄，扬扬头，对着走近他的玉良揶揄道："潘夫人！你什么……"

"啪！"挑衅者话犹未了，就挨了玉良一记重重的耳光。

会场顿时大乱，玉良昂首挺胸走了出去。今天，她真正领悟到人们气恨她的根源。她和她的同学们对教学做出的努力，妨碍了某些人的利益和机遇。这好办，她回到家中，一连写好三封信，一封发给在威尼斯的刘校长；一封送给王济远先生，以解决她夫妻长期分居两地的名义，请允许她辞职；另一封寄给徐悲鸿，表示愿意应聘。几天后，回掉了上海的房屋，开始她人生旅程中又一段重要航程。

潘玉良女士为旅欧有数之女画家「右上」
1927年
《国画时报》

新近回国之潘玉良女士「左」
1928年
《国画时报》

潘玉良女士，意大利罗马国立美院毕业
为华人业于该院之第一人「右下」
1928年
《上海漫画》

上圖爲巴黎中法大學旅滬同學之一部份之合影，內有美術，文學，雕刻，音樂，教育，各專門家。居中間者即女美術家潘玉良女士，女士之作品深得西洋藝術之精髓，且歷遊羅馬諸勝地，胸襟寬放，識見較豐，聞日內將舉行一個人展覽會於滬上，以示國人云。

巴黎中法大学旅沪同学合影
「中为潘玉良」

女画家潘玉良女士
1930年
《上海画报》

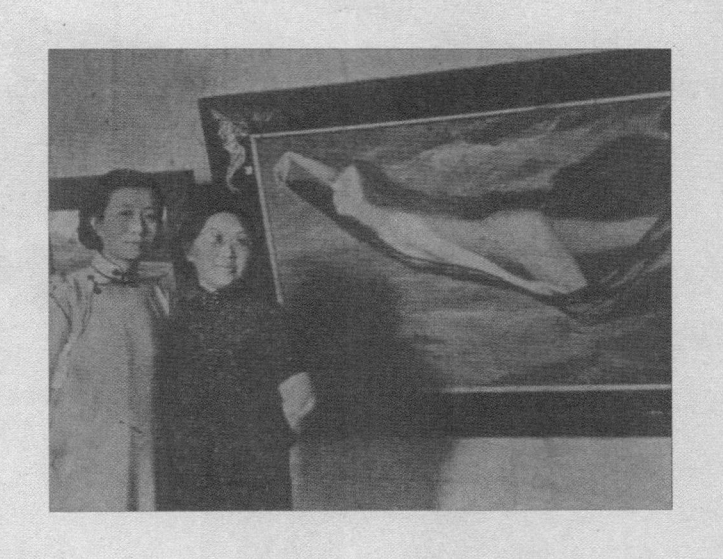

留法名画家潘玉良女士举行个展
「右为潘玉良」
1937年
《礼拜六》

潘玉良与油画作品《酒徒》模特合影
1929 年
《真善美》

潘玉良在宁波同乡会展览中留影
1928 年
《上海漫画》

潘玉良女士之繪畫展覽會

于十一月二十八日至十二月二日止，在西藏路寧波同鄉會舉行，出其留歐時之作品八十除幀，供人觀覽，特錄于後。

女士更自撰〈寸感〉一文，以表明研究藝術之心得，特錄于後。

在從前我國沈寂寥術界裏，研洋畫的人實在是不容易，尤其是我們女同志，一向困於惡劣環境當中，一旦撑扎出來投進洽酷的空氣裏面，要跑上一條正當大道去研究，所受的困難險阻，自然要比平常人加至萬萬倍了！八年前的我，就是當中苦闘的一箇。爲要一直奮鬥追求，所以發然出國去了！一九二一年到了歐洲，先後在法國里昂、巴黎得國立美術學校從 Simon eqras 等名家研究了幾年。所以一九二五年又到了意大利〔羅馬皇家美術學院〕從 Ceromilli 研究了三年。那裏——不但是羅馬而且是全歐洲——雖然使我有熱烈的戀念，然而事實上使我無再留的可能了！本年春間便不得不囘歸故國。

現在呢，歸來叙有幾箇月，見國內藝術界，已從冷酷的空氣漸趨熱烈研究洋畫的同志們，也進展得比八年前大大不同了。這是我覺可等快慰的一件事！有許多朋友親戚們，——尤其是藝術界的同志——都很關心地找在國外的工作，以爲我絕了七八年的探討，帶了什麼法寶囘來，要把看我的畫。我很慚愧！隨身帶囘的，都是在意大利的幾張習作，以及行旅中寫的幾張小品，最不幸的就是大部作品所在法國爲作，苦了火，我的都燒沒紅海裏，不能把留歐全部作品供獻出來！）原來値不得供獻給大家鑒賞，更用不着開什麼展覽會。可是，一般親戚朋友們及藝術同志們，低然對好我行一種熱望，要看我的畫，假使不開展覽會，實在是想不出別的更妥當的方法來招待他們。所以就舉行這次留歐紀念展。同時希望一般法家給與嚴格的指敎和批評。

潘玉良女士之绘画展览会报导
1928 年
《上海漫画》

潘玉良女士像
康洛马蒂 Coromaldi 作
油画

巴拉丁宫内
油画
宁波同乡会展览作品

长春花
油画
宁波同乡会展览作品

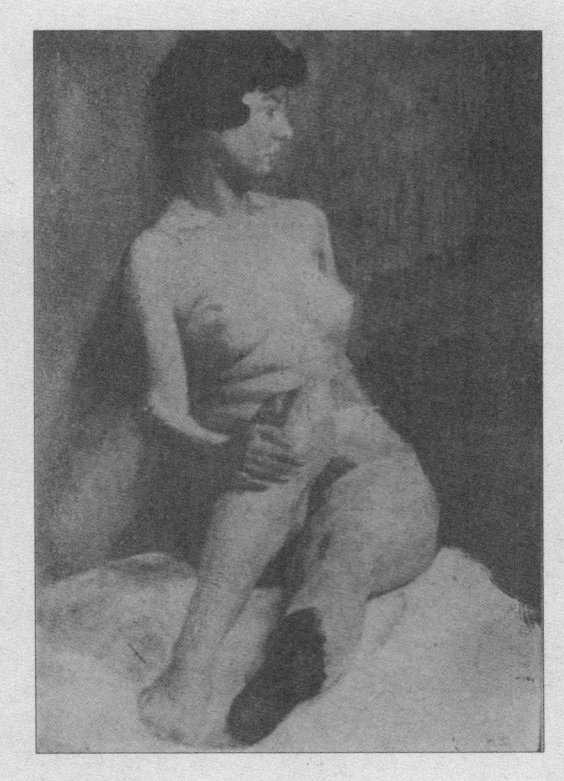

小憩
油画
宁波同乡会展览作品

法国少女
油画
1926年作

酒徒
油画
1927年作于罗马

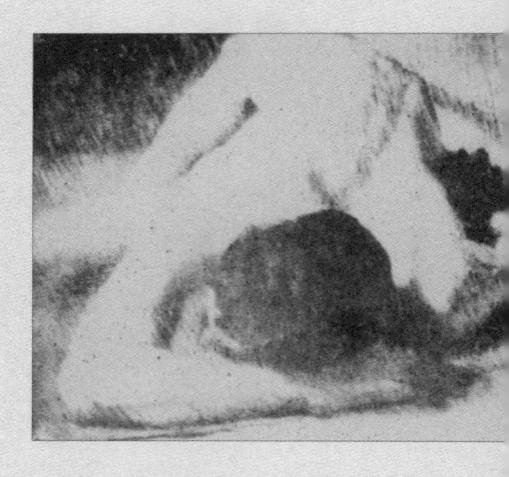

灯下卧男
色彩画
教育部第一届全国美术展览会展出作品

自画像
油画
1928年作于上海

清晨
油画
1928年作于上海

春
油画
1929年作于上海

白荡湖
油画
1930年作于安徽桐城

裸女
粉笔画

我習粉筆畫的經過談

潘玉良

生性喜歡美術的我，對於音樂雖刻繪畫都曾經作過相當的練習，但自繪畫上的色彩把我引誘成了一種嗜好之後音樂雕刻在事實上就只得犧牲了，這是我旅歐時偏重於繪畫上的惰業的一種簡單原因換句話說我實在喜歡作色彩畫尤其是粉筆畫(Pastel)。

在一匣數十根或一大匣數百根的粉筆顏色打開來的時候我們如果沒有木炭畫的基本練習要想表現一件事物是很難的，我旅歐八年中起初在巴黎美術學校作的木炭畫較多，後來到羅馬美術學校作的油畫較多粉筆畫雖然就喜但是沒有得到作畫的相當時間所以從歐洲帶回國的只有數件作品（1）賣花女——陳列於個展影——二點也送去陳列，在我的觀念上以為全國美展的盛會裏一定有許多粉筆畫或者可以供給我們作參考結果卻使我失望了，西畫全部的出品中，粉筆畫竟寥寥若晨星因此我的幾張粉筆畫就很爲衆所注目

我自愧對於粉筆畫沒多研究但我感覺到過粉筆畫是較油畫為方便宜於我們女子學習很望吾國人對於這畫多多的研究！

去年囘國後忙於應酬忙於教課又忙於短旅由生活上影響到心中的不安定所以作畫很少今春把無謂的周旋都放棄了雖然奔走於囤寧之間還擔任一些教課但

是在餘暇時就安然在藝苑繪畫研究所製作，這半年製作期間，比較上粉筆畫得最多，所以全國美展開會時我就把「歌罷」「顧

——（2）燈下臥男——出品於全國美展——這兩張畫都是在羅馬作的也有在巴黎作的不幸已燬失了

休息
油画
1929年
《美周》载

潘玉良自画像
油画
1931年
《艺友》载

潘玉良女士近作
油画
1927年
《图画时报》载

画家潘玉良女士及
艺术界惊赏之《红粉骷髅》
1929 年
《上海画报》

二、创新

1932年,中国历史上的多事之秋。日本帝国主义继"九一八"事变之后,又在上海发动了"一·二八"事变。

就在这一年,玉良的老校长刘海粟第一次欧游回国,玉良在中大举办第二次个人画展。刘校长在报上见到这个消息,即电函玉良,除表示祝贺外,他还要亲临画展。

接到这纸电文,玉良就像捧着一团烈火,烤得她面红心跳。两年前,凭借一时感情冲动,没有取得校长的应允,就毅然离开美专,来到中大,虽然也给校长写了信,但事后一想,便觉得不妥,太对不起他了,辜负了他的重托和期望。羞愧使她不敢再见他。万万没有料到的是:他一直关注她艺术上的进展,刚刚踏上祖国的土地,风尘未洗,疲劳未消,就要来参观她的画展,真是恩比山重,情比海深,使她受之有愧又受宠若惊了。她握着电文的手微微抖着,在激动和忐忑的心情中期待着他的到来。

刘校长他果然准时到了。玉良迎上前去,她的嘴张了张,想说几句自责和感激的话,他却摆了摆手阻止了:"过去了的事就像流走的江水,我知道你有你的难处。在这里也是搞艺术,不都是一样嘛!"玉良提着的心落下来了,她感到少有的轻松。

校长没有休息,就在玉良、赞化及他过去的一些学生的簇拥下走进了展厅。他仔细地观看每一幅展品。有时一幅画要端详半天,有时走过去又回过头来再看。玉良关注着校长的行动,从中揣测他心中的语汇。见他舒眉展颜的神态,仿佛看到了他心里对展品的赞许。她像喝了糖开水样，甜滋滋的。这是她久已盼望，也是她预料之中的赞许。这些展品全部是这两年创作的，多系描绘祖国山川壮美之作，且是严格按照西画的要求所作的。校长可说是引进西画的开创者之一，玉良从事西画学习，也是由于他的指引。现在他的学生在他追求的事业中有所造就，他哪能不高兴呢！他定会借这个机会给她鼓鼓劲。她悄悄觑了眼校长的表情，不觉脸热热的，即将到来的褒奖猛烈地撞击着她。

"玉良，"校长亲切地叫唤着她，他已停立在那张《浮山古刹》前。玉良按捺下心中的一阵狂喜，准备接受校长在大庭广众间对她作品的称赞。她有些羞赧地走上前，站在校长的身边，屏息聆听着。与此同时，校长向陪同参观的同学招招手，"你们也过来。"他指点着画面说："你们看这幅古刹，可谓是淋漓逼真，惟妙惟肖，真是精心层层积染，用色极其准确。它说明了作者的西画功底坚实，也表现了技巧的纯熟。真叫人为其写实功夫倾倒。"

玉良心里有头小鹿在撞。可校长的话锋一转，来了个一百八十度的大转弯。"可是，我不喜欢也不主张这种描绘。我主张借鉴西方的艺术，用以丰富和发展我国的绘画艺术。"校长回头看了一眼玉良，玉良的头低了下去。他又换了一种语气继续说，"玉良啊，如果仅此一幅，作为研究，那还应该大大赞扬一番。可惜的是，全室一格。这一幅可称得上是自然主义的典范。我们向西方文化艺术作探索、借鉴时，可不能被他们束缚了个性，成为俘虏。我主张用个性去解释自然。同学们大概都看过我的《北京前门》和画西湖的《回光》吧？我就是抛弃了烦琐、纤细，不为巧密，不居短浅，采用了强烈的色彩和奔放的笔触，把自己感受的内在生命力，呼唤出来。画得好坏我不敢讲，但我努力表现了自己的个性。"

他稍停了会儿，环顾了一下大家，又说："也许你们中间有人要说我太狂妄了吧？你们都是我的学生，在学生面前说话，无须闪烁其词。我们无论画风景、静物、人物，如果只是冷漠地表面摹写，不倾注画家自己的满腔热情，就不会有鲜明的艺术个性，也没有生命力。玉良，你的许多作品，从绘画技巧上讲，是忠实于西画传统的，都画得很好，但是看不到你的个性，这是这次展品的通病。"

展厅内鸦雀无声，一些参观者自动集拢过来，屏息倾听刘海粟的即席讲学。校长侃侃而谈，玉良气急心慌，表面显得虔诚，心里却希望脚下突然出现奇迹，裂开道缝，好让她钻进去。在这之前，她还飘飘然，以自己的画风为西画之正宗而自豪。然而几分钟之后，她的热望、她的信念、她那点可怜的虚荣心，全被校长的理论击成了碎片。她永远也不会怀疑校长是有意给她难堪，她信任他，敬仰他。他是她学习的楷模，他真诚地希望他的学生有造就，超过他，但她心里总有点不是滋味。然而校长的话又是那样有吸引力，使她不能不倾听下去。

最后，校长又亲切地笑着对她说："玉良，今天我在这里借你的画题发了一通议论，你不高兴吧？很可能我也是一孔之见。"

玉良脸上升起了红云，她急切地说："校长，您说到哪儿去了，我非常感激您今天的批评和教诲。"

"不要感激，能不生气，我就满足了。玉良，我总感觉没有个性的画，就缺乏感染力。艺术是陶冶心灵，培养国民道德和情操的。比如说，我们画祖国的山水，就要寄予它丰富的感情，要让人家看到后，对它产生强烈的爱，为保卫它不惜牺牲，这就是艺术的社会作用。"

展厅内爆发出热烈的掌声。玉良也和其他人一起热烈鼓掌。

刘校长一把握住玉良的手，深情地说："玉良，我这次来，除了向你表示祝贺，更重要的是想和你研究如何打破人们认为学习这一外来形式，只能永远跟在人家后面转的那种自暴自弃，以及没完没了地想完全重复人家已经不想走的路的心理。现在看来，这种看法也包括你在内。因此，我们更应该一起来考虑如何一面吸收外来的新画风，一面尊重自己的传统，集中西画之长，融会贯通。你愿意和我一起研究吗？"

玉良激动而又坚定地说："当然愿意，我一定按您教导的去努力追索。"

"这才是你的个性，我完全相信你能取得成功。"刘校长讲后，又响起了一片掌声。

晚上，玉良细细咀嚼校长的话，心海里翻滚着疾风暴雨，滚过隆隆雷声，雨云散去了，心屏上出现了一片朗朗的晴空。她决定明早就终止画展，不创造出独特的艺风，作品誓不与观众见面。

画展停展后，玉良就在琢磨怎样来实践愿望。她细检画坛名家，她喜欢张大千、齐白石、黄宾虹、徐悲鸿、郑曼青、马孟容的中国画。早就仰慕张大千先生的诗、书、画。他们也曾有过相识不相交的关系，她知道他是四川内江人氏，字大千名爰，画坛名家张善孖先生的弟弟，学问渊博，山、水、人物、翎毛、走兽、花鸟，无不别具一格。他的书法从魏碑入手，后取李瑞清（清道人）和曾熙（农髯）两家糅合自成一体。结构既有清道人的严整，又有农髯的凝炼，既工波磔，又具流宕。他还是了不起的鉴赏家，收藏有丰富的古代艺术品。诗作也非常出色，不过是被他的画名所淹没了。

"我想先去访大千先生，拜他为师。"玉良把她的想法告知赞化，赞化听后，沉吟不语。

赞化的态度使玉良大惑不解，只要是为了艺术上的进取，赞化很少不支持的，为何对她提出要去从师不置可否呢？她把赞化从窗前拉过来，往沙发上一摁，自己也就势在他的身旁坐下，往后一靠，问："你怎么不说话？"

赞化心不在焉地架起二郎腿，摘下眼镜，揉着太阳穴，说："我在想呢！"

"还有什么好想的？"玉良侧过头，扬起高挑的眉，带点嗔意望着他。

"我说你呀，当了教授，思想方法还是和孩子一样简单。你也不想想，你现在的身份是中央大学教授！画坛知名的画家，专程去上海拜一个同辈画家为师，传扬开去，岂不被人看不起！被学生们知道了，会成为笑柄的！"

"你真多虑，向能者讨教有什么可耻笑的？我不在乎！"玉良那线条明显的唇角往下拉了下，"你已变成了个前怕狼后怕虎的人了！"

"多少教训，也没使你改掉那个犟脾气！不在乎就行？别人会因你不怕就不敢说你？现在的人哪，只要金玉其外就行了，里面全是败絮也不妨事。只要装得比有本事的人还有本事，装得比有学问的人还有学问，他就好像是真有本事、有学问了，再有人一抬一捧，就是草包也变成学贯中西、文通今古的学者了。还有一类人，像我们那个实业部的专员，尽人皆知，这所谓专员，是个挂牌的闲差，可还要装得势可通天、权可转地的派头。骨子里男盗女娼，表面上道貌岸然。玉良呀，你有真才实学，可是你不要门面，就会被人瞧不起。堂堂的教授去拜人为师，这会成为口实，那你就不配在高等学府任教，人家又要攻击你的画作是别人代庖！"

玉良没有反驳，她欠起身，从烟听里抽出一支烟，点燃了，深深地吸了口，又慢慢地吐了出来，默然地注视着烟圈左右摇晃向上升去，又慢慢在面前散开来。

赞化以为玉良心服了，便问道："我说得对吧？"

玉良摇摇头，又舒出一口烟说："你说的都是世俗的真实情况。可是，艺术是来不得假的呀！我不懂传统，不懂就是不懂，不去学就永远不懂。刘校长讲的话我愈琢磨愈觉得正确，一个中国人学西画不与中国传统艺术相结合，不去创造自己的独特风格，那不是有志于艺术事业的人，更不是有出息的艺术家。我决心已定，不管他人怎么议论，我要走一条自己的路。若是做任何事之前，都想要得到人家的理解，那永远做不成一件事。"她侧身向着赞化笑笑，"我知道你是为我好，只要你理解我、支持我就行。"

赞化无可奈何地说："我哪次没有支持你呀！"

"好！能有你的支持我就心满意足了。我明天动身，怎么样？"

"你总是那么性急，应该先写封信去，征得大千先生的应允再去。"赞化提醒她说。

"那么烦琐干吗？我们又不是没见过面，又不是不认识！"

"你也不想想，你贸然前去，他知你是路过上海顺便去看看他，还真是专程去求教？这区别大着呢。在当今社会里，有多少人愿意把自己的收藏公之于众？又有谁愿把自己的绝招授与他人？"多年在官场生活的赞化已看透了人生，少年气盛已在他身上翻过了一页。

"为了表示我的诚意，我先写封信去吧！我想，只要我虚心求教，大千先生会欢迎的。"玉良瞅了赞化一眼，勉强表示同意。

赞化走到桌边，拿起一张报纸递给玉良说："你看又有一批人押到苏州监狱了。"

玉良说:"我看过了。七君子也关起来了,到底是怎么回事?唉!现在时局这么紧,华北危在旦夕,民族存亡迫在眉睫,还不断抓人,监狱里大概都要关不下了……"

玉良激愤地说着,一抬头,发现赞化眼睛里的泪光,她煞住了话头,室内的空气显得沉重起来。

两年的时间,在黄山、庐山、浮山和扬子江畔飞逝流走;两年的日月,在峰巅、峡谷、画室、课堂交替消遁。玉良像一只不知疲倦的工蜂,在万花丛中飞飞停停,她以小学生的谦恭,广拜名师,读到丰富的古代画藏,开阔了眼界。古从石涛、八大、沈石田,近到齐白石、张大千、刘海粟、黄宾虹、林风眠,采百家之长,酿自我之蜜,力矫长期以来西画学院主义的因袭和中国画的陈腐,通过千百次的探索和实践,她的素描、水粉、水彩、油画都形成了自己的特色。两年后,她公开展出了别开生面的艺术风格作品,获得了普遍的赞誉。

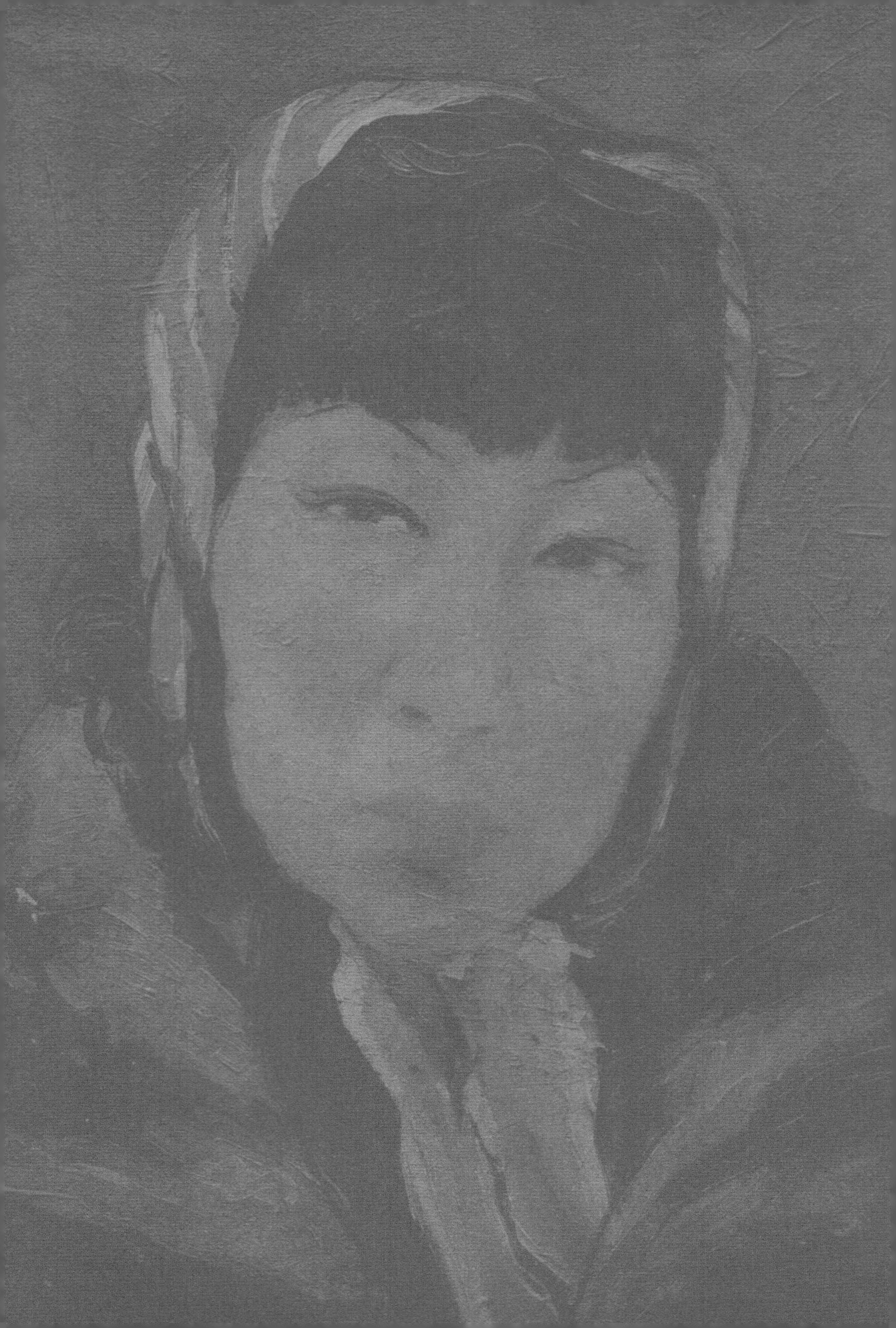

第 5 章 坎坷生涯

一、庭辩
二、端阳
三、故人

还是从前的海,还是原来的舟

所不同的是,八年前她是怀

灰意冷,绝望忧伤,生离死别

是旧有的航线。

激情学成回国,今天,她心

向大洋彼岸。

南京 >> 上海 >> 巴黎

一、屈辱

　　这时,国家正处在民族危难之中,成千上万的难民流离失所,无家可归,挣扎在死亡线上。面临着亡国灭种之灾,不愿做亡国奴的人们,掀起了大规模的救亡运动。武汉、上海、北平各地学生罢课,走上街头,深入乡村,宣传抗日的道理,武汉、上海的工人罢工支持,要求政府"捍卫中国领土完整与主权独立","要求动员全国军力、富源与财力来抵抗日寇,收回失地"。六朝金粉之地的南京,还是没有被风起云涌的抗日救国运动惊悟过来,国难当头,还有人趁机发国难财,达官贵人仍然互相倾轧,争权夺利,过着灯红酒绿的生活,对日寇一味地采取不抵抗的妥协政策,还要对抗日的群众大肆逮捕和镇压。四大城市的大学生代表冲破沿途军警的阻拦殴打,千里迢迢打着"还我山河"的巨幅来到南京请愿。这一壮举深深激励了南京的一些爱国知识分子,他们纷纷起来响应。画界举办了支援绥远抗日军民义展,玉良捐赠一座雕像。他们以各自的方法，表示对国家民族命运的关心。

玉良的学生，爱国画家沈逸千在南京举办边疆写生展览。邵力子先生为他题了《蒙族骑士图》："蒙古骑士当为大中华民族复兴途中最英勇之卫国前锋！"冯玉祥将军在《达里岗崖马群》上用隶书题了两句诗："骅骝殊可爱，勿让倭人骑。"又在《观雁》上题："若闻群雁唳，山河盼早还。"

由于邵、冯两先生以及柳亚子、陈树人先生的支持，画展取得了很大的成功，还被推荐延展一周。玉良为此特别兴奋，就逸千的画展对前来参观的学生们说："南京的展览会虽多，意义正当的却很少，大家都企图名利双收，有的艺人话多画少，或是画上的题词多。逸千不辞辛劳，长时间深入边疆前线，怀着对祖国山川深沉的爱，用他雄浑的笔触，画下了边疆的风情、广阔疆土的壮美，激励着我们广大爱国人士保卫国土的激情。像逸千这样有意义的画展在南京还是第一次。我深感惭愧，逸千本是我们中大的学生，在关心国家的危亡、抗日救国的行动上，他可堪称我们这些老师们的先生。我应该以他为榜样，尽力仿效之。"

这一下可不得了，捅了马蜂窝。附庸风雅的显贵，附庸显贵的风雅，有来头的，有背景的，都来了，气势汹汹，恨不能一口吞下这个胆大包天的可恶女人。一时间，她成了他们的眼中钉、肉中刺，很有点不拔掉不甘休之势。她心上那些已结了疤的创伤，又变成人们攻击的靶子了。还有人送她一顶"危险人物"的桂冠。可她，照教她的书，照常作画，照办画展。她要向逸千学习，用作品来抒发对国土的深厚的爱，对国家、对民族的忧虑。

1936年，她举办第五次个人画展，也是她在祖国的土地上最后一次画展。展品中有幅大型油画《人力壮士》，画面上所表现的是一个裸体的中国大力士,双手搬掉一块压着小花小草的巨石。这幅作品的产生,是作者心中长时间翻滚着的电闪雷鸣。践踏东三省的铁蹄,虎视神州大陆的充血的眼睛,怒吼的风云,受难的苍生,人民的呼号,权贵的置若罔闻,在她心中组成了一支悲壮的大合唱。她想借着对力的赞美,来表达对拯救民族危亡英雄的敬意。观众在留言簿上赞扬它是:"在力的韵律中表达了无声的诗意。"她很爱这张画,想自己保藏。画展开幕那天,教育部长王雪艇在参观时,要买这张画,她也不好拒绝,以一千大洋定了下来,议定画展闭幕时取画。不料就在这天晚上画展遭破坏,《人力壮士》被划破,边上还贴了张字条:"妓女对嫖客的颂歌"。许多画被窃走。《大忠桥》被糟蹋得不忍目睹。她清楚地记得画它的日子。1月28日,十九路军奋起抗击日本帝国主义五周年纪念日,她要赞化陪同她来到明朝黄道周先生殉难处——秦淮河畔的大忠桥。她用深沉的色彩画下了它,以此默念为捍卫国土牺牲的十九路军将士。残阳枯树,古桥破舟,当年王气随着流水走了,大忠桥这个名字却世代留存下来。难道连心底有这么点儿悼情也不允许?

玉良站在展室中,眼神呆滞,犹如一尊石雕,很久很久,才清醒过来。她顺手从脚边捡起一张画,抬眼一看,是《何处觅幽兰》。她像是突然巧遇了阔别的姐妹样,双手将画搂在怀里,紧紧贴在胸前,画面根本没有兰草的影子,一堆土丘,茫茫水天,几片深秋黄叶,在秋风中打旋,随时都可能飘落坠水。"兰姐,你在哪里呢?"她默默呼唤着。这是她寻觅小兰不得时的愤世之作。

两年前,她积攒了一笔款子,委托赞化的老仆人去芜湖赎出小兰,事前,她没有去信联系,是想让她意外地高兴。可是,不久老人回来了,把钱原封不动地放到她的面前。原来小兰三年前就失踪了，无人得知她的下落。她很难过，现在永远难以实践诺言。她悔恨没有早些去搭救患难姐妹，这也许是兰姐对她忘情的惩罚！她痛苦疚悔，忧思绵绵，无以排解对小兰的思念，就画下了这幅题兰而无兰的画作。小兰虽然生死不明，水天相隔，她们的命运又是何等相近啊！她伫立在残破狼藉的画幅中，百感交集，百思不得其解，她的画展是得到政府批准的，为何警察局找不到肇事的流氓呢？

画展事件刚刚过去，玉良心上的伤痛还未平复就开始了授课。课间休息时，她接到了赞化的电话："她到了！"

下班后，她没有直接回家，上鼓楼买了蛋糕、水果罐头、一大包食品，踏上公共汽车，到飞机场站下来。她抱着食品，兴冲冲往家走。

回国后，玉良多次萌生去桐城老家看望大夫人的想法，都因赞化担心她们见面不愉快而搁置下来。虽然后来赞化带她去过浮山，拜谒过家乡山水，但他始终没有同意她走进他的家，她们还没见过面。眼看赞化的职务越做越低，津贴越来越少，玉良又多次要求赞化把他的儿子接到南京上学，她的津贴和卖画的收入除分一部分寄给洪先生，总叫赞化给桐城老家多寄点，她非常害怕他们已够复杂的家庭关系再复杂起来，给她带来难言之苦。她希望缓解和大夫人的关系。几年来，赞化的儿子与她共同生活，已消除他们之间的隔阂，产生了感情，这是她引为欣慰的。她自以为很理解大夫人，把大夫人对她的敌意理解为对她丈夫的爱。哪有妻子不希望丈夫专一于己呢？丈夫另娶，无疑是在她心上戳了一刀，她体谅她的痛苦和迁怒，她真心实意地爱孩子，希望通过这根情感的丝弦感动大夫人，减少一些对她的气恨。她只希望就这样平平和和地过下去，她好一心一意地探求艺术，赞化也会觉得好处些。前不久听说她患了眼疾，玉良就建议赞化写信,叫她来南京治疗。她估计这几天她就要到了,果不出所料。她快步如飞,不觉就来到院门口。

谁在屋里争吵?玉良愣住了,她放慢脚步来到窗外,倾听起来。

"你的心真好哇!把我和孩子丢在家里不问,时刻不离狐狸精。瞒了我多年不说,后来被我知道了,叫你送她回家,也让我风光风光。你倒好,悄悄把她送出洋!"一件瓷品摔落地板上,乓的一声炸开了,那恶狠狠的女声继续发泄着,"人家男人纳妾,为了自己和太太享受、玩乐,你这个天底下第一个好人却供养小老婆读书、留洋!"

"这都是过去的事,你就不要再炒冷饭了吧!我都听腻了,耳朵都磨出茧子来了。"

"好哇!你不要我讲,我偏要讲!她是教授,传出去不好听是吧?她就是当了皇后,我也是大,她还是小,走遍天下,我也是主,她还是婢呢!"

"哎呀!我求求你,不要讲那么难听的话好不好!这会伤她心的。她是个很好的人,是个很了不起的女人。她现在是为人师表,你要注意影响。"

"什么?我注意影响?你们做的好事,怎么不注意影响?哼!我知道,家花不香野花香,你是被狐狸精迷了心窍!看来还要纵容她到我头上拉屎呢!"说着歇斯底里地擂桌子大哭起来,"今天你不叫她给我行大礼,就过不了门!这是老规矩,磕头……"

赞化被吵得晕头转向、心乱如麻,不知所措。若是他同玉良结合的初期,要玉良这样做,也许她会忍辱同意。现在,她是一个知名的艺术家,中国最高学府的教授,在社会上是有头面的人物,她怎么会去向她磕头呢?她苦苦追求,为的还不是求得一个平等人格,一个人的尊严?要玉良按她的要求去做,那太痛苦了!她精神会受不了。即使是自己求她，她也不会去满足大夫人的欲望；赞化想到这里，又觉得对不起他的原配。自从娶了玉良后，他对家中是关照得少了，思念的是玉良，一个受三从四德教育的女人家失去了丈夫的爱，多少年来默默为儿女尽义务，也是够可怜的。赞化的良心突然受到了责备，可怜的人，她什么都没有了，唯一能抓住的是家庭中的地位，她要牢牢抓住这根稻草，一个空头的权柄，也是唯一能炫耀的虚荣。他有愧于她，他的心软了，泛上内疚……

"你怎么不说话？国有国法，家有家规，大主小婢，千古常理，不要以为当了教授就可以同我平起平坐……"她说着说着又哭起来。

"嘻！你……"赞化不知如何说她好，双手捧住前额，颓然坐在沙发上。

玉良站在门外，两腿簌簌发抖，屋内传出的话，句句似钢针，刺痛着她的神经。世俗的偏见和封建的等级就像两条毒蛇，紧紧捆着她的脖颈，她想抬抬头，它们就要向她的咽下喷射毒焰。这些年，她怀着热望探求东西方绘画艺术，刚刚在"我之为我，自有我在"的道路上形成了自我的风格。在她正要迈步继续前进的时候，毒焰劈头盖脑向她喷来，她的灼伤未愈，世俗的等级棍棒又抡向了她，一个堂堂正正的大学教授在家庭中竟要向人磕头请安。"不！我不干，宁可站着死，不可屈辱生。"她要挺胸昂首走进去，理直气壮地告诉她，"我们是平等的人！"她一抬眼，瞥见了赞化痛苦地萎缩在沙发上的身影，他也在受着痛苦的煎熬，玉良的心软了，屈服了，不为别的，只为不再增加赞化的痛苦，决定豁出去。手中抱着的见面礼"哗啦"一声散落在地上，她没顾得去拾，急步走进屋，双膝跪了下去。

她已记不起后来的事了，只感到心肺撕裂，神经和血管好像都停止了活动，叫不出声，也流不出泪。眼前的房子旋转起来，她失去了平衡，倒在刚才还在哭闹着此刻又目瞪口呆了的女人脚下，就什么也不知道了。

　　头怎么这样沉呢？想抬也抬不起来，睁眼一看，原来自己在一个大网中，网脚深深埋在地下，她挣扎着站起来沿着网脚奔跑，寻找着钻出去的空隙。网怎么这样大呢？无边无沿，抓不到，摸不着，她走到哪里就延伸到哪里，追逐到哪里。她累极了，跑不动了，还是没有找到能钻出去的地方。"可恶的网，我和你拼了！"她骂一声，一头向黑沉沉的网撞去。她想这一撞，网会撞开一个窟窿，她就可以从那里钻出去。谁知那网软软的，有弹性，她的一撞竟不能损它一根线。她气极了，一把抓住了还能透点亮的网眼，用力撕着，用牙齿咬着，扯着，还是无济于事，网，还紧紧罩着她，她哭着用尽全力呼唤起来："赞化！救救我！"

　　"玉良，玉良，我在呀！在你身边。你醒醒，醒醒，好点了吧？"

　　玉良的心还在怦怦乱跳，她使劲攥住了赞化的手，望着赞化俯向她的脸，那圈稀疏的黑黄相间的胡须微微颤动着，眼里噙着泪花。玉良抬起另一只手，举起手绢，伸到赞化的眼前，赞化移动了身子，俯就着她伸来的手。她对赞化惨然一笑，接着头在枕上摆了摆。

　　"都恨我吧！是我害了你。"赞化望着她，痛苦地低下了头。

　　"过去了的事，就让它过去了，不要再提它了。我想休息一会儿，你也去休息吧！哦！你还应该去陪陪她才对呀！"

　　赞化含泪给她掖掖被子，用手抹抹她的额头，理理她的头发，轻轻带上门，出去了。

　　室内只剩下她一个人了，她可以静静地思索未来的路。此时，她完全平静下来,冷静地分析着她所处的社会和她在家庭中的位置，以及接二连三的打击。她清楚地意识到，社会无她立足地，家庭没她侧身间，要在魍魉世界做一个人不能，要献身艺术，除非不要艺术良心。她又一次面临生活道路的岔口，她要作出果断的抉择。她的面前幻化出两条晃动的路，一条窄窄的路通向悬崖绝壁，路边没有芳草秀木，丛生着抛物线样的荆棘，随时都可撕破她的衣衫，划破她的脸面，上面写着屈辱和爱情；另一条路虽然也曲折崎岖，要穿越险峰峻岭，它却通向宽阔的大海，大海上写着真正的人生。不能再犹豫了，那不仅意味着放弃艺术理想的探求，也意味着放弃自己追求的平等自由的人格。怎么办呢？到哪里去才能彻底挣脱缚绑自己的绳索呢？那只有逃到一个可以埋葬她过去不幸的所在，去实现她的艺术理想。她想到了她曾经奋斗过的地方。

一想到这要永远离开赞化——她唯一的亲人，血管神经就不由自主地颤抖起来。不可想象，她离开了他，他离开了她，他们还能继续生活下去。她感激他，更爱他，他为她做过别的男人做不到的牺牲，她还没有兑现给他生个孩子的许诺。他们的孩子会被称为庶出，比人要矮一等，宁愿违背诺言，也不能叫孩子像她那样终生受歧视。内疚和憾事，人间不是多的是吗？洪先生家的生活又怎么办呢？师晨上苏州美专的学费谁来承担？靠给小报投稿得点稿费哪能吃饱饭！她的心被痛苦咬啮着，双手下意识地攥紧了胸前的肌肉，也没感觉疼痛。眼前岔开的两条路又模糊地晃动起来。"稀里哗啦"一阵响，隔壁又砸碎了什么东西，继之又传来无休无止的叽里咕噜的艾怨。刚才发生的那幕活报剧又在眼前活动起来……难听的詈骂就像无情的流弹乱飞乱舞。那条小路隐去了，延伸到海边的崎岖道路明朗起来。她决定把未来寄予它。

怀旧是人之常情。玉良想要同旧有的一切决裂，走向一条新的

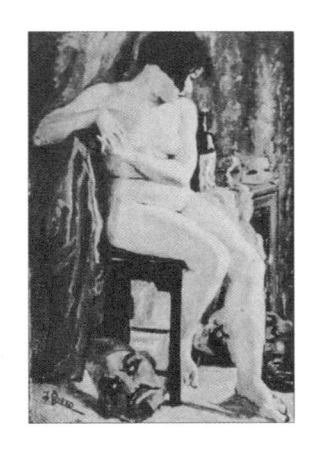

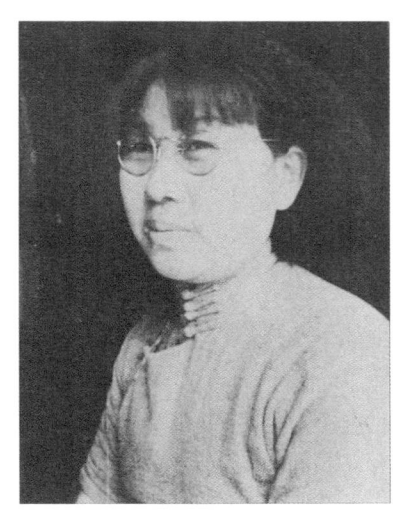

画家潘玉良与其油画作品

道路的时候，又习惯地回首一望，想看看来路上被她丢下的旅伴。她第一次在心里原谅了她的舅舅。他卖了她，是出于生计无奈。前年他还来找过她，他是循着报上登的画展消息而来的，她没有理睬他，只叫赞化给他几个钱打发他走了，并向他宣布："不想再见到他。"她从窗后窥见他佝偻着背远去的身影，鼻翼却不自然地酸楚起来，她后悔她的话说重了。小兰，风尘中的知己，相依为命的姐妹，她还在人世间吗？没有兑现的要赎出她的诺言就是谎言，这是她终生的遗憾，不能原谅的过错，还能给她一个赎罪的机会吗？她多么想能在远离之前再见小兰一面哟！洪野恩师，此生难忘你的教诲，阿新大概就要大学毕业了吧，你们的生活或许会慢慢好起来。玉良就要远走重洋，萍踪浪迹，很难再尽心曲了，你能宽恕她吗？那几幅你喜欢的画，她将留给你们作为永远的纪念。师晨啊小师晨，只谋一面的、酷求艺术的学生、乡亲，你的勤奋和才华使我感动。你的每封信都能温暖一颗焦渴的心。师生谊，故园情，我欣喜运河边又成长起一代热血精英。我要走了，留下什么纪念品呢？对，《瘦西湖之晨》。盼你给我写信，告诉我，琼花开放的讯息；告诉我，运河母亲的叮咛！校长啊！你在哪里？在印度还是在印尼？我又要再次不告而别了，你原谅我吧！赞化呀赞化，我唯一的亲人，你对我的决定是理解支持还是根本不同意呢？……玉良的脑屏上出现了好几个问号。

与中央大学美术系师生合影 「右8」为潘玉良

北风在摇撼窗户,窗下的几丛慈竹发出萧萧呻吟,它们千百次地卧倒,又千百次地挺立。慈竹映在玻璃窗上,婀娜的身影,在她心潭上投下一片永远的绿。

人的感情有时是很奇特的。当她拥有一种东西,也许她感觉不出它的可贵;一旦失去了,它就会变得价值连城。玉良踏过小径,穿过长廊,路边的小草牵绊着她的裤腿,溜滑的卵石牵扯着她的脚跟。过去不太注意的校园,一房一舍,一棱一角,一花一木,都在她心中活动起来;一支粉笔、一块黑板,此时都有灵感有生命,变成了能跟她交流感情和思想的朋友了。她手里拎着的油画微微震颤着,她不觉联想到都德的《最后一课》。

教室内鸦雀无声,她把带来的油画挂在讲台后黑板上方的两颗钉子上。画,吸引了同学们的视线,同学们也很快认出画面是名闻遐迩的黄山石笋峰。它,秀美挺拔,占据了画面的主位,长在崖隙的葛藤,无名灌木劲草,绝壁上体态优美的奇松,下面是瑰丽的云海,紫雾弥漫,浩瀚无际,它像耸立于万顷波涛上的岛屿,虚虚实实,似诗似画。同学们沉浸在美的享受中。

玉良转过身,面向学生们说:"同学们,上正课前,我想请大家先看看这张画,分析一下它的用色和技法,可以帮助理解这节课的内容。"

学生们暂时收回了视线,面面相觑。这种以读画揭开一节课的序幕的教学法,他们还是第一次经受,不很理解,也不敢造次发言。

她抡起教鞭,轻轻地点了点讲台,催促着:"畅所欲言不拘形式嘛!也可提出批评。"

空气开始活跃起来,同学们七嘴八舌:

"用色温暖,浓淡相宜,云涛好像在动。"

"有西画的实感，也有中国画的诗意。"

"看不出来宗师哪家？"

"这是哪位大师的作品，怎么这样眼熟？"

"要我说呀，这非驴非马，非中非洋的东西，未必是我辈的宗师。"

"你师法什么？艺术的生命就在于突破旧我！懂吗！摇头先生。"一个学生举起右手摇着，他手里拿着一张漫画，画的是夸张了的摇头君，同学们争相传看，笑得前仰后合。

玉良瞥了眼画漫画的学生，他叫田守信。她打算结束这热烈的场面，便敲敲讲台，室内骤然静了下来。

"同学们，听我讲几句。艺术允许多种流派并存，不要排斥不同意见。艺术大师刘海粟一向就鼓励兼容多种艺术流派，创新是一切艺术的生命。这当然不是说不要传统，现在我不准备就这个问题讨论下去，我想回过来同诸君谈谈这幅画。"

她有些不平静了，两手紧紧按在讲台上，竭力想控制住激动的心情，说："我可以明确地告诉诸君：它不是什么大师的作品，而是一个热爱祖国山川的人对祖国山川的深情寄托。""你们看，"她指着画，"山石多雄伟，背景多深邃，长在石缝的青松多劲拔，云海瞬息变幻，绚丽多姿，凝聚了作者深厚的爱。她现在才认识到，能有权利在祖国大地上尽情用画笔描绘祖国的山川面貌，讴歌祖国的锦绣河山，该是何等幸运，何等快乐的事啊！"

玉良的眼睛里溢出了泪花，教室里响起了嗡嗡的议论声："潘先生今天怎么啦……"

"这么动感情……"

敏感的学生们已经预感到要发生什么事。下课铃一响，她一迈出教室，同学们便一齐拥到门口走廊上，目送她拎着《黄山石笋峰》往教师休息室走去，她不敢回首，她怕看见学生们的目光。她的喉头滚动了几下，把涌上来的辛酸吞了回去，心潭上又泛起了断肠词：

楼外垂杨千万缕，欲系青春，少住春还去。犹自风前飘柳絮，随春且看归何处？

绿满山川闻杜宇，便作无情，莫也愁人意。把酒送春春不语，黄昏却下潇潇雨。

二、痛别

玉良又坐上了加拿大皇后号邮轮。海在抖，浪在翻，还是从前的海，还是原来的船，还是旧有的航线。所不同的是，八年前她是怀着满腔激情学成回国，热望着把西方新的艺术细胞注入苦难母亲的血液，为中华民族的文艺复兴献出她微薄的力量。今天，她心灰意冷，绝望忧伤，生离死别，驶向大洋彼岸。

赞化一踏下甲板，她就扑向船舷，目送着赞化显得佝偻了的身躯和拄着手杖的沉重步履。他低着头，上了趸船，又缓缓地转过身，望着快要离岸的邮轮，两滴浑浊的泪珠，滚落到皮鞋上，跌得粉碎。玉良俯在舷栏上，手里攥着赞化刚从胸口袋里掏出送给她的怀表，泪水像泉涌样往外漫。她木然地望着赞化，赞化也无语地看着她。他们的距离越来越远了，赞化预感到从此再也见不到她了。他的心碎了，血在喷涌，他不顾一切地大声呼唤起来：

  玉良！你一定要回来呀！

  玉良没有回答，只见她举起双手，向他挥动着。
  邮轮开足了马力，掀起的浪花涌到趸船脚下，碰起一阵雾雨，溅了呆立在那里的赞化一脸一身，他也没觉得，他已失去了知觉，他的心早已随着加速了的邮轮驶到大海上去了。玉良为何不回答他呢？为什么光摇了摇手？是没听清他的呼唤？还是……他忆起了那天晚上的谈话。
  那是发生了那件事的第二天，玉良从学校里给他挂了电话，约他下班后不要回家，直接到玄武湖水榭去，她在那里等他，有事同他商量。他被一个朋友绊住去晚了，月儿开始吐出清辉，他踏着枯枝月影向水榭走去。快近水榭，就有缕缕忧怨的琴声从水榭飘来，伴之隐约的歌声。他以为玉良因等得不耐烦走了，水榭已被别人占领了呢。他正准备返身往回走，一阵低沉的歌声传来。这声音好熟啊！

  让我走吧，让我走，
  霜未融，雪又降，
  飒飒北风，无枝栖息。
  与其被严寒吞没，
  倒不如追雪踪，寻春去！
  让我走吧，让我走，

冷月似霜，烟波浩淼，
望恢宏大地，
无我侧身间，没我立足地。
让我走吧，让我走，
不管风雨多狂，
随着人生的巨浪任我飘荡。

是她，是她，他看清了，他三步并作两步走到玉良身边，偎倚着她默默而坐。

玉良停止了弹唱。深冬的夜，游丝样的风，树枝花枝在轻轻低鸣，不时送来细碎的相互倾诉声。星月眨着冷眼，水榭寒意逼人。

月夜　油画　53.5cm×64cm　1947年　安徽博物院藏

玉良把呢大衣紧了紧，向赞化身边靠了靠，倚在他胸前，他们紧紧握着手。赞化预感到有某种重要的事要发生，忐忑不安。

玉良突然站起来，放下琵琶，故作轻松地说："今晚我俩举行个月夜野餐吧，吃抓菜！"她打开手提包，拿出荷叶包着的几样菜，一瓶竹叶青。

"你今天怎么啦？不回家去吃，选择这么个冷地方用餐？"赞化接过玉良递过来的酒瓶，呷了口酒问。

"没什么，这里清静，想同你单独呆一会儿。"

"你不是讲有话同我说吗？"

玉良喝了口酒，拿起一条板鸭腿递给赞化，一面回答说："是的。"

"那就讲吧！"

"我想把我的姓来个彻底变革，不要什么潘张，就姓潘。其实人们早就那么叫了。"

"怎么突然想到这么个主意，以前你不是讲过随潮流吗？"

"此一时，彼一时也。"

"如果是想简化一下签名，你就去掉潘字好了。"

"我要姓潘，意味着永远是你潘家的一分子。"玉良呷了口酒，又把瓶子递到赞化手里，说，"我送件礼物给你。"说着从提包里拿出一个装潢精美的纸盒，她熟练地解开捆扎的丝带，里面装的是一尊无锡彩塑的舞蹈女神，玉良指着它问赞化："美不美？"

"很美呀！"

"外国人把它视为艺术品！"

"中国人也把它当作艺术品！"

"不一定！在它的产地，人们永远忘不了它是泥胎！"

赞化静静地望着玉良在沉思，他奇怪她今天讲话怎么总绕着弯儿。

玉良接着说:"我想了很久,要世人忘了我所处的地位和不幸的身世,只有再回到法国去。那里的人们不了解我的不幸,那里还有我所热爱的艺术,艺术能给我欢乐,还可以实现我的理想。"

赞化的头不觉向后一仰,睁大了惶恐的眼睛,凝视着玉良。他一下惊傻了。自从妻子昨天掀起那场风波,他便如履薄冰,处在一种尴尬的境地。他小心翼翼,害怕纠纷再起,只期望妻子的眼疾早日痊愈,回到桐城,一切就会回到平静的过去。他万万没有想到玉良会产生再度出国的念头。她的话一出口,他就敏感到那将意味着什么,顷刻间,他们相识、相爱、共同生活的镜头像闪电样掠过心头,他不敢想下去了,他的心猛烈地跳动着,一种恐惧向他袭来,拿酒的手也不由自主地抖着,酒瓶乓的一声坠落在地上。不能让她走,不能没有她,他没有丝毫彷徨,没有顷刻的犹豫,也没顾得满手是油污,便一把抓住了她,急切地说:"我不能让你走,我少不了你!"

月光穿过枯枝,冷漠地瞧着赞化忧伤、激动的面颊,在一片苍白上又染上了一层铅灰。玉良沉默着,温顺地靠在他的胸前。俄顷,她抬起头,仰望着赞化说:"你以为我想走,愿意离开你?"

"那,你就打消这个念头吧!"赞化把她的手抓得更紧了。

玉良感到沉闷得喘不过气,她向旁边挪了挪身子,激动地回答说:"不,化兄,我的亲人!难道你也不理解我?我苦苦追求为了什么,为了爱艺术,也为了挣脱那身旧有的皮,换得一个普通人的尊严,一个平等人格。可是,我连这点都没得到,我现在是人之师表,中国最高学府的教授,人们不高兴的时候,还是要戳戳我的痛处,我永远是个出身低贱为人所不耻的妾!"玉良停了下来,待平静了后又继续说:"还有这形势,我不过说了句真话,就遭受到猛烈的围攻,开个画展竟遭破坏。我很清楚,在中国,没有我做人的那天!我只好离开。"

赞化松开了手臂,头渐渐低了下去,羞愧和内疚咀嚼着他的心,他讲不出话。

夜,冷冰冰,静得人心发颤。

突然,赞化像孩子样呜咽起来,紧紧攥住玉良的双手,仿佛一放手她就要飞掉似的,他悲切地说:"那件事的发生,都怪我,你恨我、打我吧!只要你不离开我!"

玉良一反常态,坚决地说:"不,我理解你,我也什么人都不怪,只恨我生存的这个社会,还是让我走吧!"

一阵北风掠过,仿佛给赞化的耳膜送来了《让我走》的乐曲。它像一条钢鞭,抽打着赞化的心。他慢慢地放开了玉良说:"让我想想。"

"希望你能理解我!"

......

"先生,船早已不见影了,回去吧!"赞化如梦初醒,向提醒他的水手点点头表示谢意,就拄着手杖,蹒跚而去,不时还停一下,向邮船消逝的天际望望。他的心,一下子枯萎了。

赞化毫无目的地往回走着。不知在什么时候,又是什么力量,支撑着他走到了渔洋里,他们生活过的小院。他靠在那棵像在打盹儿的香樟树干上,痴呆呆地凝望着他俩住过的小楼。绮窗长廊依然在,只是主人改!那紧紧关闭的门窗里,渗漏出一缕低沉的乐曲,伴着一支低婉的歌,断续传来。

......

记得去年门巷,
风景依稀。
……
流光速,
风雨摧,
景物全非,
杜宇声声唤道,
不如归!
……

　　香樟的枝叶随之抖索了几下,落下几片经冬的红叶,点点血泪。他再也不能在这里站下去了,他像一匹受了重创的雄狮,疯了似的向院外奔去。走到黄浦江边,面向着愤怒的江水,仰天呼唤:"为何不容我玉良!玉良!还我玉良!"

　　江水依然咆哮,裂岸的涛声,掩盖了他的呼唤。

　　玉良默默地走回船舱,她擎起手里的怀表,放到胸前,嘀嘀嗒嗒的走动声和她的心跳相应和。赞化多次跟她谈过这只表的来历,是他参加讨袁战争的纪念品,上面刻有"云南起义纪念"六个字,是他生命中最值得炫耀的业绩,他视若珍宝。她理解它在赞化心目中的价值。赞化是以表代身,陪着她去浪迹海外。想到这里,她把它抱得更紧了。

潘赞化送给潘玉良的云南起义纪念怀表

师妞吾在渝隔巨无信可观也不笑念化省 你安康多福 赞化旦十有五日夜半

1941年12月潘赞化写给潘玉良的家信　家属藏

三、故人

玉良带着心灵的伤痛，远别她的丈夫，瞒过她的师长，避开艺术界的朋友，再次来到巴黎。仍旧住在米斯太太家，老房东像欢迎远归的亲人一样地接待了她，给她多方关照，让她仍住在她过去住的房间里。

她有时去大学弥尔画苑作画、雕塑；有时到郊外写生，得到好作品她就自藏起来，只出售一些平庸之作来维持生活。她永远也忘不了黑网中的生活，一根无形的绳索捆缚着她，只要她想活动一下身躯，伪道学的紧箍咒就嗡嗡四起，绳索随之嵌入肌肤，叫她痛苦得难以做人，因而她在决定冲出罗网时就决定不再回去。

在巴黎的半年多生活里，她拒绝同任何画廊签订合同，她不愿自己的艺术成为政治或某个流派的宣传品，她要继续走自己的路，坚持中西画结合的研究，要向现代美术馆迈进。这是她的一个理想。她也放弃一些沙龙的聚会和一切社交活动，避免在偶然场合碰到同胞中知她旧情的人。

生活往往喜欢捉弄人，希望得到的却不可得，不希望遇到的事却偏偏碰上。

弥尔画室，灯火明亮，买不起画室或雇不起模特儿的各国清寒艺术家，常常自由地聚集在这里，有的作画，有的雕塑，有的占据一隅，高谈阔论。谈话的内容五光十色，上下五千年，纵横八万里，以至巴黎沙龙轶事，抽象派的画展。还有不是艺术家而又喜爱艺术的看客。

玉良正聚精会神在为张大千先生塑半身像。她已断断续续进行了几个月，塑塑毁毁，毁毁又塑塑。在南京时，她亲口对大千先生说，"我准备给你塑尊像"，但一直没机会实践诺言。现在可以自由支配时间了。她想通过实践久许的诺言，在雕塑上探索中西艺术的结合。在构思时，她联想到中国古代诗歌的浪漫主义表现方法，赋予描写对象以夸张而逼真的感觉，显得更形象更有个性。大千先生的胡须是中国人独有的，采取夸张手法可以体现一个中国艺术家的风采，炎黄子孙的才智，善美和宏博的心胸。她想达到一种艺术境界，就是只要人家看上一眼瀑布样的胡须，就能感觉到它有如奔雷走电的气势，月笼轻纱样的柔美和一种中国人特有的气质。她塑了几次，都没能很好地表达出她的设想。现在她注视着眼前的半成品，陷入到一种求而不得的艺术困苦之中。她是一个不达目的不肯罢休的人，在艺术求索中毫不迁就自己，失败了再来，这已不是第一次。她拿起铲刀，就要把它铲掉，突然，她的手臂挥不起来了，握刀的手被人捉住了。

她回头一看，心不由一震，腿也有些发软了。原来不要她毁掉塑像的是她中大的学生田守信。异国他乡遇故人，又是自己的桃李，该是何等的兴奋激动啊！在人地生疏、金钱万能的世界，她曾多么希望能碰上同胞亲朋！此刻真的碰上了，却没给她带来丝毫的喜悦，反而感觉到有种无名的威慑，她怕那已经埋葬了的痛苦会随着亲切乡音的出现而还魂。顷刻间，她惶惑了，心凉了半截。认了他，就永远赶不掉可恶的魔影。不能认！她克制着心跳，眯缝起眼睛，装作不认识似的上下打量他。

"潘先生，我是田守信呀！认不出了？"

玉良摇了摇头，装作想不起来的样子说："对不起，你认错人了吧？我记不起来在哪儿见过你。"

田守信一步不让，夺下她手里的铲刀，站到她的面前，激动地盯视着她说："您好忘性呀！我是油画系的呀，中大，中大您也记不得了吗？"

玉良还装着思索追忆的神情，良久，她再次表示没有印象，摇摇头说："真想不起来了。"

"潘先生，您最后一课，还带来了您画的《黄山石笋峰》，叫我们评读，我还画了张漫画，引起了哄堂大笑，您都忘了吗？"

这句话无疑像块巨石掷在玉良的心湖里，碰溅起圈圈微澜，她再也控制不住自己的感情，她被抵到南墙了，不认也得认；她装作突然醒悟了似的说："啊！啊！你怎么来了？"

"一言难尽哪！先不谈这个，我给你介绍一下，"守信后退到玉良身边，手伸向一位头发斑白的秃顶长者说，"这是李林先生，中国乐园的主持人，家父挚友。'双十二'事变后不久，你离开中大后大概三个月，学校决定内迁四川，家父担心我荒废学业，便让我上这艺术之都来找李世伯。刚才从这门口经过，我想进画苑来看看，没有想到在这儿遇上先生，真叫人高兴！"

玉良向李林先生伸过满是泥土的手说："久仰！久仰！"

李先生握着她的手，按法国礼节，放到嘴边吻了下说："潘女士一人来到巴黎，有很多困难吧？怎么不去找我呢？"不待玉良回答，就转身看着玉良未完成的泥塑说："您的油画我是久仰了，没想到您的雕塑也有如此高超的成就，真是'踏破铁鞋无觅处，得来全不费工夫'！我正想物色一位雕塑家，您愿承订我的一座雕塑吗？"

玉良没有来得及答话，守信就接上了："与其站在这里说话，倒不如到前面一家菜馆慢慢商谈。潘先生大概也很累了。老伯，您看好吗?"

"好哇!"

玉良洗过手,三人一行便向坐落在街角处的菜馆走去。

他们刚刚落座,乐队就奏起一支曾风靡一时的流行歌曲,两个女招待迎了过来。李先生接过菜单,礼貌地微笑着递给玉良说:"潘女士,您来点菜。"

玉良推让着说:"您点吧!"

"潘先生,您不要客气,今天李老伯请客,您就拣您最喜欢吃的菜点!"

"还是李先生点,我没什么偏好。"

"两位师长都不愿点,那就交给我办吧!"田守信拿过菜单看起来说,"这上面怎么没有红烧肉?"

"到底是中国人,首先想到的是红烧肉。"李先生笑着说。

"红烧肉只有中国菜馆有。"玉良长喟一声,"我的一个孩子,就最喜欢吃我亲手做的红烧肉。"

"李老伯,您喜欢西班牙龙虾,对吧?"守信聚精会神地点着菜,"潘先生,您喜欢什么?"

"随便吧,什么都行!"

守信点菜的当儿,李林对玉良说:"您那塑像是张大千先生吧?您把他的风度和气质表现得很得体。潘女士不愧为高手!看得出来,您能把情感注入泥土,这是不容易的。"

"您过奖了,其实它是个失败之作,我正准备把它毁掉,碰上了你们。不管怎样,我是要尽力把它塑好的,了却心头的一件事。"

"潘女士对待艺术的精益求精的精神,值得钦佩。"

他们就这样漫无边际地谈着,李先生却没有提及刚才在弥尔画苑谈过的承订塑像的有关问题。玉良急于知道是为什么人塑像,便提示性地问:"李先生,想为自己塑像吗?"

"不,我要塑什么像呢!事情是这样,你知道格鲁赛先生吗?"

玉良点点头。

"他去世了。他毕生的精力都用在介绍中国文化上面,让我们中国古老的文化得到法国人民的理解,特别是对中国艺人多方关照,乐园同人提议为格氏塑一像,以示纪念。"

玉良客气地说:"就怕我不能胜任。"

"您就别客气了,请您不要推辞,从您塑的大千先生的像看,您是我寻找已久,最为合适的人。"

这时酒菜都送上来了,他们一面用餐,一面继续谈。

"李先生如此信任,当然不敢推辞。不过人已离世,只能参照遗像进行,请一定要多提供些不同角度的照片。"

"那是当然,格鲁赛夫人会提供的。"李先生咬了口龙虾继续说,"至于报酬,六千法郎怎样?"

"既然是给中国人民的朋友塑像,我只要四千,那两千作为我的一份敬意吧!"

"潘先生,您客气什么,您不讲,老世伯也知道您的经济……"田守信说了半截就停下了。

"是啊,经济是不会宽裕的。明天我叫守信把定金送来,您住在……"

"还住在从前留学时住的地方,老房东米斯太太对我很照顾。"玉良随即在速写本上写下了她的住址,撕下来递给了守信。三人便起身离去。

玉良掏出怀表看了看,已是午夜十二点了,她感到一股寒意。

过了十字路口，他们便要分手了，他俩坚持要送送女同胞，一直送到玉良的住处。她立在台阶上对他们说："很遗憾，太晚了，不能请二位进房坐会儿了，请原谅。"

两位男同胞还站在原地没有移步的意思，倒是守信先开腔了："潘先生，难道您不知道巴黎是醒着的夜吗？"

"既然两位肯赏光，我是非常欢迎二位进屋坐坐。刚才我是怕影响二位休息。"

玉良推开大门，穿过一个窄窄庭院，攀援一条有点吱吱作响的楼梯，借着路灯微黄的光，开了门锁，按亮灯，把他们让进了房间。

玉良请他们在沙发上坐下，歉疚地微笑着说："我这里太寒碜了，没有一点东西可以招待自己的同胞，真……"

李先生摆摆手说："快别说了，潘女士清苦求艺，令人感佩。"他停了片刻，接着说："刚才我们的洽谈并未结束，关于格氏塑像的创作时间……"

"三个月吧！"玉良恳切地说。

"不能提前点吗？"

"不，我认为这是最短的了。他是个离世不久的学者，他的形象还印在许多人的心中，既要肖似，又要有学者的气质，需要一个较长时间的构思。"

"那好吧！"李先生说着便站起来，"还有件事，我得先征求您的意见，按惯例，立纪念像在竣工后要请有威望的博物馆鉴赏家作鉴定，我们将委托赛鲁希博物馆馆长耶赛夫先生签收，您不会介意吧？"

玉良心里有些不快，那喜欢一掀一扬的双眉拧成了川字，不一会儿，她回答说："既然是惯例，我当然不能例外。按惯例办吧！"

"潘先生,您来到巴黎近半年了,我们早来的同胞却不知道您,我感到很愧疚,凭您的艺术,完全可以在艺术沙龙占一席重要位置。"

李先生的话触痛了玉良的隐衷,她不愿继续听下去,便慌忙打断李先生的话:"李先生,谢谢您的关心。不过,我不追求这个。"

"潘先生,李老伯说得对,您应该让巴黎知道您。"守信又转向李先生,"老伯,潘先生承接格氏塑像,这里既无画室,又无设备,每天到弥尔画苑去工作,也很不方便,应该帮她找套带画室和工作间的房子。您看呢?"

"这很必要。这事就交给你吧!"

几天后,在守信的热心张罗下,她搬进了蒙巴拉斯街一套带画室的房子。搬家那天,米斯太太依依不舍,不停地用手帕擦泪,还把自己养了多年心爱的小狗菲菲送给她,在法国,那是非常珍贵的馈赠了。

三个月后,格氏雕像按期完成了。交付前,她的画室来了位鉴赏家。那人高高发亮的前额,一直延伸过顶,显得宽阔深远,亚麻样灰白相间的长发向后梳着,垂在肩上,微挺的胸脯,有些居高临下的神态。他微笑着跟随李先生走进了玉良的画室。他围着格氏的雕像转着圈子,一会儿远观,一会儿近察,俨然像一个审判者。那目光像光束、似刀子,投向每一道线条。

玉良远远地站在一旁,心里很不舒服,她受不了这种目光。一种愠怒充塞了血管,又不能发作,因为这是执行原先约好的规定。她悔恨不该接受这个条件,她的作品居然像商品一样让外国人来审定,这,她有点受不住了。正在这时,鉴赏家微笑着向她走来。

"潘夫人,谢谢您。这座格氏雕像,是我所见过的成功作品之一。我是格鲁赛先生生前好友,非常熟悉他。我感谢您这灵巧的木

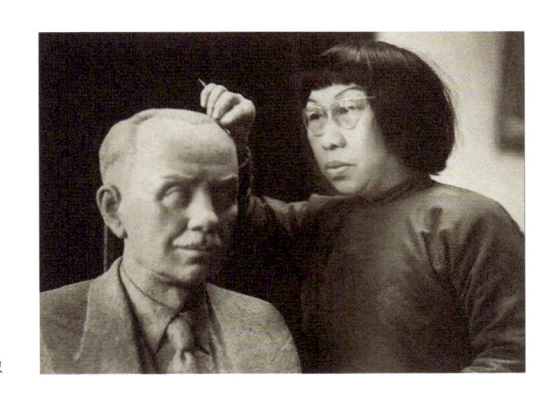

潘玉良为王守义先生「左」
雷纳·格鲁塞先生「右」塑像

笔，再现了他庄严的学者风度和永远谦和的品格。我们博物馆决定收藏它，您同意吗？"

"谢谢您，谢谢您！"玉良这才平静下来。她是凡人，也有虚荣心，得到巴黎享有较高声誉的鉴赏家的称道，心里犹如淌过一泓溪水，顷刻觉得凉爽爽，甜润润，那些不快的情绪为之一扫而光。

雷纳·格鲁塞像
雕塑
55.5cm × 42cm × 35cm
1954 年
法国巴黎赛努奇博物馆藏

自塑像
雕塑
50cm × 25cm × 19cm
1954 年
法国巴黎赛努奇博物馆藏

李先生忙站起身，走向玉良，紧紧握住她的手说："潘夫人，谢谢您。我既向您表示祝贺，也向您表示感谢。"

"不敢，不敢，李先生过奖了！"玉良心里颤动着喜悦。

"夫人，能让我欣赏您的其他作品吗？"耶赛夫先生试探地提出自己的要求。

"如果您有兴趣，当然可以。不过我没什么好作品，请多指教。"玉良站了起来说，"请吧！"

他们走进了玉良作品的陈列室。名曰陈列室，实则是个贮藏间。油画层层叠叠，有框无框杂居相处；水彩、素描，卷卷册册；浮雕、圆雕，跻身其中。

耶赛夫先生展开卷卷用中国宣纸画的水彩和素描，独特的表现手法吸引着他，他被深深地感动了，抬眼注视着玉良，不无钦佩地称赞起来："夫人，您这间陈列室，就像藏匿在深谷的一朵意大利黑色郁金香，独具神韵。一旦被识者发现，就要让艺坛惊倒！"他一边说，一边走回客室，在原先坐过的沙发上坐下来。他右手中食两指打着节拍轻轻敲击着扶手继续说："遗憾，遗憾，我常常生活在中国艺术家中间，却没有发现！"

李先生从另一沙发上向耶赛夫微侧过身说："潘夫人是个苦行僧，离群索居，潜心创作，我也只在几个月前才偶然相识。"

玉良给他们端来了咖啡，将两块方糖分放在两只杯子里，边用匙子搅和着边说："先生们，委屈你们了，战争空气一天天紧张，食品难买，请原谅没什么招待你们。"

"能让我们欣赏大作，这胜过一切招待，太感谢您了。夫人，您的作品既渗融了东方古老绘画艺术的传统，又不失现代西方艺术的写实精神，对现代艺术是个了不起的贡献。"

"先生，您的勖勉，真叫我感到惶恐了。"

"夫人，请您相信我的话是真诚的。我这个人有个脾性，不喜欢奉承，专爱揭短。"

"我倒很想听听您对我的批评。"

"不能说是批评，应该说是一点儿建议。我希望您要结束向外界关闭的状态，让巴黎人知道，您的奋斗，才显得有意义。"耶赛夫先生呷了口咖啡，又继续说，"我这个人还有个执著的偏好：让才华被社会承认。夫人，我愿意为您举办个画展，把您介绍给巴黎人和艺术界，您不会反对吧！"

"画展！"玉良怀疑自己的听觉出了毛病，她在心里无声地重复着这个词。这个词，是一切画家所希望的，有谁不希望自己的作品为人所知呢？又有哪个不愿意自己的艺术思想被人理解和重视呢？要社会了解你，要人们知道你，唯一的途径不就是画展吗？何况是耶赛夫先生为她举办！她可以在一昼夜之间蜚声巴黎艺坛。可是，这天外飞来的机遇没有给她带来欢乐，而是使她惶恐不安。一听到"画展"二字，她就胆寒起来，一年前的教训太痛苦了，她早已认识到扬名的真谛，只不过是人生的圈套罢了。她上过它的当，以致离乡出走，有丈夫不能跟，有国不能回。她害怕重蹈作品遭践踏、人格受侮辱的覆辙，特别还在异国他乡。即便它装饰得五光十色，瑰丽斑斓，她也不会去钻了，那是一片虚幻的云，画家的天职就是要给人类多留下有价值的艺术品。但是，谢绝一个好人的善意帮助比抗拒一个恶人的恶意中伤还要难。玉良既不能直陈其衷曲，又不能伤了他的好意。她在心里揣酌了半天，还是没有找到合适的语言，但又不得不立即回答。在这种情况下，她只好直率地说："谢谢您的好意，耶赛夫先生。不过，目前我还没有这个打算。"

这个回答是耶赛夫没料想到的,惊奇超过了他心里升起的不悦,他想问问明白:"您能告诉我原因吗?"

躺在沙发上闭目养神的李先生听到这两个人的对话,不无吃惊,他不知玉良心里在想什么。耶先生是他请来的客人,他还不了解玉良,担心她伤了他的面子。他抢在玉良之先接过话头:"我知道潘夫人的意思,初次与您相识,不好意思劳驾您。"

"不要紧,我偏爱为有才华的人办事。"耶赛夫哈哈大笑起来。

"请原谅。"在耶李对话之时,玉良已找到了托词,"耶赛夫先生的美意,我非常地感激,在异国他乡,能结识您这位热心的友人,也是我的幸运。不过,我现存的作品不多,满意之作更少,举办展览现在是太早了点。好在来日方长,劳驾您的时候多着呢!"

耶赛夫没回答表示可否,只是笑着摇摇头,慢慢地站起来,准备告辞。

玉良把他们送出家门,客气地向他们致谢。目送着他们的小车汇入奔腾的车流,心里好像漾起了什么。

红郁金香　油画　55cm × 46cm　1949 年　安徽博物院藏

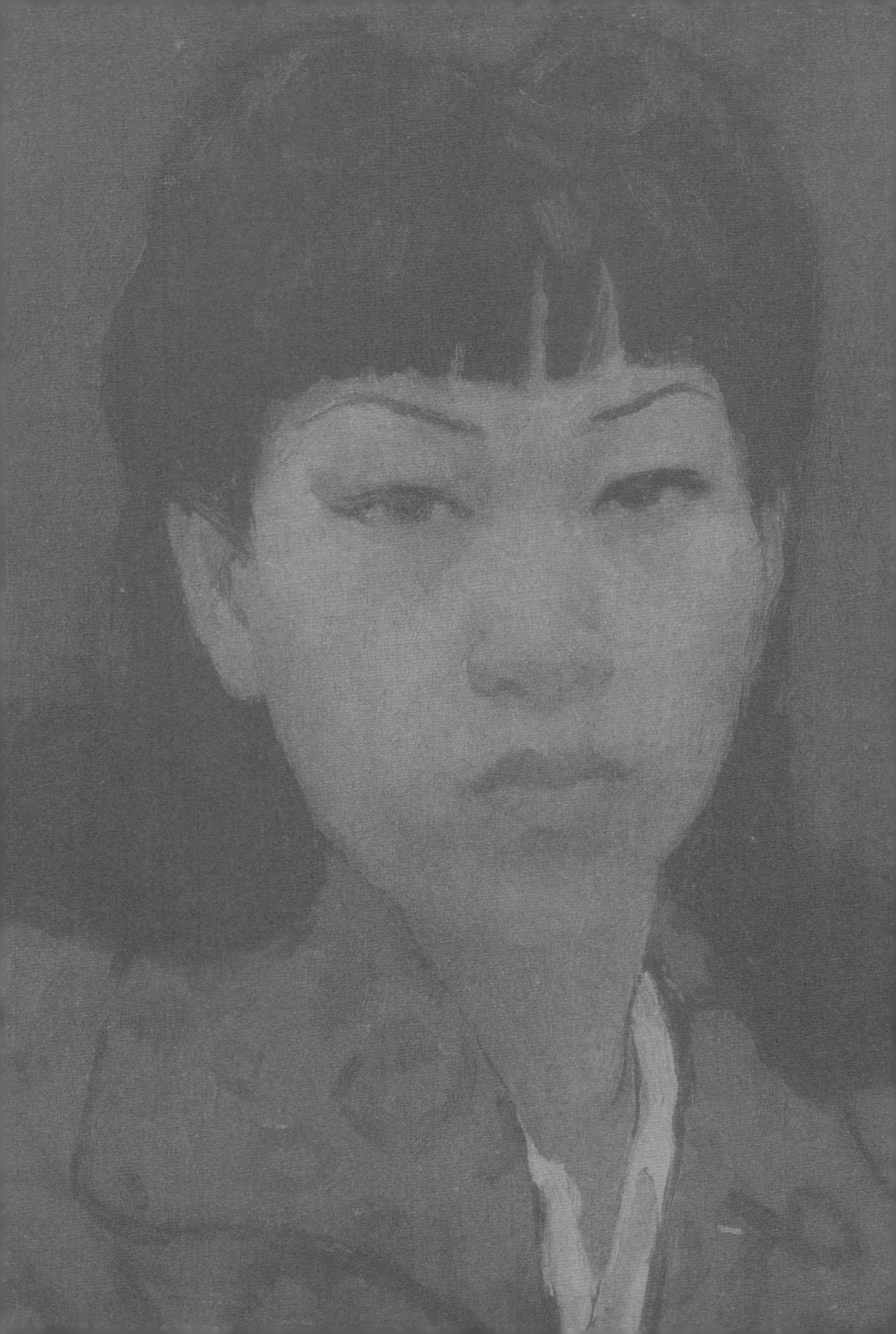

第 6 章 历尽沧桑

一、我是中国人
二、困厄
三、情谊
四、家书
五、扬名
六、深意

玉艮感慨不已,这多像神秘的

何处是路;一会儿光明遍地,

只要继续前进,就能到达自

生,一会儿黑咕隆咚,不知辽阔。不管要经过多少站口,望去的地方。

巴黎

一、我是中国人

战争烽烟早在 30 年代初就在地球的东西方点起,随着地球自转旋起的风,不时也给巴黎上空送来缕缕灰云。1938 年初的一天,玉良应一位女同行的约请,去弥尔画苑看她的新作。弥尔画苑是她过去常去工作的地方,那里的一切都能引起她的亲切感。她看过女同行的画,就去院中走走。原先浓阴密盖的大叶槐,此刻被北风脱光了叶子,只剩下几片顽强者至死不肯离去,在树梢瑟瑟发抖。街上报童的叫卖声由远而近,她竖起了耳朵,听清了"号外!号外!日军占领了中国首都南京!"

南京不仅是祖国的心脏,那里还有她唯一的亲人。玉良的心抖了一下,仿佛它已从胸腔跌落尘埃,身子顿觉空了,轻飘飘的。她忘了她的同伴,跌跌撞撞跑到门外。天空翻滚着乌云,空气也变得像六月天那样沉闷和压人,长空似有闪电,耳畔似有雷鸣。玉良攥着号外,失魂落魄地撞进画室,跌坐在长椅上。画苑内喧声笑语,艺人们熙来攘往的脚步声就像一包散盐，一齐撒在她破碎流血的心上。她再也不能在那里呆下去了。

路，怎么这样长？她的腿沉得抬不起来；面前的街怎么这样多，走过一条又一条。被冷雨打落的枯叶，在北风中打着旋，黏贴在积了浅水的路上。她没有目的，失魂落魄地踏在上面。清洁车过来了，她突然一阵慌乱，好像她已变成了一片落叶。风，正在窥视着她，要把她送到一个未知的地方。她走着，走着，腿麻了，脚软了，但它还是把她送回了家。

她往吱吱作响的画室沙发上一靠，米斯太太送给她的小菲菲便乖巧地趴伏在她的脚边。两只雪白的前脚搭在她的右脚上，头仰着，两只乞怜的眼睛巴望着她，好像它能理解她的忧悒。她不自觉地抱起它来，放在怀里。乡愁就像钱塘江的潮水，铺天盖地向她扑来，淹没了她。她仿佛正兴致勃勃地攀登在峻峭的黄山石阶上，沉醉在瑰丽多变的云海中；又仿佛回到了故乡扬州，嬉戏在古老的石板路上，迷恋着明澈的小溪和漂浮在碧波上似洁白云朵样的鸭群；耳畔好似传来了浮山古刹肃穆的钟磬声，空气中飘荡着香火散放的异香；家园庭院的慈竹，婀娜滴翠，扬子江涌起堆堆白雪似的波涛；苏州河上林立的桅杆，袅袅渔烟，点点白帆……一齐来到她的心头，她像热恋中的情人样激动不已。突然间，她的眼前幻映出一个个可怕的景象：中国大地，硝烟弥漫，大火焚烧着村庄，日寇残害着父老兄弟，奸淫姐妹，杀戮儿童，美丽的黄山被膏药旗强占，扬州明净的溪水变得血红……她骇得用手蒙上了眼睛，不敢再见这些影像。她一下子衰弱下去了，完全被痛苦和悲哀压倒了。她忧虑的是美好河山遭践踏，人民受涂炭，这是每一个中国人的耻辱。她不能理解，政府为何不大胆地领导民众坚决抵抗？在这国难当头的时候为何不以民族存亡为重？地大物博，人口众多，还打不过一个日本，国家误就误在那些争权夺利的达官贵人之手，致使美丽的河山遭受无尽的苦难。她长叹一声："耻辱呀耻辱！中国，你何时才有天亮的时候？"

她毫无意识地抚弄菲菲的皮毛，仿佛满腹忧愤就可以随着手的动作流走。可是，她仍无法控制心中的怒火，无力驱赶心头的愁云，她想号啕大哭，想尽情流泪，也许能得到些许的平静和片刻的安宁。此刻，她既流不出泪，也哭不出声，只得把猎猎燃烧的火焰深深埋藏在心底，把孤寂寄托于怀中的菲菲。她抬起手，抚摸着它的背脊。这个不知趣的小生灵，竟自作多情，想逗引主人欢乐，仰起头，张开口，装作要咬她的手。这时，她突然想起了它是条日本品种狗，内心的痛苦和愤懑正无处发泄，拎起它往地板上一掷，小菲菲"汪汪"地一叫，摇着尾巴吱吱嗷嗷地在房内四角转了一圈，又回到了她的脚边。

她一听到它那吱吱的怪叫，心里就发颤，真想给它一脚，泄泄心头之恨。但她没有那样做，迁怒于无辜的小狗，太没理性了，况且，拿米斯太太的礼物出气，也有点对友人不恭。可是，感情这东西真怪，要再留养它，是不可能了。她想好了个借口，决定还是将它送还给米斯太太。

米斯太太毫不介意地接收了狗，她悒悒不乐地回到了家中。

她整日无语地坐在塑架前，心中不断翻滚着波澜。祖国在受难，同胞们拿起武器在战斗，在牺牲。而她，一个中国艺术家，就这样默默地做个流亡者？她摇了摇头，只为了怕人戳她的内伤，就放弃一个中国人的责任，这是可耻的。她有彩笔、塑刀，拿起它们来呐喊，为同胞们助威，要让世人知道，中国没有亡，世界无处没有中国人在奋斗，中国的艺术要屹立于世界艺术之林。想到这里，她突然就像被魔鬼附了体,很快地就绑扎好了一个支架,固定在塑架上,抓起塑泥,往架上砸去。

太阳被星月取代了,青灰色的夜和泛着鱼肚白的黎明在交替。塑架上,一个中国古代知识妇女的雏形形成了。她高高的发髻,下垂的百襞裙裾,宽松的衣袖,洒脱的风度,诗人的气质;微仰起头,逼视着眼前的苍天,手执斗笔,宛若要把心中瀑布样的诗情写上去。

朝阳从窗口进来了,电灯的光暗下去,她一手拿木笔,一手抓着泥,修饰着,后退着观看效果,又走近去,最后在像座上用木笔刻上"生当作人杰,死亦为鬼雄"十个字。

这尊不大的雕塑草坯是她于一个昼夜在悲愤中完成的作品。这在她来说,是从未有过的速度,她自己也觉得不可想象。在这过程中,她忘了自己的存在,不知自己身居何方。她没有注意到满身泥水,也没有感觉到满脸泥斑。她心中只有一首诗,一个民族精魂的呼号。她的手抓的不是泥土,是自己的血和肉,她面前站立的是一个伟大民族的灵魂。她刻完最后一个字,将木笔一扔,就觉得累得不行,瘫软在座椅上。

第二天一早,玉良吃了点面包,就来到制作室加工《中国女诗人》。正当她全神贯注在塑像时,有人叫了她一声。她回首一看,进来的是李林和守信。她忙放下手里的工具,示意他们在沙发上坐下。大家心照不宣地无语相对,谁也没有作声,室内空气沉重。有顷,还是守信打破了沉寂。

"唉!国难!使我们都成了无娘的孤儿。现在,我们也该考虑一下自己的处境和出路,李老伯有个朋友在这里政府供职,是个热心人,给我们出了个主意,愿意帮助我们尽早加入法兰西国籍,并给我们送来了入籍登记表。"守信喟然一声长叹,"唉!为了我们今后的生活和事业，也只好做个法国人了。反正没有了家，何处黄土不埋人啊！你看呢？"说完就把表格递到玉良面前。

玉良没有听完他的话，心头就像被炭火烧炙般辣痛。出国，精神上的痛苦，并没有得以解脱，而是被另一种更为痛苦的痛苦所取代。在她的心中，祖国比过去显得更为可爱，亲人也比过去更亲。难道母亲落了井，她的儿女就要弃她而去？这叫什么人？这还能算个人？不忠不孝，不仁不义！她恨！恨人情薄如纸，恨血肉淡如水！同这样的人还有什么可讲！她用手推开了守信递过来的表格，看也没看，怫然而去。

玉良一走，给室内留下了沉闷和不安的空气。他俩面面相觑，走也不是，等也乏味。守信伸出去的手，简直收不回来，心里真不是味儿。她想的是什么呢？何必不言不语，不告而别呢？是去去就回，还是以此方式以示抗议呢？冷板凳实在太冷了，他有些坐不住，便侧身对李先生说："她这是什么意思？我不明白，我们还是走吧！"

李先生没有抬头，毫无表情地回答说："等等吧，不能丢下一个女同胞不管！"

守信心烦意乱，像只热锅上的蚂蚁，在室内踱了起来。突然，他的视线被一尊女人的塑像吸引住了，走上前去，欣赏起来。他远观近看，一会儿点头赞许，一会儿凝神静思。这不是李易安吗？他看到像座上有两行字，便凑过去读了起来。不觉往后一退，又重复着读了起来。

"生当作人杰，死亦为鬼雄！"有如滚滚雷声，犹如长空闪电，震撼着他们。是母亲的谆谆告诫，又是中华民族不屈精灵的呼唤。

李林突然双手捧头，泪流满面，他感到万分羞愧，无地自容。从这诗句中他仿佛理解了玉良冷峻面孔后面的语意。"我算什么人！

一个堂堂中华男儿，祖国养我五尺之躯，我竟在首都蒙难之时，打算背弃她，不想做她的子孙了，比不上一个女子的气节！"他痛苦自白后，慢慢地站了起来，走到塑像前，双膝跪下说，"易安居士我真无颜见你呀！羞愧啊！"

　　守信像傻了一样站在一旁，愧疚也正在啃啮他的心，手里那沓入籍登记表，犹如一团燃着了的火球，烧灼着他的手。他的手松开了，表格散落了一地。他的眼前又出现了玉良刚才对他不屑一顾的神态，心上像挨上了一刀。原只想为她找个依靠，不曾想到这个问题她看得如此严重，现在他理解了她那不屑一顾的含义了，他在她眼里已变成了自私可耻的人了。"真糊涂呀，竟被一时的痛苦迷住了心窍，要不是先生的作品唤醒了我，险些就……"他自语着。他

鹤　油画　45cm×53cm　1939年　安徽博物院藏

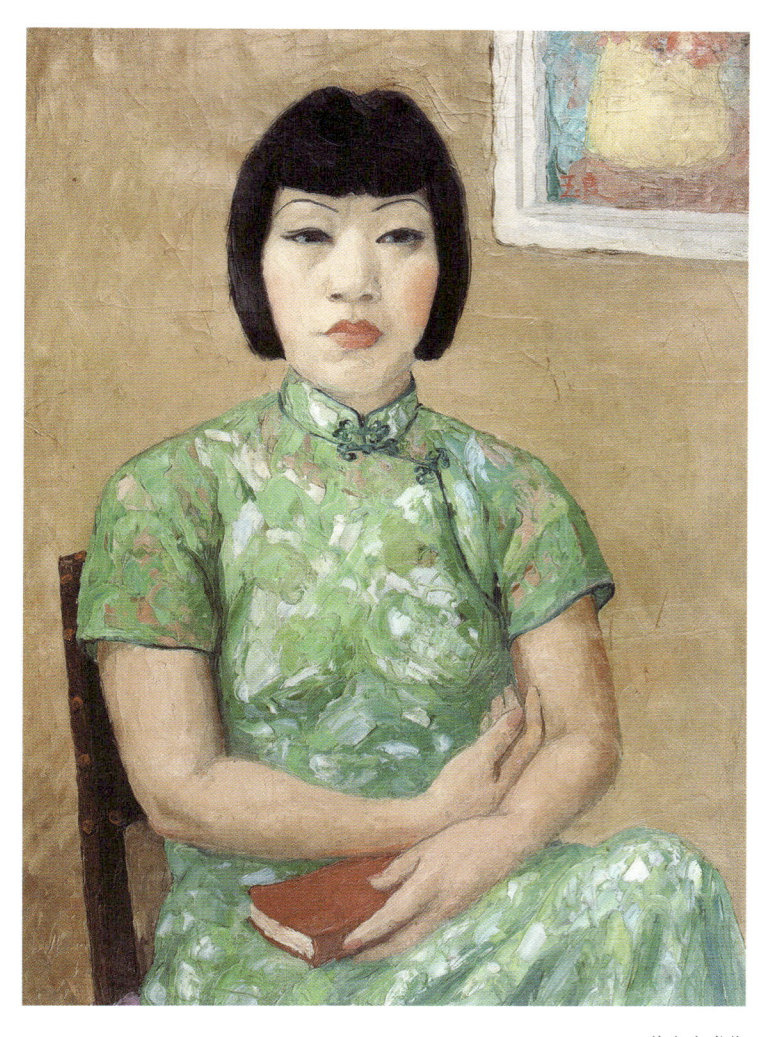

艺术家肖像
参加 1939 年法国独立沙龙展照片
家属藏

弯下腰，一张张捡起那些表格，一张张撕成碎片，抛到窗外。

纸片像雪花一样，在深冬的寒风中纷纷扬扬，抖抖落落洒了一院。守信望着往下飘落的碎纸片，他破裂的心仿佛在开始弥合。

玉良刚才从家里跑出来，不过想散散步，宽慰一下痛苦的心灵。走到街上，迎面一堵墙上，新换上的一幅巴黎中华贸易公司推销中国美女牌茶叶的广告，迎接了她的目光。她好像突然得到启发，想起了耶赛夫曾经提议为她举办画展。当时她是婉言推脱了，但并未回绝。办画展，不也是一种宣告吗？它不但可以告诉人们，中国的艺术家没有消沉，正在为艺术奋进，也是对战争中的祖国母亲的慰藉！她向电话局匆匆走去。当耶赛夫先生在电话里满口应承之后，她感到有种向巴黎迈出第一步的兴奋，心里也轻松多了，便往回走。她想她的两位同胞或许已无趣地走了，走与不走，她也不去管他们了，她要立即回家去为画展做准备工作。

一迈进院门，就发现遍地碎纸片。她好生奇怪，便弯腰捡起两片看看，一种喜悦像大西洋吹来的暖风，把她对他们的愠怒消融了。她原谅了他们，快步跨进了制作间。两位久候的同胞随着她的归来深深地埋下了头。

玉良一见他们还在，觉得刚才太冷落了他们，想缓和一下室内空气，便装作什么也没发生，她用只不过是出去买包烟的语气说："先生们，让你们久等了。"便在守信旁边坐了下来。

李林和守信仍然低着头，对于玉良的话没有反应，她的感情又随之激越起来，便说："我什么都明白了，院内的纸片说明了一切。同胞们，不要悲哀，不能绝望，抬起头来，我们中国是不会亡的。我们有那么多的同胞，不屈是我们民族的精神。敌人占了我们的土地，我们还会夺回来。我们虽然远在异国他乡，又手无寸铁，夺回

238

国土,我们出不上力。但我们有艺术,我们中国人不笨不懒,勤劳聪明,完全可以在世界艺坛上为祖国争得荣誉和席位。我的老校长刘海粟先生的油画《卢森堡之雪》,早在七年前就进入了法国国家美术馆,与大师们的杰作陈列在一起,这是中国现代艺术家的作品首次进入世界艺坛珍品的圣殿,我们也要有这样的勇气和信心,通过不息的奋斗,让我们的作品源源进入。过去,可悲的狭隘意识,我想到的只是我潘玉良个人的名誉得失,把自己为之奋斗的艺术当作自己一人的事,没有首先想到我是个中国人。我所创造的一切,都应是中国人的一部分。"玉良激动得满脸潮红,泪水浸湿了眼睛。

李先生、田守信相继从沙发边站了起来,玉良走过去,把他们按回到沙发上,继续说:"李先生,我已给耶赛夫先生打过电话,请他为我主持画展,他已欣然允诺。"她又转向守信说:"守信,这几天你来帮帮我,把贮藏的画都搬出来,清理一下,准备展出。"

李先生站起来,握住玉良的手,深情地说:"潘夫人,谢谢您的壮举教育了我。我这就告辞去赛鲁希博物馆,也为您的画展早日开幕做点事,为中国人争口气。您还有什么话对耶赛夫先生讲的吗?譬如作品的标价、门票售金、专刊的撰文、画册的开本等等问题,按规定都得事先签好合同。你有什么意见,就告诉我,我可以以你的代表身份去进行商洽。"

玉良沉思有顷后,摇了摇头回答说:"李先生,请您告诉耶赛夫先生,我什么条件都不计较,哪怕不售门票,以至作品不标价奉送,都不要紧。只有一条必须办到,那就是画展的衔牌一定要在个人名前标上中国画家的头衔,特别是'中国'二字要用汉字写得大大的!越大越好。"

李先生连连点头:"夫人,您放心,我一定要他让您满意。"

玉良把他送到门外，感激地对他说："真应该感谢您呀，李先生。又要劳您烦神了。"

"不，我应该去做。都是为了祖国。"李先生认真地回答说。

李先生走后，玉良和守信就开始把画全搬出来，清除了尘埃。玉良真想在每幅作品上都不厌其烦地写上"中国潘玉良作"，但按一般的做法，个人画展，无须再签上名字了，更何况还加上中国头衔。不知怎的，玉良今天感到，多写一个"中国"，心里就要舒服不少。按她的心情，巴不得到处都写上"中国"二字。

二、困 厄

1940年夏，美丽的巴黎也遭到纳粹铁蹄的践踏。

玉良的房子、画室被德军征用，她不得不迁居，在达累齐亚路租了个套间。

这时的巴黎，弥漫着战争的恐怖气氛，德军的钢盔憧憧，皮靴橐橐；通货膨胀，物价飞涨，人命危浅。有人发了战争财，有人挣扎在死亡线上。饥饿的恐怖，很快就压迫着玉良。她虽然画了很多好画，不少都是当时巴黎的第一流作品，却没人来买。初期她还能靠过去卖画所得的积蓄维持生活，日子久了，生活失去了依持，就坠入了非常穷困的境地。即便这样，她也还不愿把作品卖给德国人。

到了这年的初冬，玉良就常常一连几天开不了伙。起初，她还自己给自己鼓气，几天不吃饭，没有什么了不起，把全部精力用在作画上来转移饥饿的袭击。在艺术冲动的一刹那，她神奇般忘了饥

1941年潘玉良写给潘赞化的信　家属藏

饿，一旦放下画笔，饥饿的魔鬼就向她袭来。胃壁起劲地蠕动，五脏六腑宛如刀刮。头昏眼花，饿火炙心，四肢瘫软无力，这时，她只得昏昏沉沉躺到床上去。她想用另一种方法——睡眠来与饥饿抗争。可是，睡眠也是个趋炎附势的东西，饱食安睡，饥饿难梦。到了这种时候，她也还不愿向别人伸手求援、接受帮助。有一次，她正在挨饿中，李林和守信来看她。她听到是他们的敲门声，也不知从哪儿来的一股力量，竟能一骨碌从床上起来，穿好衣服，像没事人样开了门。

他们见她气色不好，李先生便关切地问："潘夫人，我都不敢认您了，半个月不见，您怎么瘦成这样？是有病？还是缺乏营养？若暂时手头拮据，就说呀！"

玉良强压着饥饿的痛苦，故作轻松地说："谢谢李先生关心，我感觉很好，没病，至于生活嘛，我一个人还不好对付？"

玉良的回答能骗住李林，却骗不了守信。他是非常细心的人，对玉良生活细节向来留心。他一进门，就看出了玉良生活的穷困，食橱里空空的，连面包屑都没有一点；小猫咪咪无力地蜷作一团，眼神发呆，用手拨弄它，它张了张嘴，想叫也发不出声来。守信用眼睛默默地搜寻了一下玉良的藏品，都还好好地放在原处，说明她近来没有卖出过作品。他又计算了下玉良上次卖画的时间，就是每天吃两片面包，也维持不到现在呀！他不敢再看再想下去了，他的心在慢慢往下沉落，一种沉重的隐痛在咬啮着它。他完全明白了玉良两颊消瘦、面色萎黄的原因了，她在饿饭，还要打肿脸充胖子，不愿向自己的同胞吐露真情。一股膜拜之情，从心底油然而生，多么坚强的人！像眼前她的作品一样洁白的灵魂！他想帮助她，但又不敢，因为他了解她，那会损害了她的自尊心，为此，他非常痛苦。他满腹惆怅地看了玉良一眼，深陷的眼窝，嘴角在微微抖动，他看出，她已坐不住了，他不忍折磨她了，便站起来说："李老伯，我看潘先生有点不适，让她休息去，我们走吧！"

同胞们一走，她就撑持不住了，连脱衣的力气都没有，便倒卧在床上。不知什么时候，她竟睡着了。醒来的时候，已是月挂中天。时至深冬，房子里没生火炉，寒气逼人，月光像雪样铺了一地，令玉良冷得直打寒战,牙抖得发出声响。她想起厨房里还有点儿开水,也许喝点热的能抗抗寒。借着床前月光,她抖抖索索地下床去取水。

一拉开门,一件什么东西从门缝里滚了进来,落到她的脚背上。顿时,她吓得毛骨悚然,仿佛有双无情的手把她从昏迷中一下捺进了冰窟,她完全清醒过来了。

她关好门,拉亮灯,借着昏黄的电灯光线,这才看清滚进来的是一个浅蓝色的纸包。她弯下腰拾了起来。打开一看,不觉叫出了声:"啊,美元!哪儿来的美元?"她瞪大了眼睛,一点,整整二十美元!这对已一贫如洗的玉良来说,是一笔可观的数目呀!

她不是没见过钱的,她见过很大数目的款项。可是,此刻她觉得,过去卖画所得的全部钱款,都顶不上这二十美元的价值。

她回到床上,把美元紧紧抱在怀里,一个个朋友的面影,从她眼前掠过。李先生吗?他有一份产业,也是愿意帮助她的,今天还对她讲了那么多关切的话。她否定了,他怎么会知道她在挨饿呢?他不会采用这种方法来帮助自己的。那么,是他!或者是他?不,那些年轻的艺术家也很清苦,没有人一次能拿得出二十美元来援助她。她苦苦地在她的同胞、朋友中搜寻,一个个地分析,觉得都是又都不是送钱的人。蓦地,她想起一个人,守信!他父亲有块地产,原委托李先生代管,不久前经李先生活动变卖了,投入了李先生的产业。是他!是他!一定是他!!可是,他并不知道她穷到没饭吃的地步呀!今天李先生表示关切时,他并没有搭腔,也并未有所表示呀!玉良的脑海仿佛突然有道电光一闪,她想起了守信的那道一闪而过的目光,他扫视过她的食橱,还有她的面颊!她的心一阵紧缩,感到脸上热辣辣的,有股难以言状的隐衷。

接受赠予,总不是滋味,玉良一向忌讳别人对她表示同情,她不愿被人视作弱者。但对这次赠予,她有迥然不同的认识,她把它看作至高无上的骨肉同胞之情。金钱,本来就是身外之物,她不看重它,但它有时也是一种表达情谊的手段。她曾以这种方法,报答过她的恩师沐浴之恩,也曾以它表达对小师晨酷求艺术的嘉许。这能算是恩赐吗?

她紧紧抱住这二十美元,深感友谊的温暖!

第二天一早,她便去买了些面包,生起了炉火,煮了壶热气腾腾的咖啡,饱餐了一顿。也给咪咪开了饭,它是她孤独生活的伴侣,她的可爱的"模特儿",她情愿自己少吃一点,也不能亏待了它。

补充了热量,她的精神恢复了,她可以向她追求的艺术之宫迈步了。

双猫　油画　45cm×54cm　1944年　安徽博物院藏

潘玉良喂猫照片

白郁金香　油画　72cm×59cm　1947年　安徽博物院藏

她坐到画桌前，又是一幅白牡丹！作品，往往是作者心绪情思的反映，人格的表现，能打动人的艺术品，出自艺术家纯洁的心。玉良的这幅牡丹，表现得特别凝静、超逸和庄严，给人一种幽哀的神韵美。她题曰："乡馨"。再举笔题款时，竟忘了今日何日。她举手敲敲前额，猛然想起："啊！明天就是祖国的春节！"

春节，中华民族最隆重的传统节日。每年这一天，侨居在这里的同胞中的朋友，总是聚集到她家里，一同庆贺佳节，一同怀念故乡。她哪怕再拮据，也要想一切办法，尽其所有，让同胞吃饱喝足，玩儿个痛快。感谢暗中相助的朋友啊！今年她可以一如既往让大家乐一乐了。玉良放下画笔，就拿起提包，为明天的集会采办食品去了。

朋友们没有遗忘她，和往年一样，不用邀请，不用发请柬，到时候都自动来了。不过，有一点和过去不同，他们谁也没有空手，有的拎着酒，有的带着食品，大包小包，应有尽有。

玉良一见，很不高兴地说："你们这是为什么？难道我就穷到这个地步？"

对玉良的嗔怪，同胞们只报以一笑。把食品往桌上一摆，大家动手，收拾起来。玉良笑笑也就系上围裙下厨烧菜了。不多会儿，一个个具有中国风味的菜就端上来了。玉良还特地烧了盘香喷喷的红烧肉。大家围着画桌，团团而坐。

玉良以主人的身份，站起身来举起酒杯说："同胞们，这第一杯酒，为我们苦难的祖国和那些英勇战斗在前线的勇士们，干！"随着椅凳一阵乒乓响，大家不约而同地站了起来，面色严峻，适才活泼欢快的气氛一时显得沉重起来。

玉良眼角闪着光，但尽量克制着，她拿起筷子示意："吃菜，吃菜，大家请！"

守信站起来了,他端起酒杯说:"我这杯酒敬给我们中间的长者,李老伯,祝您健康长寿!"

李先生忙站起来致谢:"同饮!同饮!"

几个男女青年同胞向玉良举杯,说:"这杯酒献给我们敬爱的潘教授、潘夫人!感谢您对晚辈的提携和爱护!祝您身体健康,早日实现艺术理想!"

玉良爽快地一饮而尽,又斟上一杯,举过眉头说:"我敬在座所有的同胞一杯!感谢同胞们对我的厚爱,感谢同胞们在我最困难的时候向我伸出温暖的手,在我最孤独的时候来与我相聚!"

不知是谁先哼起了一支歌,歌声逐渐由弱变强,汇成了一股凄婉的合唱:

> 杜鹃声里春风柔,
> 撩起游子怀乡愁。
> 任凭春水无情地流,
> 难忘旧恨与新愁。
> 故乡的残草可曾吹醒?
> 家园的梨花可曾开透?
> 不能乘风度关山,
> 空向东风寄问候!寄问候!
> ……
> 故乡南归的燕子别来无恙?
> 家园的桃花可依旧?
> ……
> 寄问候!寄问候!

......

三、情谊

　　守信也搬到达累齐亚路来了，与玉良住处只隔几个门牌，几乎每天都可以去看玉良。玉良越发勤于作画，但她不愿赶形势，始终不渝地沿着自己所追求的艺术目标去奋斗。这样，画就很难卖出去。一个月卖出一两张，生活还是清苦，不过，每隔一段时期，门缝里就会出现那么一只钱包。她心里有数，这不会是别人，肯定是守信干的。既然他不让她知道是谁送的，她也就不去追究。对于守信的义举，她除了感激外，还有那么一缕惴惴不安。

　　人们常说："山不转水转，总有一天会转到你家门口。"有人则喜欢把生活比作浩瀚无际的海洋，把自己喻为一叶小舟。既然大家都在大海上漂荡，就会有相擦、相遇、相向的时候，也会相扶、相护、相依、相救，也许他们还会一同躲进港湾，结成生死不渝的友谊。这两种比喻说的都是同一个道理。生活里许多寓必然于偶然的机遇，倒给所谓的人生涂上了一层神秘的色彩。

　　玉良同守信过去虽有师生之谊，但只是相识不相交。自从弥尔画苑邂逅相遇后，这位比她小十岁的学生就成了她忠实的朋友，在她的生活中占据了一席不小的位置。她生活中每出现一个困难，他总自愿承担解决的义务，寻找合适的住宅画室、迁居、交涉事务、筹备画展、伴她进出沙龙、促成她艺术思想的实现，以至在那饥饿年月的默默援助。他们一同朝拜过在默侗的罗丹纪念馆，在不朽的《思想者》前凭吊过伟人罗丹，在《巴尔扎克》雕像前赞叹过粗犷线条渗透出来的灵魂和性格。守信从来不打听她的过去，也不提及她南京的家，好像有个默契一样。他没有一天不来看望她，有时他们一道作画，有时她进行雕塑时，他便站在边上观看，给她当助手，递工具；有时他默默地坐上一会儿，偷偷注视她一会儿，像个懂事而又听话的孩子。

在玉良遥远的记忆里，守信好像不是这样，他冒失，爱恶作剧，不拘小节，为何现在变得这么拘谨呢？她惶惑了，她发现他眼里有种异样的光，她一碰上就不寒而栗。为此，她专程去拜访过李林先生，请求他关心守信的婚姻，帮助他成个家。谁知李先生听后摇了摇头说："他是个怪人啦！不可思议的怪人！"原来他早就为他介绍过女朋友，而他连见都不愿见。

玉良想，"难道……"她简直不敢想下去！她开始回避他，预计他要来的时候，她就躲出去；估计他已走了，她再回来。守信接连几天没有遇上她，就坐在画室里等。那天她以为他已走了，悄然而归。谁知，他像头关在笼子里的小兔，焦虑不安地在她画室里走来走去，仿佛有非常重要的事，必须当面告诉她似的。

玉良站在窗外，不知是退回还是进去的好。她思索了半响，还是决定面对现实，便一步跨了进去。她平静而亲切地问道："守信，找我有事吗？"

一句平淡的短语，对守信来说就像羊羔听到了虎啸，他低着头，突然结巴起来，半天没说出一句完整的话："明天，我们……一道，一道去塞纳河郊去……去写生好吗？"

"就这事啊？好。午餐我准备，明早你来邀我。"玉良想借去写生的机会疏导他。

他得到了肯定的答复，还是恋恋不想走，玉良也不忍心赶他，留他一道用了晚餐，他才怅怅离去。玉良忽然怜悯起他来，在她的眼里，他永远是个孩子。

这晚，她没有工作，闭目靠在沙发上。她眼前不时出现那双渴求什么而不得的怜悁目光。这目光像一对桨棹，把她的心潭搅浑了，搅乱了，她感到晕头转向。她习惯地用左手搔搔脖子，无意间手指触摸到一件东西。她的手一抖，便停在那里，有顷，她把它拎了出来。这是一条项链，普通的细环链条，下面吊着一个鸡心，鸡心里嵌的是她和赞化的小照。她细细品赏着，像是第一次看到。

蜜月中，赞化带她游上海半淞园，他们比赛钻假山洞，看谁钻得快。趁赞化不注意，她躲进了一个墨黑的石洞。赞化钻出来了，却找不到她。他转身回洞里寻找，还是不见她的影子。他急了，像叫魂样拖着长音喊她，她装作没听见，躲在暗处哧哧地笑。这张合影，就是那天在半淞园里拍的。她捧起小照，不觉一阵脸热，耳畔仿佛还响着赞化那浓重的桐城口音的呼唤声，她感到是那样的亲切。她重新把项链放回胸前，仿佛赞化已来到她的身边。

第二天，当巴黎圣母院那口十三吨重的铜钟清澈悠远的声音飞越苍穹，塞纳河上的朝雾被晨曦慢慢拨开的时候，玉良和守信就到了塞纳河的郊外段，沿着与河岸相连的广原寻找入画的景色。

美丽的塞纳河像一个多情、恬静的少女，在和煦阳光的轻抚下，充满勃勃生机，展开了青春的容貌。大叶榆枝繁叶茂，松树油亮碧绿，野蔷薇是这里的骄傲，<u>丛丛簇簇</u>，正在绽开洁白的花，犹如蓝黑的夜空中晶亮的星星；野樱草就像满地古怪的阳光，淡金色的花

潘玉良与潘赞化的定情项链

冠在树阴下闪闪发亮,宛若阳光穿过树叶枝隙洒落在地上的可爱的光辉。

他们各自找到了绘画的目标,玉良选了一棵老菩提树,枝干遒劲,古朴威严,它立在一群儿孙样的灌木丛中,背后是浩淼的河水。她在不远处的草地上撑开画架,固定好画布,一手执笔,一手托着调色板,凝视着她的描写对象。

守信选了小路边上一丛有特色的野蔷薇,它长满刺的枝条,像抛物线样高高抛出,末梢又坠落到地面上,那无数枝半弧形的枝条上,开满了由五个单瓣儿组成的碟形花,纯净、洁白。他赞叹它是自然界最纯朴最美丽的花,它没有牡丹的矫揉造作,平凡而又高雅。

四野一片静谧,没一丝儿风,除了塞纳河漾出的微笑,连草梢树叶都不动一动,静得真有点叫人心跳。他们不时偷望一眼,又匆匆转过脸看着自己面前的画板。

守信面前的野蔷薇,不时幻化成玉良许许多多、拥拥挤挤的面颊，他的画板上开满了人面蔷薇花。怎么老不进画？他悄悄看了玉良的背影一眼，独自好笑。他把这张画取下来，放进箱里，又换上一张油画布重新画。画着画着，玉良的面影又出现在画面上。这时，不知从哪儿飞来一对小鸟，把他从幻觉中惊醒了。它们围着那丛野蔷薇跳上跳下，追逐着，忙碌着，拍打着翅膀，唧唧喳喳，卿卿我我。守信的心激烈地跳动着，他画不下去了，把画板摘下来，藏到草丛中，便痴呆呆地坐在马扎上，望着蔷薇丛出神。

玉良面对着老菩提树，怎么也抓不住它的形体轮廓，真是出鬼了？她面前不时出现赞化和守信两个人的面影。他们的面影忽而重叠，忽而消逝。守信的面影一出现，赞化的影像就升起，那微曲的树桠变成了赞化微弓的背影，就像他送她时走下船舷的样儿。她擦擦眼睛抬头再看时，又是树桠。当她要把它画下来时，它又幻变成赞化，他一手握手杖，一手向她挥动着帽子。过会儿又幻化成守信可怜巴巴的怨艾神态。

一上午过去了，玉良的画布上画的不是菩提树，而是赞化的各种形象和守信期求的眼睛。她的心乱极了，怎么办？再不能这样含含糊糊下去，要跟他讲清楚。怎么开口呢？他又没有向你提出过什么要求，要是他没有那种想法呢？不就是自作多情，岂不令人笑话吗？不，看得出，他的眼睛放光、烫人。不能再拖了，要明白告诉他，让他死了那条心，有利于他的身体，也有利于事业和今后的关系。玉良想着抬头望了眼守信，见他已放下了画笔，忧思重重地坐着发呆，她感到了问题的严重，今天一定得找机会挑破。她转过画板，把画面翻到里面去，便向守信走去，故作平静地招呼他说："饿了吧，我们来用午餐。"

中午的太阳，显得有些炽热，静静的原野笼罩在金黄色的雾霭中。他们在一棵大榆树的阴盖下铺开了野餐布。阳光从它的枝叶间洒落下一星半点的光斑。守信在餐布边坐了下来，抬头向周围看了一眼，空阔的野地上只剩下他们两个人，放牛的农人早已回家去了。某种引力把他和这充满生命力的诗境融合起来，刚才两只小鸟挑起的意念冲击着他，无数种彷徨的欲念突然在这三十五岁男子的心中蠕动起来。他感到一种渴望的战栗和一种不可遏制的悸动，默默地注视着玉良摆弄面包和餐刀。

玉良将面包分成两份，递一份给守信时说："守信，祝愿我们的友谊像野蔷薇样圣洁，像塞纳河水那样清澈，永不枯竭！好吗？"

守信没有回答，他默默地接过面包，把涂在上面的黄油果酱刮到玉良那块面包上面。

"你这是干什么？我们本来就是一样多嘛。"玉良坚持要刮回去。

他们的手在推让中相触了，他突然感到一种肉体相触的战栗和女性柔软手指的魅力。渴望点燃了他心中久蕴的烈火，他就势抓住了玉良的手，眼睛盯视着玉良，迸射出灼人的光，向玉良表白："先生，你一点都看不出来吗？我晚上为你失眠，梦中和你相见，一天见不到你就感到不安、烦躁，见到你又心悸神慌，无法解脱。我们同是天涯沦落人，你就答应我，同我一道生活吧！"

对一个女人来说，能被人爱，能倾听到炽烈的爱情剖白，总是愉快的。可是，对此时的玉良来说，她一点没有那种自尊心得到满足的浅薄欢悦。她内疚、痛苦、惶惑。她情不自禁地放下另一只手里的面包，将手深情地放到守信的手上面，抚拍着，意味深长地叹了一口气，冷静而悲哀地说："守信，我早就看出来了，正因为我看出来了，才答应同你一道出来写生，我早该同你谈谈，让你了解我。"玉良稍停了一下又说："你是不了解我的,太不了解了!叫我怎么说呢?我只能告诉你,我没有这个权利。即使有这个自由,也不能答应你。我比你大十岁,你应该有你的生活和幸福!你在南京读过书,你难道不知道我的过去?也不知道我早就成家了吗?"

守信正被爱情的烈火燃烧着,他紧紧握住玉良的双手,就势移坐到她的身边,急切地回答："我不管那些,我也从没去考虑过,我只知道我离不开你,我需要你。我爱的是你的人品,你的艺术,你为艺术不怕吃苦受累的精神。我也只知道你现在没有家,孤身漂泊。即使你有过家,你现在也没有了,连音讯都断绝了!你已取得爱的权利。你不能再这样生活下去,你没有理由再为早已不存在的关系守节,这是自己虐待自己。你需要爱,我更需要你的爱。过去的,你就忘记它吧!我根本就不去想过去!"

守信的这段剖白,一针见血,戳在玉良的创痕上。她又何尝不希望有个真心爱她的人同她共同生活呢!远离祖国,浪迹萍踪,失去了亲人的爱护和支持,或许比别的女人更需要爱和友情。况且,就巴黎的风俗来说,相爱而同居是件很平常的事,不会引起非议。可是,她不能有负赞化,何况他仍然占着她的心。她要让守信知道她对赞化的感情。她缓缓地从他手里抽出了手,说："守信,听我说,虽然我暂时离开了他,也断了音讯,他心里还在等着我回去。你哪里知道呢,他待我恩重如山,情深似海,可以说,没有他就没有我,他是我的救命恩人。从跟他结合那天起,我的心就属于他了。你别伤心,我说的是真话,也是我早想告诉你的。"

"不,你是在骗我,也骗你自己。我虽然不了解你最早留法的原因,也不想去探问,但我知道你第二次来巴黎是决定了不再回去的。我是从你眼睛里知道的。你有痛苦,有难言之隐,有不幸,这是瞒不了爱你的人的。"

"朋友，我不讳言，我有痛苦，很深的痛苦。但是，也有宽慰，那就是他和我真诚相爱，即使现在远隔千山万水，还是相互信赖着，我想总有一天我还要回到他的身边去的。"

守信低下头，两手下意识地扯着小草，感情沉重地对她说："先生，那你对我……"

"守信，我一直把你当作我的兄弟，最信赖的朋友。你给过我许多的帮助和友谊，我永远铭刻在心，特别是在这异国他乡，我把它看得比什么都珍贵。我常常以有你这个好弟弟而感到宽慰。当然，我也像爱我自己亲弟弟一样爱着你。可是，我们只能是姐弟的情谊。赞化他已经等于是失去了我，不能再在我的心中把仅存的爱他、想他的这一点点感情也熄灭了。"玉良忍不住呜咽起来，断续地说，"兄弟，我曾是个被人踩在生活底层的屈辱的灵魂，是跪着求生的人。也许你不知道，是他从污泥里把我赎出来的，是他把我培养成人。好兄弟，我知道你是真心爱我，我也相信你会理解我的。"

"先生！"守信的眼泪夺眶而出，声音颤抖地对玉良说，"好姐姐，原谅我吧！原谅我提出这不该提的要求。"说完便羞愧地歪过头去，双手捂住脸，流着泪。

玉良见守信那副内疚的样子，心里像被小刀绞割一样，忍不住又去掀开他捂住脸的手，紧握在自己的双手中，又放到嘴边，轻轻地蹭着、吻着，流着眼泪说："都怪我不好，惹得你伤心。好兄弟，你恨我吧！"

守信忙抬起头，满面泪痕地望着玉良说："不，应该怪我，请相信我不是那种粗俗的人，我的爱也绝不是那么浅薄！我只会因此更爱你，更尊重你，像爱我自己亲姐姐一样。"

玉良听了守信的话，更忍不住了，情不自禁地双手抱住守信。他们拥抱了，这不是一对情人的拥抱，这是姐弟心灵沟通的拥抱。

野蔷薇漾起笑靥，河水漾起涟漪，塞纳河又变得恬静了。

玉良回到家中，心里感到异样的空虚，沉重。她洗漱过，脱去工作服，靠在沙发上努力使自己安静下来。

西落的太阳已隐到窗前那棵大梧桐树后去了，透过梧桐的枝丫，夕阳涂抹在玻璃窗上，仿佛摇曳不定的图案。迎光的绿叶，变成了嫩黄色，犹似初春的娇叶。这种种景物的变幻，引起了她的翩翩思绪，印象派不就是强调光在瞬间的作用吗？啊！落日，你并不就意味着完结，在你落山的时候，还能给自然界带来春意。

她来到窗前，透过绿叶的空隙，去追赶飘忽的云朵。一簇拥拥挤挤、亭亭盖盖的荷叶，几枝随风摇曳的荷花，一下把她带到万里以外的芜湖赭山陶塘边。荷塘红飞绿伫，他倚她而立，给她读《咏藕诗》。云朵是无处不去的自由天使，也许不一定就飘到祖国的上空，但她还是希望云朵飞到祖国去，飞到她的亲人居住的地方去。

春之歌
油画
45cm × 55cm
1941 年
安徽博物院藏

野菊花与线装书
油画
44cm×54cm
1942年
安徽博物院藏

梨子与水果刀　油画　54cm×64cm　1942年　安徽博物院藏

花瓶与果盒　油画　46cm×54cm　1942年　安徽博物院藏

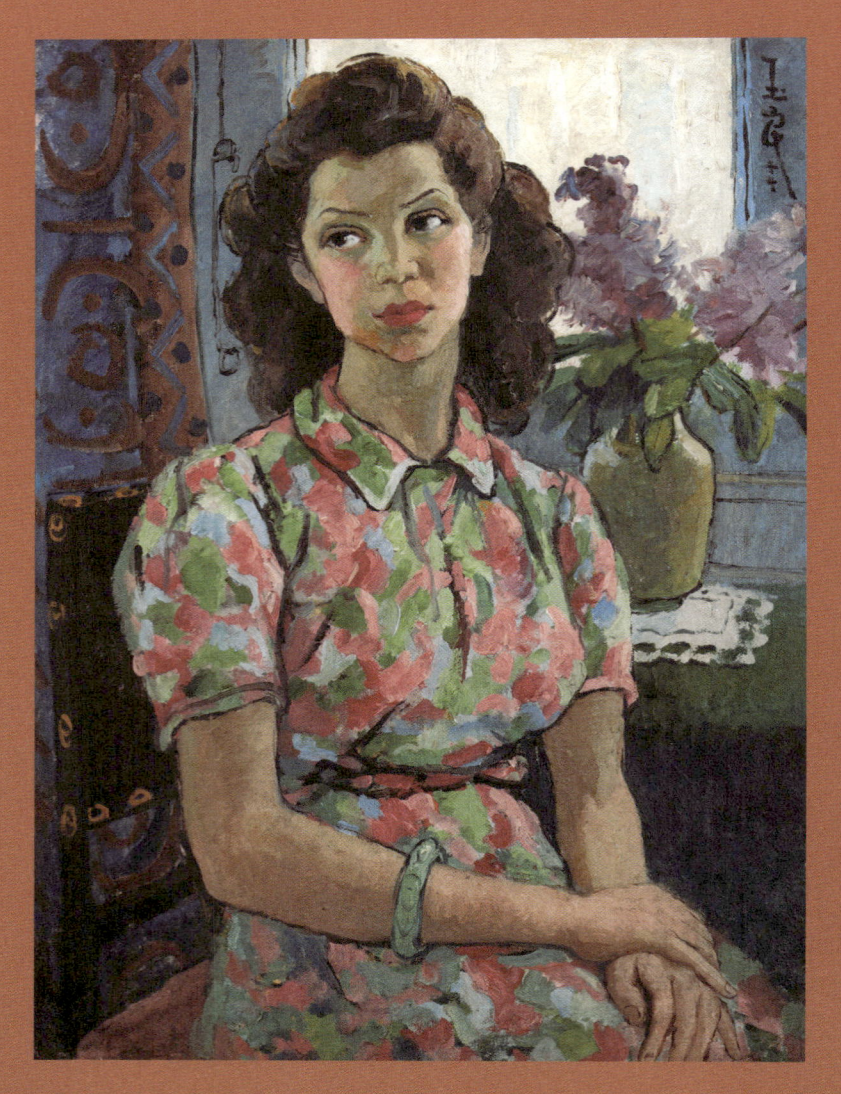

窗前女郎　油画　73cm×54cm　1944年　安徽博物院藏

四、家书

从布鲁塞尔开往巴黎的列车的一等车厢里,有两位中国乘客。一个是田守信,一个是潘玉良。守信正在他铺位上酣睡,玉良斜靠在软椅背上。她的身材仍然修长,并不因年岁增长变得臃肿肥胖。微微烫过的黑发,还没失去光亮,流逝的年华却在她白皙的面颊上留下了细密的网纹,她戴着金丝边眼镜。眼下的两道弧形晕圈涂上了淡淡墨痕,给她特有的艺术家气质又添了几分风采。此时,她漫不经心地在欣赏一只精致小盒。掀开盒盖,紫黑色的绒垫上一只星形奖章闪着熠熠银光。她看了一眼就盖上了,随手放进身边的提包。这是她历时九个月,历经瑞士、意大利、希腊、比利时四国巡回画展,在最后一站得到的一枚奖章,系比利时皇家艺术学院的艺术圣徒奖。当时她没有细看,在寂寞的旅途中她才想起来。从艺几十年来,她得过很多奖章,她把它当作各国人民对中国艺术的赞许。她很满意这次的收获,密切了艺术家的联系,扩大了中国艺术在西欧国家的影响。

在意大利,她重温了这个艺术策源地给予她的厚爱深情。这次是她第三次来朝拜它。她深深怀念在她求学时代它给予她的特殊恩赐。她清楚地记得第二次来拜望它是在可恶的第二次世界大战结束不久。那时她生活的巴黎像个大病后正在康复的人,当它感到新生命在它体内勃发的时候,就要求生活加倍地偿还它所失去的一切。尽管它已丢失了许多美好的青春,然而,一旦康复了,就表现出对新生活更大的热烈和信念。玉良也是这样。随着整个社会艺术生活的复苏,她先后举办过几次个人小型画展,在那些艰苦年月创作的大量作品与观众见面后,她收获了应得的美誉和盛名,售出品也渐渐多起来,她在沙龙里的地位稳固上升。这时她又想到要去罗马,到母校罗马国立美专去汇报展出;她很想念康洛马蒂教授和琼斯先生以及安尼丝和安东尼大爷,他们都好吗?她想借着去办美展的机会,看望他们。她首先寻着旧踪去拜望康洛马蒂教授。过去幽静的花园、楼房,死一般阒寂,庭院荒芜,杂草丛生,一片衰败凄冷的景象,这是战争留下的足印。玉良穿过篱笆倒塌、花果无存的花园,举手去摁门铃,摁了很久,还没有动静。她是专程来访,哪能不见就走?不见到教授哪能甘心?门铃继续响着,半响,听到脚步声,有人隔着门对她说:"主人不在,您有什么事?"

这声音好熟啊!好像在哪儿听到过。玉良忙回答:"我来看望康洛马蒂教授,他在家吗?"

沉默,只有园内的几株无人修剪的棕榈树在萧萧低鸣,又似呜咽。

门,在她面前开了道缝,一个已过中年的黑女人出现在门里,头上裹披着深棕色方巾,与她的肤色几乎成为一体了。玉良的眼睛睁大了,高声叫起来:"安尼丝!是你?你怎么在这里?教授呢?"玉良一面用意语连珠炮似的发问,一面抓住她的手就跨进门去了,她急切地想知道她所关心的一切。

安尼丝在一刹那间被突如其来的会见搞蒙了,半天才认出抱住自己的夫人是她非常想念的中国姐姐,她悲喜交集,伏在玉良胸前泣不成声。

"阿比西尼亚妹妹,你说话呀!"

多么亲切的呼唤哪!像春风,像逝去的岁月暖流,一泓清澈欢腾的小溪，跳过她的心头，她感动极了，泪流满面地从玉良的肩上抬起头来大声地叫着："中国姐姐，中国姐姐！这是真的？您来了？是上帝送您来的？真没想到今生还能再见到您！……该多高兴啊！"她用衣袖揩揩泪，她那黑得放光的脸上，闪动着两朵火球，她拉着玉良，"进我屋里坐坐。"

玉良跟着她走进了楼房旁的一间平房。

"安尼丝，你还没回答我的问话呢！"

安尼丝把她拉到床边坐下，泪水又涌出眼窝，呜咽着说："大爷去世后，我实在找不到事做，旅店把我撵出来，无家可归，我想到教授是个好人，就想去求他。我天天站在法迪坎宫前等他，我到底等到了，他可怜我，叫我为他看门。"

安东尼大爷那么高的年龄，去世在玉良意料之中，现在她急切地盼望的是早点见到教授，她还要请他为她的画展剪彩呢。她耐不住了，又追问着："教授呢？"

安尼丝慢慢地垂下了眼帘，一脸的悲怆，轻声地回答说："他也死了，死在监狱里！"

玉良早就从安尼丝躲躲闪闪的目光里，看到了一种隐藏的悲哀，预感到已发生过某种不幸。可万万没有想到，一个善良正直的艺术家，竟会死于牢狱之中，她痛苦地望着那栋曾经使她顶礼膜拜过的建筑物，脑中又映出了教授第一次在这里接见她的情景，有如利箭穿心。她克制住悲痛继续打听："到底为什么？"

原来教授是因反对政府同德国结盟发动侵略战争，被以叛国罪惩处的。教授夫人避难去了美国，委托安尼丝仍旧照看这幢空房屋。现在房子已经拍卖，新主一来，她又无家可归了。

玉良首次画展结束，她带回了安尼丝。也许，这时安尼丝正在家中巴望着她快点到家呢。

她的思绪又跳回到去年的一天。早晨一起来,她就将吊在窗口承接露水的一盆吊兰挂到画室中,今天,她要画它的风骨。

吊兰经一夜露水的滋润,很是神气。朋友们每次来,都会对这株吊兰的特制花盆发生兴趣,因为它是利用德国法西斯的钢盔做的。兰枝骄傲地从帽檐边伸出,沿枝生出一簇一簇绿叶丛聚的花冠,煞是美丽。可是"兰为王者香",吊兰无香无艳,命该不能为王,可它片片绿叶像把把细巧的匕首,它的头总是不屈地昂起,宜于远观不可近赏。她正执着画笔,沉醉在对兰的赞美中,李林先生在几个青年艺术家的陪同下来了。她叫安尼丝为他们沏茶,她也放下笔去接待他们。

李林满面喜色地对玉良说:"夫人,有个大人物路经此地,委托鄙人代他向您致以敬意。他说,久慕夫人才艺,愿以重金,求夫人作品。若夫人同意,将奉若拱璧。我这可是原话呀!"李先生从一位青年手中拿过皮包,从包里掏出一沓美金和一张请柬放到画桌上。

她像没有看到,也像没有听到似的。她瞟了李林一眼,见他有些坐立不安,又暗自好笑,她知道他此时为何不安。因为他了解她的个性,可以对朋友赴汤蹈火,对不合脾胃的人,她是不理不睬的。就是登门拜望,她也懒得同人家讲话。他还了解她非常痛恨那些俯首贴耳去附庸逢迎往来于巴黎的显贵的人,知道她恨那些见了显贵就奉上自己最得意之作,敬请补壁的人。知道她骂过这种人为"下贱"!他非常害怕她要当着这么些年轻人之面,给他下不了台。玉良呢,她也知道李先生的脾性,她不想难为他,便故作轻松地说:"只要不是德国人,别人要买画,一律都卖,何况我们是老朋友了,这点面子还能不给,您选两张去吧!"她停顿了下,又道,"不过,宴会那种场面,我是历来望之生畏的,希望您转达我的谢意,敬请原谅。"说着将请柬递还给李林,随手指指挂在中墙上两幅画说:"这两张怎么样?中意就拿走吧!"她朝那几位正襟危坐的年轻人笑了笑。

中国留法艺术学会成员合影 [2排左3] 为潘玉良　　潘玉良在画室创作

潘玉良照片

潘玉良与友人合照

一声震耳的汽笛声，打断了玉良的回忆，列车放慢了速度，哐当哐当地前行。突然间，仿佛有座山迎面向列车扑来，列车被吞没了，车厢里顿时暗了下来，黑暗取代了刚才的夕阳斜照。车轮与铁轨相触的声音在隧道内产生了强烈的回声，震天动地。随着又一声鸣叫，列车又从墨黑的隧道驶进了铺满晚霞的原野。玉良感慨不已，这多像神秘的人生，一会儿黑咕隆咚，不知何处是路；一会儿光明遍地，视野辽阔。不管要经过多少站口，只要继续前进，就能到达自己希望去的地方。

守信这时也坐起来了，是被刚才隧道震耳的轰响吵醒的。他看看玉良，关心地问："你一会儿也没睡？"

"不知怎么回事，我一坐上列车，就很自然地联想到我走过的路，许多往事接踵而至，我想合眼也不成。"

"你这个人太不会爱护身体，总喜欢自找烦恼，与己无关的事也要气个半死，我对你真没办法。"守信说着从床上捡起一张电文纸，递给玉良，继续说，"我劝你还是不要接受巴黎中国艺术学会会长的差事好！"

"啊！怕我不称职吗？"玉良斜睨着他，挺认真地说，"你讲讲我怎么不称职？"

"因为你太称职了，所以你不宜担任。"

"守信，这话很不好懂呀，你什么时候成了哲学家？"

"不用装佯，你知道我是指什么。"

指什么？玉良当然知道。

那还是战争结束后的那几年，她被推选为巴黎妇女沙龙的领袖之一。她常常为一些年轻的女画家作品的人选争得面红耳赤。她热望有更多年轻人的作品入选、得奖。她呼吁对年轻人的作品不能要求尽善尽美，不要过于挑剔。她又认为，艺术是个广阔天地，不是只能容忍一个人或少数人通过的巷道，要让许多年轻人策马扬鞭飞过。超过了自己，就得承认，超不过自己，就给予鼓励。这样艺术事业才有广阔的前途，才能鼓励更多的人为它献身，才出得了特殊人才。她反对将沙龙作为少数几个人私有的天地，只允许自己喜欢的一种风格的作品生存。这些观点，常常遭到别的委员的反对。当她的意见得不到重视时，她就气得自己折磨自己。

有次她从沙龙开会一回家，衣不脱，饭也不吃，睡在床上生闷气。刚好被守信碰上了。守信见她脸色不好，一动不动，非常不安，轻声地问："你哪里不舒服了？"

她不吭声。

"你累啦？"

还是不语。

"你吃饭没有？"

她把脸转对着墙壁。

守信被搞得莫名其妙，不知发生了什么事，走到床边，焦虑地伸手想摸摸她的前额，试试是否发热，手还未触到皮肤，她就把守信的手用力往外一拨，一骨碌坐起来，没好气地向守信吼着："你有完没完？烦死人了！不见我憋得慌，都要发狂了！"

守信毫不动气，仍然亲切地问："到底什么事，你说说嘛！说出来不就舒服些。"

原来玉良是为一个初次参加沙龙展览的女学生的作品评奖问题，与托巴杜夫人发生了争执。从那以后，守信老劝她，不要那么认真。

她回想到这里，便叹了口气，对守信说："我一见到年轻的画家，就想起我走过的道路，同时我的那些好老师，我生活中遇到的善良的朋友，还有你和赞化就来到了我的面前。若没有这么多人的提携帮助，为我作出牺牲，我哪会有今天！"玉良情不自禁地看了守信一眼，"我了解你的心意，你是怕我气坏了身体。但我总想同胞们既然信任我，我怎好不尽心尽力为他们服务呢！"

守信没有继续说什么，他像是服了。

玉良撩起车厢窗帘，眺望西天，玫瑰色的晚霞映出了阿登山脉的阴影，她的心也被蒙上了一层披有霞光的昏暗。她面前浮现出一个姑娘清癯的面影，她是她这趟巡展中碰到的一位留苏的中国姑娘，她叫王萍，因病到瑞士疗养。一天，她散步到了展馆门外，久久端详着门楣上的"中国画家潘玉良画展"的衔牌，也许是"中国"二字给了她亲切的吸引力，她就买了张门票走进了展览厅。她对水墨画《幽兰》产生了浓厚的兴趣，说不定是兰花唤醒了她的乡情，在画前徘徊良久，依依不肯离去。玉良见状，便走了过去，用道地的扬州话，解说这是思念在祖国的姐姐的寄情之作。

她惊喜地看着玉良说："您怎么不回去看看她呢？中华人民共和国成立了，妇女都彻底翻了身呢！"

玉良无言以对，一时找不到合适的话回答，便说："目前不行，我还有许多工作要做。"

她理解地看了玉良一眼，连连点头说："什么时候回去都行，艺术是没有国界的，它是人类共同的财富，您也是为中国人工作！"

玉良心头一热，这不就是知音吗？她摘下《幽兰》，捧到她的面前，要她收下作个纪念，她也欣然受纳了。

车厢内的台灯、壁灯一齐亮了起来，玉良忽觉心田一片朗然。她的右手不由自主地伸进了身边的手提包，抽出一封信，读了起来。

这封信，她自己也不知道读过几遍了。

两月前，画展到罗马，玉良见到尊敬的琼斯教授，他们热烈地谈起了各国艺术界的情况。琼斯教授友善地询问中国艺术界的近况，玉良听后，喟然一叹说："唉，我和刘海粟先生早已失去了联系，现在还不知他在哪里呢！"

琼斯教授听后，好像突然想起了什么，起身走至报纸架前，找出一张报纸，递给玉良，指指用红笔圈了的一个标题说："请看这则报道。"

玉良一看，是一周前出版的《晚邮报》，便轻声地念了起来："中共重用艺术家，徐悲鸿任北京中央美术学院院长，刘海粟任华东艺术专科学校校长。他们的个人画展，由官方分别在北京、上海举办，盛况空前。"文中还列举了一些作品，摘登了部分画评。

看着看着，玉良的眼睛湿润了，是激动，还是乡情？在感情的天平上，是称不出，分不清的。自抗战开始后，她就失去了同祖国的一切联系；胜利后，她虽然也做了努力，还是未同他们联系上，只断续地了解到一点刘校长浪迹南亚的消息。人民政权建立了一年多，她还是没有打听到他们的准确消息。不曾想到却在琼斯教授家中，读到这样振奋人心的报道，当天，她就给刘校长写了封热情洋溢的祝贺信。两个月后，她来到布鲁塞尔，就接到刘校长的回信。她的心情十分激动，认真地展读这封信，信中叙述他在新中国阳光沐浴下，作为一个艺术家，真是意气风发，豪兴正浓，算来他已过"知天命"之年，但也不甘后人，真是"烈士暮年，壮心不已"啊！

玉良的感情，随着信的内容，越发激荡，新中国呀，我的祖国，她想：我多么想立即回到你温暖的怀抱，我也将学着刘校长的榜样，尽心竭力地描绘祖国大好的河山。她把信按在胸前，眼眶里闪着泪光,她无法抑制这种突来的幸福所引起的激动。信中还提到,在今年年初,海外有人回国,已将玉良在海外的艺术创作的长进情况告诉了刘校长,刘校长十分高兴地鼓励了她一番。玉良从他出自真诚的鼓励中获得了力量,内心是十分感奋的。谢谢你啊刘校长,你是我艺术道路上的引路人,是我终生难忘的最尊敬的老师。当她从信上得悉洪野老师在抗战开始不久即已谢世的消息,顿时悲从中来。她想到洪野老师教给她最初的绘画知识时的认真态度,他为她未能录取美专时的焦急神情和奔波的热情,他在她回国时为她作品的成就而激动的脸色。对这位启蒙老师她实在怀念不已,悲痛至极。

她把信紧紧攥在手里,微微地闭上眼睛,一种极其复杂纷乱的思绪和久久不能平息的心境,使她一时冷静不下来。人生本来就如不停流动的河流,有时舒缓地流淌,有时急促地回旋,相伴的水滴也在不断地变化,生生死死,荣荣辱辱,总因客观的自然或社会的不同而变化,这是人力不可挽回的规律。死者已矣,生者更应为祖国的复兴,为同胞的灿烂前程而激励自己,挺胸而奋然前行。

这是她十六年来接到的第一封来自祖国的信。十六年哪十六年,在历史的长河中也许只是短暂的一瞬,但对她而言,仿若隔世。一只断线的风筝,长久地在茫茫海天飘零,乡愁就像一个神通广大的幽灵,无时不追逐着她。每当她取得了成功或遭受到失败的时候,一种身居异域的孤独感就更加强烈,她也就更加渴望亲人的慰藉。忽然,仿佛从母体心口上向她伸出了一根长长的丝弦,重新拴上了她的胸脯,使她突然感到一种踏实和安全。

校长的信向她描述了祖国日新月异的变化,给她送来鼓舞和力量。新中国对艺术事业的重视,更使她感慨万千,她真恨不能马上就回到祖国。同时,当她想到徐先生、刘校长对祖国艺术作出的贡献和他们在艺术上所取得的成就和地位，心里就漾起一种自愧不如的滋味。这种滋味犹如锋利的刀刃，强烈地刺痛了她的自尊心。是现在就回国还是实现了追求久已的艺术理想再回去呢？还没有实现作品进入巴黎现代美术馆的愿望，怎么好带着遗憾，空着双手回去呢？想到这里，她又感到一阵不安，她能实现这一愿望吗？要是不能实现她该怎么办？巴黎国家现代美术馆的收藏，虽说不分国籍不分民族，只要达到了它所要求的艺术水平就收。但这个艺术水平又谈何容易呢？它设置的评选小组，由聘请的作家、评论家、博物馆馆长、政府官员组成，作品要得到他们全体推许，方可购藏。这个目标可不是容易达到的！但是，她是个不达目的不肯罢休的倔人，她还是相信她的人生哲学，她信奉世界上没有追求不到的理想，只要永不停息地去努力，就一定能达到想要达到的目标。那时，她就可以回到祖国，毫无愧色地去见她的国人、师长和亲友。当这个决断在她思想里形成以后，她的心也就安定下来。她没有马上告知守信，也还没有写信告诉刘校长，她打算在得到赞化消息后，再一齐告诉他们。她相信他们都会支持她的这个决定的。现在对她来说，就是不知疲倦地去探索，拿出高水平的艺术品，生活不就像这不息的车轮吗？人生就像这漫长的道路，只要坚定信念，就会到达希望的驿站。

　　玉良朝守信的铺上看了一眼，他还在沉睡。她拉过一条毛毯，盖在自己胸上躺了下去。

　　列车在巴黎圣母院悠扬的早祷钟声中到站了，她的安尼丝和巴黎中国艺术学会的一些朋友在车站迎接他们。

　　李林先生颤巍巍走上前去，握住玉良的手说："潘夫人！祝您画展胜利，也祝贺您荣任巴黎中国艺术学会会长。"

玉良谦逊地说："玉良才疏艺浅，又已进入垂暮之年，哪能担当得了如此重任，怕是要有负众望啊！"

"夫人艺高望重，众议一致，不要推辞了吧！"李先生恳切地说。在场的朋友也附和着。

玉良同迎接她的人一一握手，感激地说："诸位的信托，我勉力为之吧！不过要请诸位多多指点。"

告别了朋友，她同守信坐进了开来接她的车。他们一跨进家门，第二代小咪咪就迈着方步出来迎接她。它绕着她的脚，转着圈，仰起头瞪着一双圆眼睛望着玉良"喵喵"地叫着，仿佛是在同玉良打招呼。他们处理好行李，玉良便抱起它，来到画室休息。安尼丝进来递给玉良一封厚厚的信。

玉良扫了眼发信的地址，心就像绑住了脚的鸡翅膀扑棱棱地跳个不住。自从南京沦陷后，她就与赞化失去了联系，没想到刘校长那么快就把她和赞化的心连上了。她像是自语又像是告诉守信地说："中国来信。"便拆开封皮，读了起来：

夫人如握：

　　有幸能在有生之年，得见鸿雁，是为大快。诚感刘先生大恩大德，虽系一纸小笺，却饱蕴深情，足慰寸心……

玉良的眉毛习惯地挑了下，嘴角漾起了一丝难以觉察的苦笑。

　　忆昔吴淞送别，远阻重洋，两地暌违，思念之情，无时不萦绕于梦寐也。抗战前夕，虽山川万里，还喜尺素频通，堪以为慰。抗战爆发后，南京陷落，我迁居原籍乡里，从此中断信

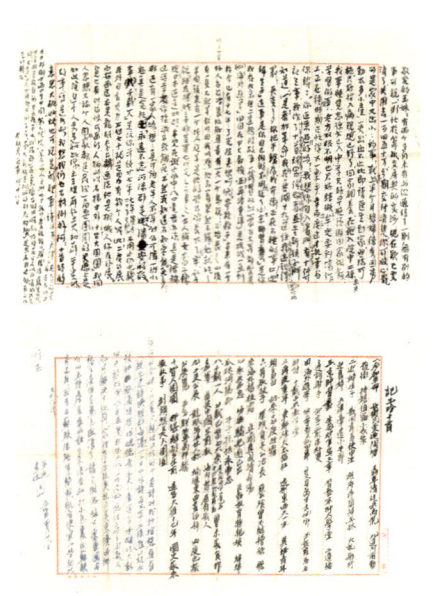

1954年潘赞化和潘牟写给潘玉良的信　家属藏

1955年10月潘赞化写给潘玉良的家信　家属藏

息。抗战胜利,我仍潜隐家乡,创办"孟侠中学",纪念战友吴樾,亦为培育乡里子弟计……

"啊,难怪我写到南京的信无踪无影,他不在南京。他怎么不给我写信呢?"玉良一边读信,一边提出问题。

我多次循汝旧址去函问候,只见南雁北飞,不见北雁南回。翘首云天,望风怀想,屈指十有六载矣。原以为今生相见,只寄梦中,今日得见来函,长丝重又接系,相见会当有期。玉良,我能作此设想否?

沧海桑田,烽烟兵燹,真不知汝是如何度过这些年月。一人飘泊海外,定是饱历艰难,吃尽辛苦。每思至此,愧歉难当,清宵自抚,皆因我无能之所致。她出于无知和受封建礼教浸染,不能见容,也怪我疏导无方,难辞其咎。每当我思汝心切,独坐默然,她便藏躲一隅,悄然泪下。每值中秋佳节,皓月凌空,她即潜至后院,一炷线香,为汝祝福,并望早日归来。

玉良读到这里,微闭起眼睛,心头像蒙上了厚厚的一层雾霭。是赞化为了要她回去而编撰的故事呢?还是……他又不会写小说,怎能编得这样有枝有叶呢?她心头的浓雾慢慢消散了,她自语着,宁可信其真,不可信其假,不论是真是假,都是出于希望她回去的好意,怎能乱加怀疑呢!

玉良,新中国成立了,妇女地位得以真正提高,汝可消除疑虑,放心回归,政府亦欢迎海外同胞回国参加建设。三年前,我已从桐城迁居安庆,生活尚可。牟儿在中学执教,媳妇在街道工作,膝下已有一孙女。能在垂暮之年,欣逢盛世,诚为万幸。我虽桑榆渐迫,政府还委以小任,挂省文史馆馆员衔,此乃坐家拿钱之美差。只恨两鬓萧萧,一身落落,欲尽薄意,力不从心。所幸杖履犹康,堪以告慰。

兄赞化
一九五二年四月十日

　　玉良又重看了一遍,她的嘴唇不住地颤动,眼角的鱼尾纹里浸润着泪水。她靠在沙发上,把信笺紧紧贴在胸前,她要让它听听她心里滚滚雷鸣和狂风巨澜。十六年的相思十六年的愁,深深埋在你下面,你听到了吗?他们都在召唤她回去,她仿佛就要乘风归去……玉良坠入了梦幻境界,忘记了守信的存在。

　　玉良看信后的奇特表情使守信大吃一惊,他不知是什么消息使她忘情失态,连声地问:"谁来的信,叫你这样激动?"

　　本来玉良只要把信递给他看看就什么也不用回答,但她没有这样做。虽然她曾经在塞纳河畔隐约地告诉过他,她是赞化赎出来的,但她总还是不希望让他了解她在家庭中小妾地位的秘密。十六年的友谊交往中,没向他泄露过这种痛苦。他只晓得她结过婚,丈夫在国内,她是她丈夫从火坑里救出来的,别的就什么也不知道了。他从不探问,她也不提及,好像有种默契,不是她不信赖他,她是想永远忘却心灵上的创伤。赞化的信,定会引起他内心的苦痛。听到守信的问话,她忙将信笺折起,故作平淡地回答:"家里的信,他还活着。"

　　"他要你回去?"守信急切地问。

玉良"嗯"了一声说:"你的父母也许还健在人世,我们不妨一道回去寻找看看。多事之年,误传消息是不足为奇的。"

玉良的话勾起了他的悲哀,他猛吸了几口烟,闭上眼睛,没有马上回答。

室内烟雾袅袅,烟草的芳香在沉默中弥漫,空气也沉重起来。

回故土去,谁不向往!异国他乡,亦非世外桃源,漂泊海外之人,谁不思国怀乡!她有家庭,我无父母,跟她回去算什么呢?不回去,就意味着永远失去她。他已尝过那不堪忍受的痛苦,理智驱逐的感情又顽固地把它拉回来,他的心一阵灸痛,烟头烧痛了手指,才意识到玉良还在等他回答,他仰起头看了玉良一眼才说:"你什么时候动身?看来我是没那福分了!"

"守信,你怎么啦!我正要把我的决定告诉你,想征求你的意见,你怎么不冷不热的呢?凭我现在的心情,恨不得马上回去。但是,理智告诉我,现在不能回去,还有许多工作没完成;大千先生的塑像,已签过合同的《矿工》,自藏的作品还未与观众见过面,需要举办一次展览。更重要的是我总还想实现早就立下的一点理想,想通过这次展览,能有作品选进现代美术馆,才算不是两手空空回去见国人。回去前,我还想为你塑座胸像,作为我们友谊永久性的纪念,这是我对你的深情厚谊所能做到的一点报答。"

守信两手捧住前额,陷入深深的内疚之中。俄顷,他抬起头深情地望着玉良说:"先生,我愿帮你早日实现理想,到时我伴你一道回国!"

玉良高兴地说:"好兄弟,这才是我想听到的话!"

五、扬名

本来就不很显老的玉良，近来变得更精神了。五年来，为了实现久求的目标，她像一架发条上足了劲的时钟，不停地转呀转，送出嘀嘀嗒嗒清晰的节奏，一点也不困倦。白昼，在纷繁的色彩中度过；黑夜，在灯光下的泥土中消逝。山川、田野、街道，无处不铃印下她的足迹；浴场、海滨，哪里没滚落过她的汗珠！辛劳使她的身体渐见消瘦，但她仍然不放弃对多种艺术形式的追求。

时间的年轮已经转到了1957年。这年的夏天特别炎热，守信很担心玉良的健康，便劝告她说："先生，你有多种艺术造诣，然而岁月不饶人哪，身体还需保重。"守信一边说一边观察她的脸色，没有发现她有不快，便接下去说道："以我之见，你应该放弃水彩画的研究，把重点搁在油画和雕塑上。"

"哦？"玉良微侧过头带点惊疑地看着守信。

"精力有限，择其善者而从之。你在雕塑和油画上有冲上去的可能。"守信诚挚地讲出了他的看法。

"是有人讲我水彩画没有希望,是吗？"玉良仍然盯着守信，"那更说明我应该在水彩上下真功夫。"

"不,我没听人讲过。不过是随便说说而已。"他了解她的性格，要是有人说她哪方面不行，她就非要向那里死攻，是个不达目标九牛也拉不回头的倔人。他知道就这个问题争论下去是越争越糟的，又不得不把他的真实意见说出来。"你要继续探索水彩，我也不苦谏。不过，天气这样炎热，你不要再到浴场去了，年近花甲之人，丹田之气也日益不足了，每天在烈日下烤，身体怎能吃得消？况且你已在各浴场画了好长时间了，男人、女人、老人、儿童、白人、黑人，他们的不同姿态形体，画得足有百十张，而且画得都很好，也很有特色，还有什么值得你再去的呢？今天，我把话说在前头，你要再去，请原谅我不能奉陪了。"

奇怪，她并没有生守信的气。她理解他是关心她的健康。近几年来，她每次外出写生、作画，守信总是陪同着她。虽说他也在作画，心里却时时关注着她。估计到她累了，他就放下画笔，要她休息；见她汗流满面，就给她送来饮料。为帮助她实现艺术理想，他是牺牲得太多了。玉良除了感激他之外，还有一腔愧疚。怎好意思老拖累他呢？她对守信那带点"威吓"的直陈其说，报以友善的一笑。

守信以为他的话起了作用，也回给她一个有点自得的浅笑。

第二天，时近中午，守信汗流浃背地来到玉良家门口，伸手按着门铃，他相信玉良已接受他的意见，今天肯定在家修改雕塑或画油画。门铃足足按了半分钟，安尼丝才出来开门。她一见是田先生就笑着说："夫人一早就背着遮阳伞和画夹出去了，您没一道去？"

"没有，真是糟糕！"守信有些冒火地嗔怪着，"这种犟人真少见，她只要画起来就不要命了。"守信像是自言自语，又像是对安尼丝说，"快把车子钥匙给我，我去看看她。"

守信加足马力，来到昨天画画的浴场，停下车，极目搜寻，没有发现他要寻找的人。又走近一顶顶伞盖，仍然没见到她。"这里没有，可能到河滨浴场去了。"他自语着，飞速向河滨驰去。他再次失望了！莫非？他想起了一个专为有色人种和中、下层人开设的浴场，玉良曾经对印度人和非洲人的健美体格和肤色发生过浓厚兴趣，肯定是在那里。他很快就到了，在浴场门口的车坪上停下车，又到咖啡店买了两瓶冰镇可口可乐,买过门票,走了进去。踮踵翘首,寻找着他熟悉的遮阳伞和支撑的画架。

忽然,他的目光放出了异彩,像是在太空里发现寻觅已久的星座那样欣悦。他向那顶紫红与白色相间的伞跑过去。奇怪,只见画架撑在伞外,没见到作画的人,伞下却围了一小圈人。这是怎么回事?他快步走过去,嘴里不住地说着"对不起,谢谢!",拎着冷饮的手,轻轻拨开人群。他一下惊呆了,玉良睡倒在沙滩上,脸色青灰,嘴唇发紫,一个印度老太太正在给她喂救急药水。他在她身边蹲下,按住她的手脉,搏动得还算均匀。他感激地向老太太致谢。老太太打量了他一下问:"你是……"

"她的弟弟。"守信指了指玉良回答老人。

老太太放心地站起身对他说:"她中暑了,天这样热,你还让她……"她只说到一半就停住话语,转身走了。围观的人群也跟着散去。

守信心里感到很不是味儿,他拿起一瓶冷饮,把吸管放进玉良嘴里,轻声地唤着:"先生!先生!你醒醒!"

玉良喝过救急水,心里已舒服多了。刚才守信同老太太的对话,她也隐约听到了,听到守信的呼唤,她微微睁开了眼睛,深情地看了守信一眼,就闭上眼睛喝起冷饮来。

冷饮使她完全清醒了,她叫了声"守信",便挣扎着坐了起来。守信盯了她一眼,嗔怪地说:"你呀你!对你真没办法。"他收拾好画具、伞盖,扶着她走进汽车。

几天后,她又坚持要到浴场去画水彩,守信没办法,只得陪同着她。

晚上,她照样活跃在灯光下,从事雕塑创作。大千先生的雕像

海滨浴场　油画　22cm×16cm　年代不详　安徽博物院藏

经二十年之久的不断修改,她满意了;守信的胸像也很精神;为"东方巨人"号油轮特制的《矿工》徽志竣工了,她把它看作她的得意之作,为了它的创作,她还特地到洛林铝矿去了一趟,在那里采了风。她曾深深地被矿工们身上无处不有的汗珠所打动。她觉得它们颗颗是晶莹的珍珠,挂在他们脸上,滚进他们的衣衫,干了湿,湿了干,泛起白花花的盐迹,激起了她创作的激情,她把它们巧妙地糅进了《矿工》的艺术形象,表现了他们劳动的艰辛和忘我。这几尊雕塑,已送去铜铸。剩下的就是画展了。多尔赛画廊的约书早就来了,只待这几件铜铸交付。她对这次展览充满了信心和希望。展览一结束,若是……玉良想着,羁鸟就要飞回旧林,池鱼就要游归故渊了。她怀着少女为出嫁准备妆奁的激动和狂喜,在画室和制作间奏起一连串非常轻快和谐的音符。

不知怎么搞的,今天她却例外。晚餐后,她觉得很疲倦,身子沉甸甸的,懒得动。她在靠窗的藤椅上坐下,点燃了一支烟,漫无目的地望着巴黎圣母院的尖顶和映衬着它的渐渐变得暗红的晚霞。

近来,赞化的信由繁趋稀,由热烈变得淡漠,有时只是三言两语的客套话。什么"汇款收到了,家中还好,谢谢你的支持","望善自保重","政府英明,给我照顾"等等之类,闭口不提要她回去。读这样的信,无疑是受苦刑,也慢慢在玉良心上筑起了一堵厚厚的块垒,听不到赞化的真实心声,看不到情真意切的文字了。她只得反刍儿子过去写来的信,聊以自慰。儿子很会抓住她的心,他采取回忆跟她在上海一起生活岁月的小事来撩拨她思亲回归。他在一封信里,把她做的红烧肉描绘成天上人间的佳肴,美味中的美味,日思夜梦希望再次尝到她做的菜肴。在又一封信里,他告诉她,家中挪并了房子,为她修葺了一间画室,准备她回国后用。她被那些深情的语言激动了。奇怪的是,近来突然见不到儿子的信,是他发生了不幸?还是他有难言之隐,不测风云?她无从索得真实答案。她的心又一阵悸动,难道牟儿出事了?他从小跟随她生活,她了解他,他像他父亲一样善良憨厚,他写的哪封信不都是把祖国描绘成紫雾缭绕的仙境!他劝她回国,把艺术献给人民大众,她决心在争得给祖国一份厚礼后回国,不也有来自他的呼唤?有这种感情的人,怎么会变得冷漠呢?不会!那又是为什么呢?她多次写信去探问,回信总是避而不答。她只能在痛苦中等待,在等待中忍受。

不知从什么时候起,世界坠入一片宁谧中。一个圆溜溜鹅黄色的月亮爬上来了,嵌在玻璃窗上,散发着灰蒙蒙的光。她那个即将实现的归国希望,仿佛突然变得离她越来越远了,就像这可望而不可即的月亮一样。

她抱起蹲在脚边的咪咪,它好像也解人意,驯顺地趴卧在她大腿上。她轻轻地抚摸着它，乡情就像山泉样沿着眼角密聚的鱼尾纹漫涌开来。她泪眼模糊，已看不清印在窗上的月亮了，它已变成了一摊散开的黄光。胸前袋内传出有节奏的嘀嘀嗒嗒的金属声，她的手不由自主地探进前胸，摸出赞化临别的馈赠——怀表。"你一定要回来呀！""我等着你！"她耳边长久地回响起赞化浓重的桐城语音，眼前叠映出分手时赞化微弓的身影。她紧紧攥住怀表，贴在脸上，又放在嘴边，摩挲起来。她从来没有像今晚这样思乡，从来没像今晚这样想回国。她又望了眼窗上的月亮，它还是像只不明亮的圆盘，周围散放出灰黄的光圈。赞化在故乡看到的月亮，不会像这里的月亮那么晦暗无光吧！近来的家信，又一封封地跳了出来。她不敢想下去了。他们思念她是真的，这她相信；一旦她真的回去了，他们又会怎样？牟儿若真的想她回去，为何现在没有一个字给她呢？赞化呀赞化，你的信为何那样费解呢？看得出你在搪塞我提出的问题，回避牟儿的近况。你为什么不肯讲真话？难道时间和空间的距离已使我们的心不能相通吗？海天茫茫，我该往哪里走，何处是归宿呢？

  巴黎已经入梦。

1950年苏雪林「右1」
方君璧「右2」
在巴黎潘玉良「右3」家聚会

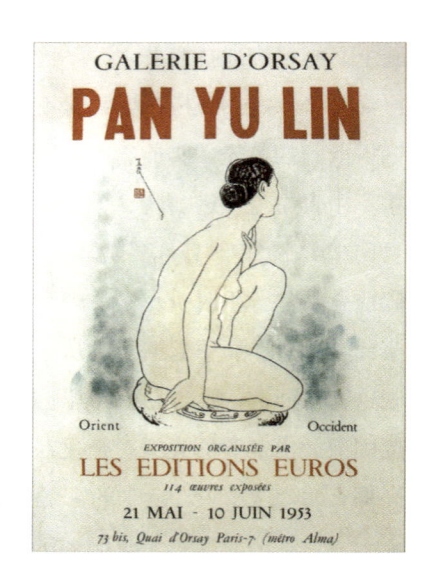

潘玉良德奥赛画廊个展海报
法国巴黎
1953 年 5 月 21 日

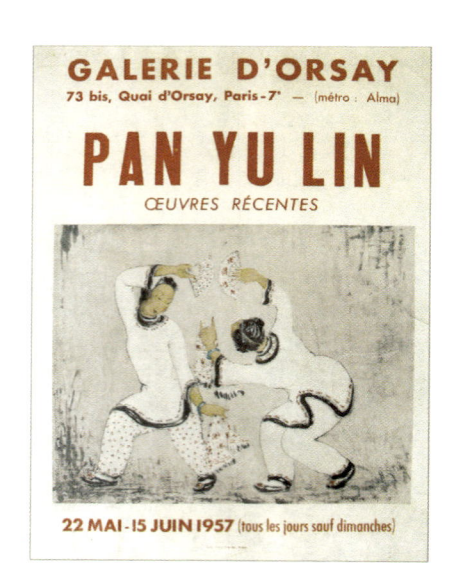

潘玉良德奥赛画廊个展海报
法国巴黎
1957 年 5 月 22 日

  1958年8月,"中国画家潘玉良夫人美术作品展览会"在巴黎多尔赛画廊开幕,展出了她多年来自藏的作品。雕塑《张大千头像》《矿工》《田守信胸像》《中国女诗人》,油画《塞纳河畔》,水彩画《浴后》等等,刊印了特刊,出版了画册。展览未闭幕,展品除自藏未标价者外,订购一空。巴黎市政府购藏十六件,国家教育部、市立东方美术馆都有购藏。更引人注目的是国立现代美术馆购藏了雕塑《张大千头像》和水彩画《浴后》,报纸和艺术刊物都争相撰文评介。

  "美展充分显露了潘夫人的多种艺术才华,也展示了她积几十年之研究,渐趋完美的独特艺术风格。"

  "她成功地找到了西洋画和中国画相结合的表现方法,她的作品既具有西画的实感又富有中国画的诗意,达到了一种新的独创的艺术境界。"

  "潘夫人的雕塑既有立体实感,又充满了诗情画意。"

  是的,她的汗水没有白流,她的辛苦没有白吃,她成功了!她的理想到底实现了,她的雕塑和水彩画终于走进了巴黎国家现代美术馆,她现在可以毫无愧色地回到祖国,向国人、师长、同行奉上这份丰厚的礼物,敬献上她赤子的一瓣馨香。这次成功的美展,又仿佛是投掷在巴黎艺潭里的一枚巨石,在大大小小的艺术沙龙里溅起了耀眼的水花,也振奋鼓舞了她的旅法同胞。

  美展闭幕后的一天,同胞们在一家中国餐馆为她举杯祝贺,祝贺她为中国在世界艺坛占据了一席位置。

  窗外,夕阳的余晖取代了秋日的斜阳。守信见玉良稍微平静了点,便亲自去浴室为她拿来热毛巾擦脸,宽慰地说:"现在不好回去,那就等等再说吧!你还记得在瑞士碰到的那位王萍姑娘说的话吗？'艺术是没有国界的，它是人类共同的财富。'我们是从事绘画艺术的，不管到哪里都是为人类奉献艺术。我想迟早我们都会回去的，你不要过于悲伤。"

玉良静默着，眼角的鱼尾纹更深了，像刚刚用眉笔画上去的那样，虽已用热毛巾擦过，沟纹里仍留藏着泪水。她没有怀疑她信奉的人生哲理，她相信他们一定有高高兴兴回国的一天。但她又叹息着："人生的路，好难走呀！"

六、深意

"你先回去吧，我想独自在这儿散散步。"车过塞纳河桥时，玉良把嘴凑到守信的耳边提出了这个要求。这里，玉良已经来过千百遍，突然在今天发现它有点儿像苏州河上的乍浦桥，大概她试图在这似曾相识的所在，寻觅一下逝去的梦吧！

守信刹住车，微侧过头望着她。今天是她大喜的日子，肯定有许多朋友在家中等待着给她祝贺，理应高高兴兴，也该早点回去。此时她却一反常理，神情惆漠，不急于回家。他很不理解她的举动，但他又不愿违背她的意愿，就推开车门，让她下车，只是嘱咐："不要太累，早点回家，我等会儿就来接你。"

玉良笑了一下，摆摆手说："不用，我自个儿回去。"

玉良在塞纳河桥头徘徊了一会儿，便坐在河边石椅上。她眺望着落日的河面和河对岸刚刚露出黄嫩叶子的几条林阴道，它们在春风宽阔的手掌抚慰下，微微起伏。"它们多像黄浦江不息的波澜啊！"玉良感慨着。从前，她常常站在乍浦路桥上，远眺晨曦慢慢挑开黄浦江的朝霞，近观苏州河畔落日的壮美。她怎能忘记那血红的火海呢？在对人生绝望的时候，她曾想在那里找个归宿。这时，两位恩师来了，把她从血海的边缘拉了上来，赐给了她一张人生通行证，把她引进了艺术的门槛。从此，她敢于行走人间，才走到这里来了。

西下的落日把它变弱了的光投掷在河面上，游艇从面前轻轻荡过，留下一浪一浪颤抖的金光，满河像撒了碎金。玉良仿佛产生了幻觉，金波上叠印着刚才的光荣。巴黎大学鎏金的尖顶大厅好像就映衬在上面，鲜花使她眼花，掌声叫她心跳，巴黎大学把它设置的多尔烈奖，奖给了她这个中国女子，这在巴黎大学的奖励史上是破天荒第一次。巴黎市市长亲自主持授奖仪式，把银盾、奖章、奖状和一枚星形佩章授给了她。琼斯教授专程从罗马赶来向她祝贺。她落落大方地走上讲台领奖，因为这光荣里不仅有她的汗水心血，也涂染了祖国母亲的乳汁，还有她的师长、她的亲人、她的朋友、她的人生旅途中碰到过的许许多多的质朴善良的人们的期望。当她捧着奖品，眉眼笑成了一朵金菊花，心里淌过一溪轻快的暖流的时候，一阵伤感的潮水漫过心头，此刻，她顿生千缕情丝，万缕思念，赞化、师长和养育她的土地，她希望他们都来分享她的欢乐。

她抬眼向东方一望，巴黎的高大建筑物挡住了她的视线，夕照在它们上面蒙上了一层绯色的暮纱，塞纳河成了人间银河。她的心又一阵阵痛楚起来，悔恨的潮水几乎要淹没她，真不该那么意气用事，一气就离开了它。祖国亏待过我吗？十年留学不都是母脂母血？人们往往遗憾失去的，不珍惜拥有的，现在失去了，又变得像生命样可贵。一阵凉风吹来，她闭上眼睛，好像她是个人间弃儿，她感到从来没有像今天这样寂寞，从来没有像今晚这样孤独。她想若是一个孩子在外做了好事，受到了外人夸奖，他还可以高高兴兴地回家向自己的母亲倾诉，把高兴带给母亲，母亲也会为此把儿子紧紧抱在温暖的怀里。她却享受不到这种温暖。虽然寂寞对她来说早已习惯，可是此刻，她却感到特别不能忍受。

　　四十多年前，她作为一个中国留学生曾在卢浮宫如痴如醉地临摹《蒙娜丽莎》，在国家现代美术馆里发狂地爱上了罗丹和布尔代尔的雕塑，从而到罗马求学。今天她的雕塑作品竟和雕塑大师的作品陈列在一起，这是她未曾想到的，也是她的恩师刘海粟先生所期望的。她永远不会忘记刘校长来南京参观她的画展，亲临教诲。当时她就下了决心，要走出一条自己的路，要创造有自己独特风格的艺术，还要达到一个较为完美的境界，为中国和世界艺术作出贡献。她是那么想的，也是那么去努力的。希望和向往的这一天终于实现了，证明了她没有辱没她的恩师，没有轻抛祖国的血汗，她为它争得了一点荣誉和光彩。可是他们却不知道，她多么希望他们马上能得知这个消息啊！它对刘校长无疑是个慰藉，它还会是一贴兴奋剂，给失意中的他送去信念和勇气。有什么能比知道自己的学生有出息的消息更快乐更受到鼓舞的呢？"我要告诉他，立即告诉他。"玉良怀着孩童向老师报功请赏的心情自言自语，她轻快地往电车站走去。

　　守信回到玉良家，代她迎送了一批又一批的贺客，眼见夜色漫了上来，还不见玉良回家。他非常着急，担心她会碰到什么不测，便驾车向塞纳河边驶去。

　　玉良一进家门，咪咪就咬住她的裤脚，把她往画室里拖。安尼丝忙上前告诉她:"下午来了许多太太和先生,田先生出去寻找您去了。中国姐姐,现在就用晚餐吗?"

玉良向她摆摆手说:"等田先生一道吧!"就坐在画桌前,铺开信笺,把她的心声全部倾吐在信纸上。

两封信写完后,看了一遍,心里觉得舒坦了许多,便拿过一只信封,约略迟疑了一下,写上老师过去的地址和"刘海粟先生收"。继之,又拿过一只信封,写上赞化的地址,并从手提包内抽出一张照片,在背面写上:

今天获巴黎大学多尔烈奖,此系授奖时与巴黎市市长留影。赞化兄惠存。

玉良
一九五九年四月廿七日

1957年"艺术、科学、文学促进会"颁给潘玉良的银质奖证书　家属藏

1959年潘玉良获巴黎大学"多尔烈奖"
巴黎市长为她授奖的照片　家属藏

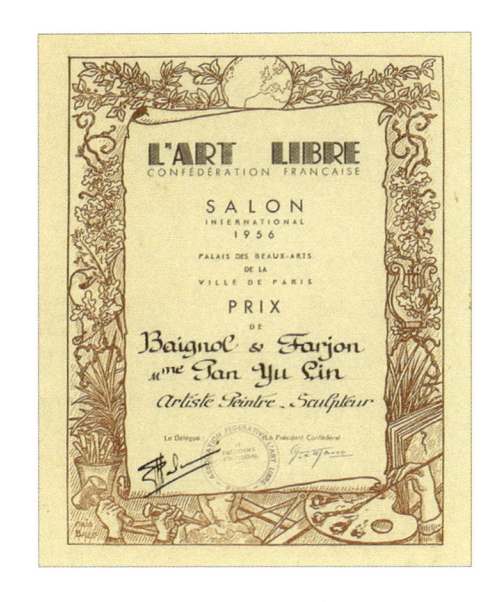

1956年法国自由艺术协会国际沙龙
颁给潘玉良的荣誉证书

写好后，插进给赞化的信封里。

玉良刚刚办完这两件事，守信风风火火地进门了，见安尼丝忙问："夫人可回来了？到处都找不到，不知跑到哪里去了，真急死人。"

当他走进画室，见玉良已经回来，才放下心，也就没说什么，站在画桌边望着她。

玉良抬头看了守信一眼，把两封写好的信递到守信面前说："请你晚餐后代我发一下。"

守信接过信一看，怔了一下，她明明知道写信给刘校长他不仅收不到，还可能给他带去麻烦。潘先生在半年以前就暗示过，怎么今天还给他写这么厚的一封信？是她的健忘吗？

"不好寄吗？"玉良见守信愣神地站在那里，便轻声地问道。

守信好像突然领悟了什么，抬起头，望着玉良，爽快地回答着："好寄，好寄。"

玉良一眼就看穿了守信的内心活动，只为不让她难过，才这样干脆地回答，她有感于他的用心，便也将自己矛盾的心理告诉守信："兄弟，我也知道，这一切也许都是徒劳，刘校长根本接不到我的信，我还是写了。不知为什么我又想起了南京第一次画展时校长的亲临教诲，又记起了新中国成立后他回给我的第一封信。我从来没有像今天这样想把我的一切，得到的、失去的都告诉我的老校长。"玉良的脸色突然变得苍白起来，两滴泪珠潸然而下。

守信见玉良又伤感起来，连忙安慰她说："信能不能收到，也很难说。世界上的事，瞬息万变。潘先生劝你不要与刘先生写信联系，不外乎是希望你一心求艺，少受身外之事的干扰。说不定，不仅信能收到，还可能得到他的回信呢！"

"哦！要真能这样，那太好了。"玉良心里不仅感到了一种慰藉，还萌生了一线希冀，她称赞起守信来，"感谢我的好兄弟的聪明分析。"

守信嘴里那么说，是为了安慰玉良，他心里则非常清楚刘海粟的处境，一封外国来信对他来说，可不是什么福音，也许还是灾难，何必要给自己所尊敬的人增添压力呢？他回家后思之再三，还是决定扣下刘海粟这封信不发，只寄走了给赞化的信。

第二天，当他们见面的时候，守信就主动告诉玉良："信寄走了，你等着回音吧！"

守信随便的一句话，谁知竟成了丢在她心田里的一颗希望的种子。

丁香谢了，夹竹桃开了，玉良没有接到赞化的回信，更不可能见到刘校长的只字片语，但她却老做着同一个梦。她梦到了刘校长收到了她的信，仰起脖子开心地对洪先生大笑着说："老洪呀，你可算是个伯乐，我也不差，那时我们就看准了她有出息，果然不错吧！哈哈哈！"他轻轻地拍着洪先生微曲的脊背，"总算你我没白喝这一辈子的颜料汤！"她常常就这个梦问守信："洪先生早谢世了，我的梦中他怎么还和刘校长在一起呢？"她重复着给守信讲梦，重复着问守信寄信的事："信真的寄走了吗？"每每这时，守信的心就往下沉落，掠过一道不祥的暗影。

玉良自己也很清楚，刘校长不会收到她的信，她也不会收到他的回信，但她仍然希望着。在她夜不成眠的那些日子里，一天，李先生给她带来了一封信，说是他朋友的朋友从祖国带来的。她如获至宝，小心翼翼地拆开，轻轻巧巧地展开信笺，捧读起来。

玉良学友：

　　正深怀想，忽奉华函，得悉君获多尔烈奖，佳作选进巴黎现代美术馆。凡闻之者，莫不欢欣钦羡，我当尤胜，激动之情，谅你可想而知。为有你这样的门生而自豪；为有你这样的同行而光荣。祖国也为有你这样有卓越成就的中国人而增添光彩……

玉良一面抹泪一面念信，她兴奋异常，一会儿哭，一会儿笑，精神亢奋到了近乎歇斯底里的程度，当着李先生的面，以至安尼丝进来给他们送咖啡，她也毫不掩饰她的失态。继续捧信默诵：

　　归根结底荣誉属于勤劳、勇敢、坚定之人。今日你之能夺得金标，是你数十年刻苦勤学，孜孜求索的结果，并非侥幸和机遇，更无我功劳之可言。
　　我深知君之好强个性，定会在荣誉之后，更加忘我奋进。不过，当知你我都是年过花甲，岁数不饶人。望多加保重，注意休息。尤其一人漂泊海外，多仗朋友关照，亦应多听朋友劝告，万勿任性。特此奉劝。敬贺荣厘。

下面的落款，是她日夜想见到的刘海粟三个字。

这封信犹如一杯醇厚的葡萄酒，润泽着她焦躁的心田，也似一阵柔暖的风，轻轻荡过她渴求抚慰的心胸，给了她舒适和满足。送走了李先生，她在画室内绕了个圈，便携上提包，把信放进去，跟安尼丝打了个招呼，告诉她，上田先生家去了。

近几个月来，守信总有些惴惴不安。出于对玉良健康的关注，也为给她希望和安慰，他做了件欺骗玉良的事，扣下了给刘先生的信，还叫她等待回音。没想到倒是真的给了她鼓舞和希望。她又开始了新的艺术课题的探索。但也使她变得有点喜怒无常，只要一见面，玉良就要谈到她的"恩师之梦"，或者叨念起有关信的事来。从她这些奇怪的举动中，守信看到了一种可怕的征兆，担心她的精神会出毛病。为此，他心情沉重地去找李林先生，把他的忧虑对他讲了。李林先生给出了个主意，让他把这曲假戏再演下去。他便参考玉良给刘先生信的内容，以刘先生的名义和口气，又费了九牛二虎之力来仿效刘先生的笔迹，给玉良写了封回信，故意送给李先生来转交。

当玉良走进守信的屋子时，他正躺在沙发上吞云吐雾，眼睛向着天花板，揣测今天玉良接到信后的情景。他非常担心玉良一下就看破是他玩儿的把戏，以致给她带来更大的刺激和痛苦，如那样，那就后悔莫及了。他为此很感不安，正想上她那儿去看看，玉良已经走进来了。

玉良的脸色又恢复了往日的平静，她笑眯眯地往圈椅内一坐，拉开提包的拉链，把适才放进去的信，递给守信说："守信，你看，这是谁的来信。"

守信心里有数，故作惊喜地接过信看了一眼说："哦！是刘先生的来信！"

"没想到吧？"

"真没想到。你该高兴了吧？"

"当然高兴。我像获奖一样的高兴。"

"那太好了。我可以看看吗？"

"如果有必要的话，当然可以。"

守信听玉良的话里有话，有些惊慌，他掩饰着说："当然必要。也让我同你一样感到高兴！"

"看看吧，一封写得多么好的信啊！不是真正了解我的人，真心爱护我的人，是写不出这封信的。"玉良甜蜜地微笑着说。

守信装作认真看信，实际是在揣摩玉良话中之意。他担心秘密马上会被戳穿，他想不能在这时发慌，还是应该装得更像些。于是借题发挥着："哎呀！是写得好。你说得不错，刘校长真对你很了解，特别是对你个性了解得很透彻。他就知道你画起画来不知道休息。是得听听刘先生的劝告呀！我认为这封信好就好在这里。"

玉良从内心深处感激守信，深情地看着他，对他那种不善于表演的样子又觉得好笑："哈哈哈……守信，难道你不认为这好就好在这一点上，露出了点马脚吗？哈哈……"

守信慌了，从内心佩服玉良的精明和她的洞察力，但又忙掩饰说："露出什么马脚呀？你别瞎猜……"

玉良止住了笑，浸润在幸福的想象中，慢慢地、轻轻地、一字一句地说："为什么要瞎猜呢？我不愿意，也舍不得。就这样多美呀！"

"你……"

"谢谢你呀，守信。你给了我最大的满足。"玉良双手紧握着守信的手。

守信无言以对，室内出现了短暂的沉默。一个微笑的沉默，一个带着默契的沉默。无言中蕴含了多少美好的话语，微笑里又包藏着多少厚谊深情。

圣母院的午祷钟声，把他们从沉默中惊醒。守信忙说："啊！该吃午饭了。走，上酒馆，今天我请客！"

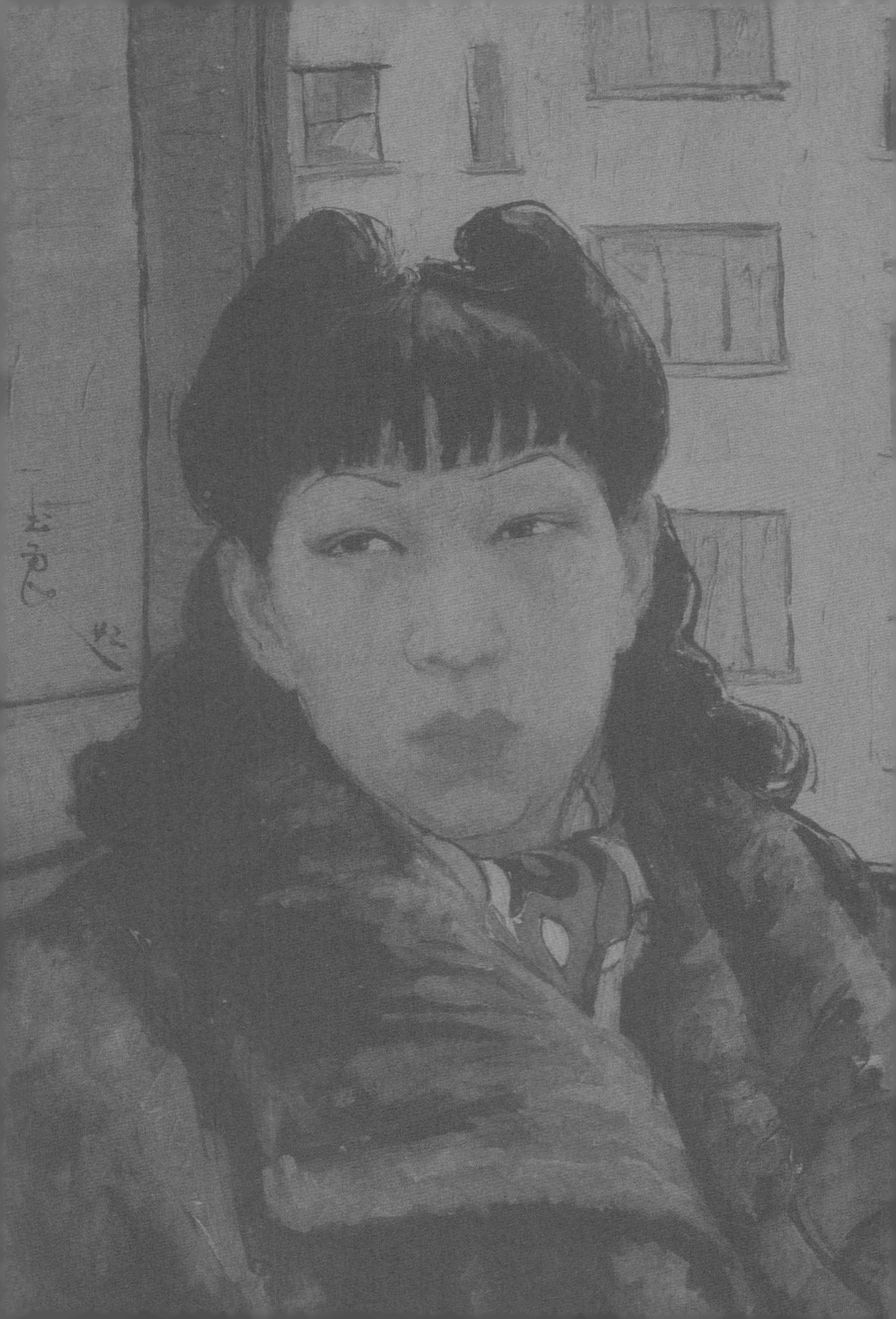

第7章 晚年

一、思"缘"
二、"缘"
三、病
四、归

托付你，请代问候黄山的云

白荡湖上的渔舟。朋友，当

你伸出手臂，拥抱你，到你

东海的旭日，陶塘的荷莲，

就要离我而去的时光，我向

走一走……

巴黎

一、思

远在祖国的赞化,像一片就要离枝的枯叶,瑟缩在枝头;似一盏油将尽的灯,舔着无力的火舌,整日躺在20世纪初那种老式床上,衰竭得没有一点生气。他病在床上已有一年多了,开始,还能扶着床沿墙壁,在孙女的相助下,起来活动活动,晒晒太阳,仰望天上飞渡的云朵。近半年来,他就完全不能动了,全靠尚健的老妻和儿媳护理。漫长的病床生活,使他愈来愈衰弱了,那痛苦就像城南那不尽的扬子江水,流了还淌,淌了还流。在那些无头的痛苦日月里,他依靠回忆往事来挨度时光。只有沉醉在打捞往事的记忆中,他才能暂时解脱疾病给他的痛楚。

有时,他实在痛苦难耐,老妻便唤来儿媳或孙女,把玉良留存给他的画,一齐抬到他的床前。她知道,只有当他痴痴地望着这些画的时候,他才能暂时安静下来。你看,他从左至右凝视,从上到下打量,那昏暗无光的眼睛竟闪了下光,嘴角还咧了咧。这几幅画,他看过千百次，但他常看常新，从不厌倦。每一张在他的心中都有一段色彩，一片云絮，一曲难尽的故事，他可以随着它去追念。

他的目光先落在《倦马》上。树阴下，一匹奔跑过度的马，低头在歇息。不远处有几匹马在嘶叫，但没能激起它的共鸣。它累了，好像已精疲力尽，万念俱灰，再也不想去竞走沙场了。

一件件往事随着这《倦马》回来了。

古老宜城的一条僻静的街，号称近圣街，因靠近孔庙而得名。十六岁的他，站在一扇黑漆大门外，注视着来往行人。是他的同志，他就请他走进门去，发现形迹可疑的人，他就装着玩弹球，不予理会。北风呼叫着从他身边飞过，他那稚嫩的脸冻得像桃子样紫红，他没感到冷。他的任务就是保证这里的读书会顺利进行，不能让坏人混进去。室内的爱国呼声，那些高谈阔论又是多么诱人啊！他有时把眼睛对着门缝瞅瞅，但他不敢离开岗位。

这事，如在昨日。

他有过辉煌的岁月，也有过青年的骄傲啊！东渡的"青山丸"号的甲板上，他和他的一位老同学并肩站在舷栏边，眺望墨黑而厚重的海水和那望不见头尾的祖国海岸线，激烈地探讨拯救祖国前途和命运的妙方。那位老同学认为唤起民众的尊严感、责任感最为第一；他则主张先富后强，发展生产，实业救国才是解决中国问题的良方，他们为此争得面红耳赤，不可开交。一个巨浪压来，他们打了个趔趄，又哈哈大笑着抓住舷栏，海水泼了他们一头一身，大褂湿了一大片。为实现实业救国的理想，他考进了日本早稻田大学的农牧专业。

在日本，中山先生的寓所，他紧紧握着先生的手，激动得连连鞠躬。从此，他走上了推翻清政府建立中华民国的革命道路。清王朝在武昌起义的炮声中垮了,又出现了个袁皇帝,国难更为深重。为了初衷,他和柏烈武联合招募军队参与第二次革命。被袁世凯发觉后,柏烈武逃往日本,他去云南投奔了蔡锷、唐继尧组织的护国军。那时,他多神气啊!绑腿裹得紧绷绷,马靴、军装、眼镜、大檐帽,带领一营热血男儿冲锋在前线。袁皇帝在举国一片声讨中退位了,他高兴得几天几夜不能入眠,以为从此会国泰民安。那时,他多么天真!只凭着一股热血和锐气。可是,继之是段祺瑞、黎元洪、冯国璋和曹锟粉墨登场,同盟会的老会员,战的战死了,变的变成了民国新贵,孙中山先生谢世后,国家仍在受难。他满腔的救国热情,被现实的风雨淋冷了,他疲倦了,累了,玉良画了匹《倦马》送给他。现在他是真的累了倦了,爬不起来了。

他的视线缓慢地往右移动,停留在《白荡湖》上。他微侧了下头,瞟了眼无语地坐在身边的老妻,日月过得又快又慢。一切的一切,显得又近又远。过去了几十年的事,犹如刚刚发生,刚刚发生的事又已淡忘。白荡湖,他的故乡,他已有十年没有回去探望了,那闪着鱼鳞般光泽的湖水,那轻摇的小船,顶风傲雪的青松,已成为历史陈迹的浮山古寺。玉良留给他的,何止这些呢?

那时,他不敢带玉良回家,住在一位远房亲戚家里。玉良深深地爱上了这山这水,早出晚归地画,他给她撑着伞,站在松针林里。老妻若是像现在这样通情达理,也许玉良不会远走他乡了。

白荡湖,还使他忆起,抗战后,倦马归乡。虽已倦,一经休整,恢复了体力,它又想跑了,不能在沙场上嘶鸣,可以在乡径上奔跑呀!就在这白荡湖边,他为乡里子弟创办了孟侠中学。清晨,他穿上讨袁时代的旧军装,打上旧时的裹腿,带着学生在湖边空地上跑步上军操,领着学生高呼:"革命尚未成功,同志仍须努力!"从他的学生中，到底还是走出了几员有出息的人物……

他的嘴角牵动了一下，脸上出现了一丝看不见的笑纹。他微阖了下眼睛，静静地品尝这一人生道路上的甘果。

老妻以为他睡着了，便悄悄直起身，轻轻走到门外，带上了门，好让他休息会儿。

自从儿子被划成"右派"，送到农场改造去后，儿媳妇身上的担子更重了，做婆母的想尽力分担一些她的负担。粮食短缺，对这群老老小小是个威胁。虽有玉良的援助，能解决些燃眉之急，可是，每次接到汇款，她又禁不住泪水流淌，她不忍心用玉良的钱啊！只有将一腔愧疚都转到照看赞化上。她想趁赞化休息的当儿，将昨天买到的一点小麦，磨成细粉，等赞化醒来搞点芝麻糊糊给他喝。磨声"隆隆"而起，那金黄色的小麦变成雪白的粉末。她那沟沟道道的额纹渗满了汗水。她推不动了，手无力地停在磨档上。麦粉送来一阵芳香，使她想到赞化喝糊糊后的喜色，她的力量又上来了。

"嗡嗡隆，嗡嗡隆"，磨磨发出的声音，使赞化幻觉是坐在列车上。二十四年前，他和玉良从上海回到南京，列车上，与旧友查先生巧遇。查先生是苏南著名的琴师，对古典民族音乐有研究，他的古琴艺术有较高造诣，是今虞琴社的主持人。谓之今虞琴社，就是琴艺宗明代虞山琴家严天池。他见到赞化夫妇，高兴得不行。因为他正在寻求一位现代名画家，欲为严天池先生写照。他久闻玉良画名，难得一见，邂逅相逢，马上向赞化提出。他听后，看了玉良一眼，沉吟不语。他深谙美术界世情，要画家为人画像是对画家的不恭，有贬低艺术之嫌，有人还认为画像是画匠干的事，不应是艺术家所为。玉良从未为人画过像。但他深信查先生是出于对玉良画名的仰慕，绝非有小看玉良的意思，便委婉地推辞说："老友所求，理应遵命，怎奈玉良授课繁重……"

查先生哪肯放过这难得的机遇呢？他非常诚恳地申述说："潘先生，天池先师为我苏南琴家之宗，我辈唯恐古琴艺术湮没，组织琴社，以求我民族古琴艺术得以传世发扬，今欲使诸社友能睹先师尊颜，务乞请尊夫人允诺。"

查先生刚说完，玉良笑了笑说："查先生，您致力发展古琴艺术历史之光，令我感佩不已，我愿以丹青为严天池先生造像。请您提供模本吧！"

玉良满口应承下来，出赞化意外，查先生更是高兴得连连向玉良鞠躬致谢，说："感谢夫人，查某代表琴社之友向夫人致敬，回沪后即以先师木刻像奉上。"

不久，严天池先生画像即成，高逾五尺，以琴社社徽的深赭色为背景，严先生蓝袍青巾，白领有带结，袖有花边，须眉斑白，右手持如意，栩栩如生。

他还清晰地记得，查先生收到画像后立即写了这样一封感谢信：

> 恭维女史，艺精六法，誉满五洲。尺素寸缣，珍同拱璧，余膏剩墨，散作天花。承以几砚余闲，为我严公天池先生画像。意在笔先，神传阿堵。使一代琴宗，复见庐山面目，千秋画史，长留彤管光辉。敢拜高情，永深弦佩。专申谢悃，并颂文祺。

他在心里默念着，突然，他仿佛看到了什么，大声呼唤着："玉良，玉良！"

"你怎么啦？你怎么啦？"隆隆的磨声停了，老妻扭着小脚，

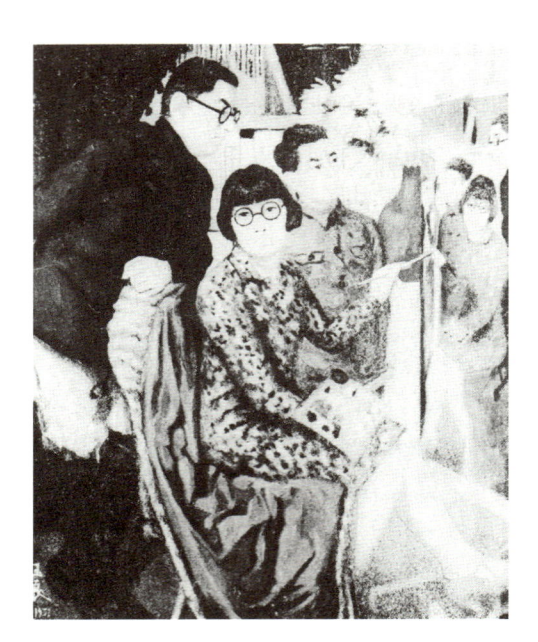

我之家庭
油画
1932年

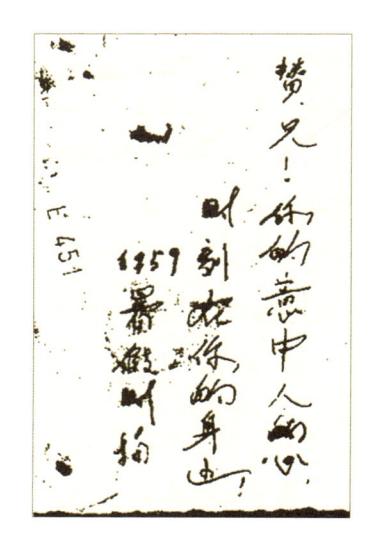

1959年潘玉良的照片
背面题字:"赞兄!你的意中人的心
时刻在你的身边!"

蹬蹬地推门进来，走至床边，慌慌张张地问。

他心里一阵难受，攥住老妻皱得像茄子皮样的手，气急心慌地说："我，我做了个梦……"

"你再闭着眼睛睡会儿吧！我一会儿就给你搞点你喜欢的糊糊吃。"

糊糊并没有对赞化发生吸引力，他仍处在适才同玉良相见的兴奋中。他继续抬眼在屋内搜寻。啊！原来他是从玉良画的《我之家庭》生出的幻觉。

《我之家庭》上画了三个人，他、牟儿和玉良。她坐在穿衣镜前为全家写照。他脚蹬马靴，身着军服，戴一副黑框眼镜，倚在玉良的坐椅背上。牟儿天真地微扬起头，倚在她的身边，好像是在欣赏她作画。玉良身穿素花旗袍，一手拿着调色板，一手执着画笔，构成一个别致的画面。画中有镜，镜中有画。此刻，它又再一次将他带回到一个遥远的岁月。

玉良回国后，就敦促他从桐城接来了牟儿，让他在上海读书受教育。开始，孩子对她总有点戒备。不管玉良怎样对他表示亲近，他都没有友好的表示。晚上，她起来给他盖被，牟儿没有睡着也装睡着了，待她悄悄离去，牟儿就又将被子踢开，还会轻轻骂一句："不要你假关心！"玉良从不怪罪孩子，她注意到这孩子特别喜欢吃她做的红烧肉，不管时间多么紧，她总记得要亲自给他做。人非草木，真情能换取真情，她终于赢得了孩子的心，一家三口过得很和美。《我之家庭》就是那个时期画的。

这张画一直伴随着赞化，他把它挂在卧室最显眼的地方，只要一抬头，一睁眼，就能看到他的一家，他就会神奇地回到那甜美的梦中去。他多希望他们都从画上走下来，回到他的身边啊！此时他

307

喃喃自语："三十多年过去了，玉良，你现在是什么样儿？还像这样年轻吗？"在他的记忆里，她就是画上这个样子。他又柔声地唤着："玉良，玉良，你知道我病了吗？你知道我多么想再见你一次！人生啊，多么残酷又多么叫人留恋！不可思议！也许你会突然出现在我的面前，满足我这一点点欲念？唉，你不回答，你不说话！只知道漠然地看着我！"

"爹爹！爹爹！"儿媳高兴得嗓子都有些变调了，推开门站到他的床前喊着他，打断了他的绵绵思念。他艰难地抬起眼皮，望着儿媳，她把一封信举到他的面前说："姨奶奶来的信，好像里面还有照片。"

赞化的眼睛突然放出了异彩，嘴唇不住地哆嗦着说："快！快拆开！"

这正是玉良授奖仪式那天寄出的照片。赞化抖索着拿起了它，举到眼前。可是，他怎么也看不清。儿媳抱过一床被子，帮他坐起斜靠上，又给他拿来老花镜。赞化看清了，是玉良！又模糊了，玉良你在哪里？手颤抖得像筛糠，照片滑到被子上去了，泪水浸满了干涩的眼窝，掉了牙齿的瘪嘴哆嗦着，颤颤抖抖的手又摸到了照片，也顾忌不了儿媳在身边，就把它紧紧抱在胸前，像孩子样哭出了声："玉良，玉良，多想再见你一面啊！"他又把脸转向儿媳说，"秀儿，你写信告诉她，讲我就要死了，想她回来见一面啊！……唉！秀儿，不行，不行！不能告诉她！你千万别那么写呀！"

二、"缘"

巴黎的深秋，常常是雨雾蒙蒙，连日不止。雨丝像丝线样洒落在玉良窗前那棵高大的梧桐树上，它那由青转黄的叶子，在不知不觉中浸润了，湿了，坠坠沉沉，凝结的雨水从五角形的末端一滴接一滴地滚落下来，淋到早先离枝现在寂寞地躺在地上的积叶上。随着年事的增长，玉良变得容易伤感起来。秋叶离枝，叶端流泉，都会引起她黯然神伤，心里升起无限惆怅。这时，她会不自觉地放下手中的画笔，坐在画桌前的圈椅里，拉开抽屉，翻检起她珍藏的信件。这些信，有的是过去赞化写的，有的是牟儿和没见过面的儿媳妇写来的，还有一些同学、朋友写来的。她可以一坐几个钟头，展读着，比较着同一写信者前后几封信的语气、字体的变化，从中揣摩写信人的心理，陡生百种疑愁，搅起千头万绪，读到伤情处，还会潸然落泪。自从七年前她给赞化寄出了那张授奖仪式上的照片，她就没有再接到过赞化的亲笔信件，回信全是儿媳妇代写的。几乎每封信都有些雷同，讲的是她公公身体不好。玉良为了要赞化身体尽早康复，汇去了几次款子，要他去医院治疗。媳妇代写的回信来了，说公公已住进了医院，只是年老体弱，不易恢复，他常为不能亲笔给她回信而深感不安等等。这一来一往的信件，玉良总感觉里面有团疑云，她便要求儿媳妇拍一张赞化在病床上的近影寄给她。一等再等，不可得见。不是说找不到摄影师上医院，就是说照片拍坏了，等待重拍。从此，玉良的心里游离着一个可怕的梦。

1964年，法兰西共和国和中华人民共和国互相承认，建立了大使级外交关系。玉良沉郁的心里有如雨云背后射出了阳光,仿佛这抹阳光很快就可廓清她心里的雾障,随之再次给她带来回乡的希望。她给大使馆写了封信,要求帮助了解赞化的确实情况。大使馆马上给她回了信,告诉她说:"我们很关切你的查询,来信已转回祖国,不久就可见回复,到时即告。"玉良长久地把这封短笺捧在手里,好像这就是她回国的路,就是赞化送来的声音,她不觉进入了一种昏昏蒙蒙的幻觉中,俯身在画桌上。

"夫人,你醒醒!"玉良正在同赞化相会,安尼丝轻轻地推推她说。

玉良抬起蒙眬的眼睛望着安尼丝,安尼丝把一张名片递到她面前说:"有位中国女士求见。"

玉良迅即戴上眼镜,一看是中国大使馆的名片,她的心怦怦地跳了起来。盼呀盼,就盼大使馆给她送来亲人的确实信息。现在等到了,她又惶恐了。她不知道送来的是喜讯还是噩耗。但是,不论怎样,总算能有个确实消息了,她克制着心情的激动,忙对安尼丝说:"快请客人进来。"自己也跟着站起身,迎了出去。

客人径直走向玉良,热情地握着玉良伸出的手,微微向后仰起头,打量着玉良说:"您好!没想到吧!我们又相见了。"

她的话使玉良不由得怔住了,面前这个风度翩翩的女人她不认识,怎么说见过她呢?她用手正了下眼镜,微偏起头,注视起来客,半响才说:"女士,真对不起,年岁大了,记性太坏,怎么也想不起来在哪儿见过您?"她们彼此握着手对瞧着。玉良突然意识到还没有请客人入座,忙说:"请坐,请坐,安尼丝!沏中国茶来。"

她们在长沙发上坐下,客人笑着感叹地说:"夫人,您好忘性啦!我来提醒一下,那年在瑞士,您把您的大作《幽兰》送给的那

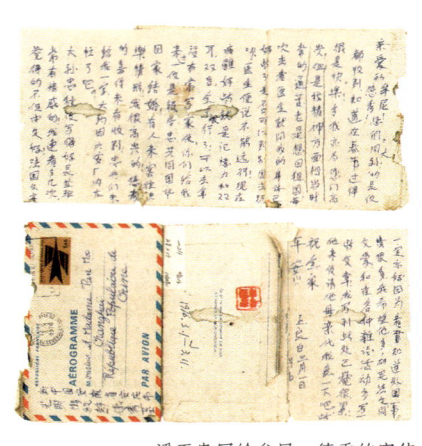

潘玉良写给牟尼、德秀的家信
1976年3月
家属藏

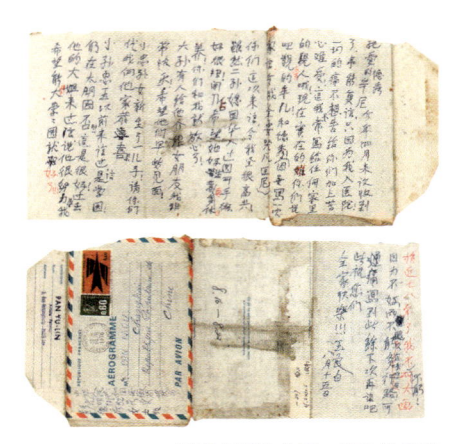

潘玉良写给牟尼、德秀的家信
1976年8月
家属藏

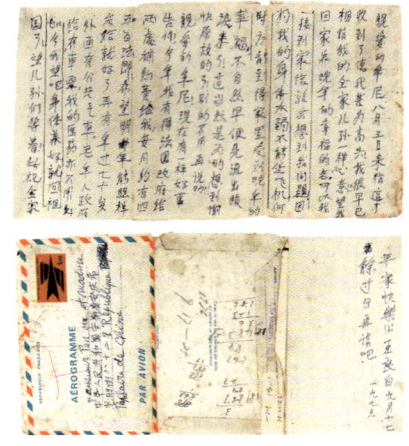

潘玉良写给牟尼、德秀的家信
1976年9月
家属藏

个人……"

玉良惊愕地"哦——"了一声打断了客人的话。她想起来了，留苏学生，在瑞士疗养的王萍姑娘。她高兴得再次拉起王萍的手，再次仔细打量着她说："王萍姑娘，您变多了，叫人不敢认啦！真没想到今天能在我家里接待您，实在太愉快了。"

安尼丝端上了茶，玉良附在她耳边说了句什么，一会儿，安尼丝又端上了一盘黄灿灿的奶油蛋糕，并递给王萍一条热毛巾。

玉良将蛋糕盘子向王萍面前推推说："别客气，尝尝安尼丝的手艺。"

王萍大大方方地拿起一块蛋糕咬了口，向安尼丝笑笑说："做得真不坏。下次来可别这么客气呀！"

"要讲客气，这就叫人笑话了。说真的，我倒是应该好好地请请您。我心里一直都在感激您呢！"

"感激我？从何说起呀？"王萍不解地问。

"在瑞士的相见，您豁达的见解给了我难忘的启迪，至今没能忘怀。它曾慰藉过我渡过了想回国而没能回国的痛苦难关。我在心里一直把您称为尊敬的小知音者呢！"玉良由衷地表白着。

"夫人，您太过奖了。我现在已记不起当时我胡诌过些什么。不过，就我接触过的旅外同胞，由于各种不同原因，有很多人想回国而没有回到祖国。但是，他们无时不在关注祖国，思念祖国，希望祖国富强昌盛。"

玉良热泪盈眶，声音有些颤抖地问道："祖国也这样看待我吗？"

王萍恳切地回答："当然一样。祖国一直关注着您在世界艺坛上的成就。您最近的英国之行，为皇家美术学院临场作画，在艺术界影响很大，我们也为之高兴。"

玉良听到这里，感情异常激动，一下搂住了王萍，就像搂紧她久已思恋的祖国，欲把千缕情思，万种思念，一下倾泻出来："王女士，得到您的理解，太叫人激动了。请原谅我的失态。我请求您向使馆转达我的要求，我要回国！"

王萍拿起毛巾，给玉良擦去泪痕，诚挚地说："一定转达给大使，一定转达给祖国。"

玉良这时才想起赞化，又不好意思直截了当地再向王萍询问，不觉长叹一声，自言自语地说："我的丈夫还在不在人世，我还没有得到个确切的消息，真叫人有些不安啦！"

王萍的脸上陡然升起了忧伤的阴云，她再次握住玉良的手。"夫人，我从内心尊敬您，也很同情您。您为世界艺术所作的贡献，也就是中国对人类的贡献。今天……"王萍停顿了一下，"使馆给了我另一个任务，就是来告诉您有关潘先生的消息。不过——我希望您要坚强些……"

玉良惊恐地从王萍手里挣脱出手，急切地问："赞化他……他怎么啦？"

王萍低下了头，悲哀地轻声说："潘先生早在1959年7月就离开了人世。您的孩子们，怕您过于悲伤，担心您的身体，所以才一直瞒着没敢告诉您。"

玉良的头"嗡"的一下，立刻脸色煞白，像一尊泥雕，笔直地端坐在沙发一端，没有言语，没有动作，没有泪水。室内死一样沉寂。哪怕一点细微的声响，都会导致悲哀的爆发。

王萍站也不是，坐也不是。她难受极了，使命再难也莫难过给人报丧。她悄悄地退出画室，在餐室给玉良留下一张条子说："亲爱的夫人：请您原谅我给您带来了悲伤，也请您谅解我的不辞而别，我是害怕我的存在会导致您更大的悲哀！坚强些吧，夫人！望善自珍重。过两天我再来看您。"

王萍走后，安尼丝就拿着留条奔了进来。玉良再也抑制不住她的悲痛，泪水像破了坝的河水奔腾而下，她一下倒在沙发上。

晚上，玉良谢绝了一切朋友的慰问，连守信也不愿见。悲痛使她弯曲了腰，她像只弓样蜷缩在床上。她先是埋怨儿媳妇不通人情，不该对她瞒了那么久；又怨赞化无情无义，招呼都不打一声就走了。她感到是被欺骗了，被抛弃了。她的心空了，空了，一切都随着赞化去了。她的希望、幻觉随着预感的被证实而破灭了。一会儿她又突然感激起儿媳妇来，感谢她把这个不幸掩盖了那么久，让她怀着希望生活了七年。后来她又怪罪起自己来，要是不打听，她就会带着蒙眬的希望度过晚年，那该多好啊！她又沉浸到希望和幻境里。

夜，静悄悄，她听不到被赶出去的咪咪的搔门声，也听不到秋风秋叶的低鸣，她的脑屏映现出赞化变幻的影像，他在这更深人静之时来同她幽会了。

他偕她漫步荷塘；在灯下耳鬓厮磨给她授课；他端碗热气腾腾的银耳汤药向她走来，一匙一匙送到她嘴边；他猫腰钻出了假山洞；他翘首在吴淞口巴望她回来……赞化的影像填满了她此刻的心田，充溢了脑海。一合上眼，他就朝她走来。她慢慢支撑起躯体，倚在床头默坐，她害怕脑中的影像会随着她意识的清醒而失去，她突然产生了要把他画下来的欲望，挂在房中，可以天天看着他。她拉亮灯，穿好衣服，下了床，在一堆备用的画框中选了一只，架在画架上，没穿工作服就画了起来。

慢慢地，她忘了哀痛，也忘了自我的存在，她很快廓清了赞化的形象，把对赞化的千缕情丝万缕爱寄托于色彩，倾注在画布上。

她的画笔在不停地飞舞,她完全沉浸到色彩的变化之中,她要把他的个性呼唤出来。

当赞化的轮廓在画布上逐渐清晰,她脑海中又出现了一群她终生难忘的形象,她的笔下就不知不觉地画起了他们。赞化的额上出现了洪先生的额纹,眼上站起了刘校长无畏的眉锋,长上了琼斯教授的大鼻子,耶赛夫斑白的长发,还有米斯太太俊美的眼睛。她忘情地画着,把她心灵深处对他们的爱和她对美的理解尽情地表达出来。接着她心屏上又映照出另一真诚地爱着她的人。自从在塞纳河畔拒绝了他的求爱,他们的关系便发生了根本的变化。虽然他也怨恨过她,恨她是冷血动物。他终于还是想明白过来了,淡化了苦痛,也更理解了她。是呀,人间除了性爱,也还存在更高尚的情操和骨肉同胞的珍贵友情。现在他们成了真正的姐弟,亲密无间、肝胆相照的姐弟,他们在一起再也不拘束、不紧张了。他为她作出了许多牺牲,对她的追求艺术忠心耿耿地扶助,尽心尽力地支持,甘做绿叶和底色,他自己则默默无闻,没有一张可以夸耀的成功之作。而她的每幅作品都渗有他的汗水,每次成功都伴有他的牺牲,她的作品上虽然题着潘玉良的名字,奖章上刻着她的姓名,那里面都有他的一份心血。以至她作画时,已习惯他也在旁边。即使他在沙发上打瞌睡,只要听到那使人安稳的轻微鼻息,她的作品就能增添秀色。伴随玉良的感喟和守信影像的出现,画面上出现了守信真诚的微笑。

玉良画着画着,自己也不知道是怎么回事,只要脑海里出现赞化的形象,就会同时出现她人生道路上所遇到的善良的人们。只要画到赞化,就想同时画下他们。他们像大地样哺育过她。正因为得到这么多好人的相助,她才得以在艺术上取得一点成就,没有他们就没有她,更没有她所创造的艺术。她永远忘怀不了他们,她永远

潘赞化像
50cm × 33cm
1937 年
家属藏

感激他们。为了记住大海的情意和大地的乳汁，她久怀希冀，欲把她的情感和他们的品格融进艺术，创作出一个完美高尚的艺术形象。她尝试过多次，一直没有找到理想的体现方法。今天，在她给赞化写影的时候，脑海中奇异景象的出现，使她意外地完成了这一设想。她感到像了却一桩心愿后那样激动和满足。

　　玉良放下笔时，东方已显出微光。她推开窗户，让雨后清晨湿润新鲜的空气漫进来。虽然一夜没睡，她却感到一阵清爽。昨夜的悲哀随着心愿的了却稀释了。她背靠着窗棂，借着窗口投进来的曙色，再次端详着画面。它不是赞化的肖像，也不是脑中似曾出现的群像，他们既肖似又不全然，是个艺术形象。用玉良的话说，它是人生在她心湖中的投影。只有真正热爱人生和热爱真善美的人才能读懂它。她再次拿起笔，在画面右上角写上了一个"缘"字。

黄菊花
彩墨
69cm × 57cm
1960 年
安徽博物院藏

花瓶
油画
33cm × 24cm
年代不详
安徽博物院藏

沉思
彩墨
79.5cm × 64cm
1962 年
中国美术馆藏

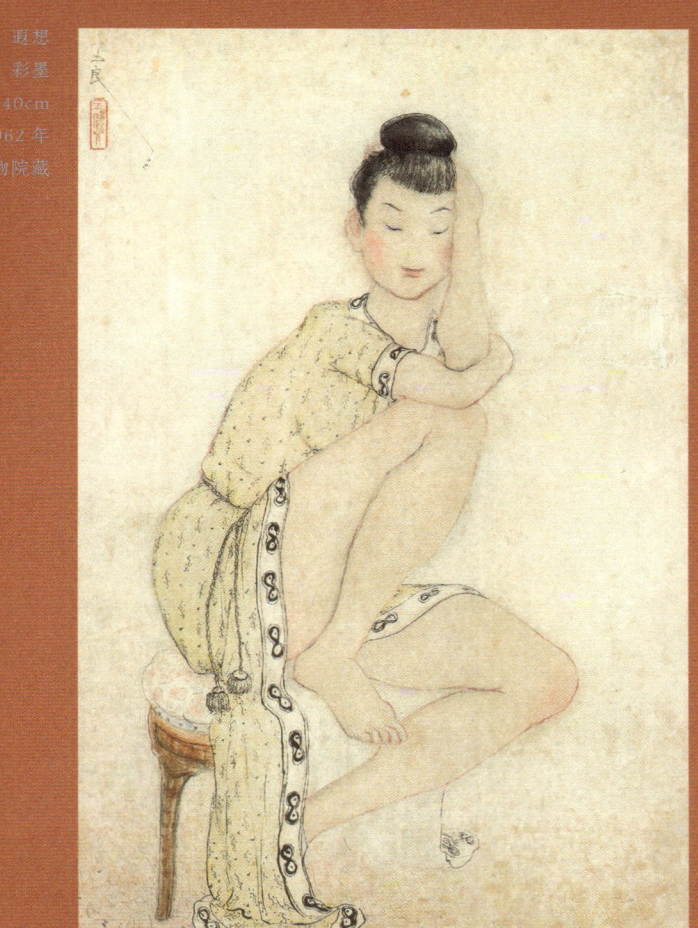

遐思
彩墨
63.5cm × 40cm
1962 年
安徽博物院藏

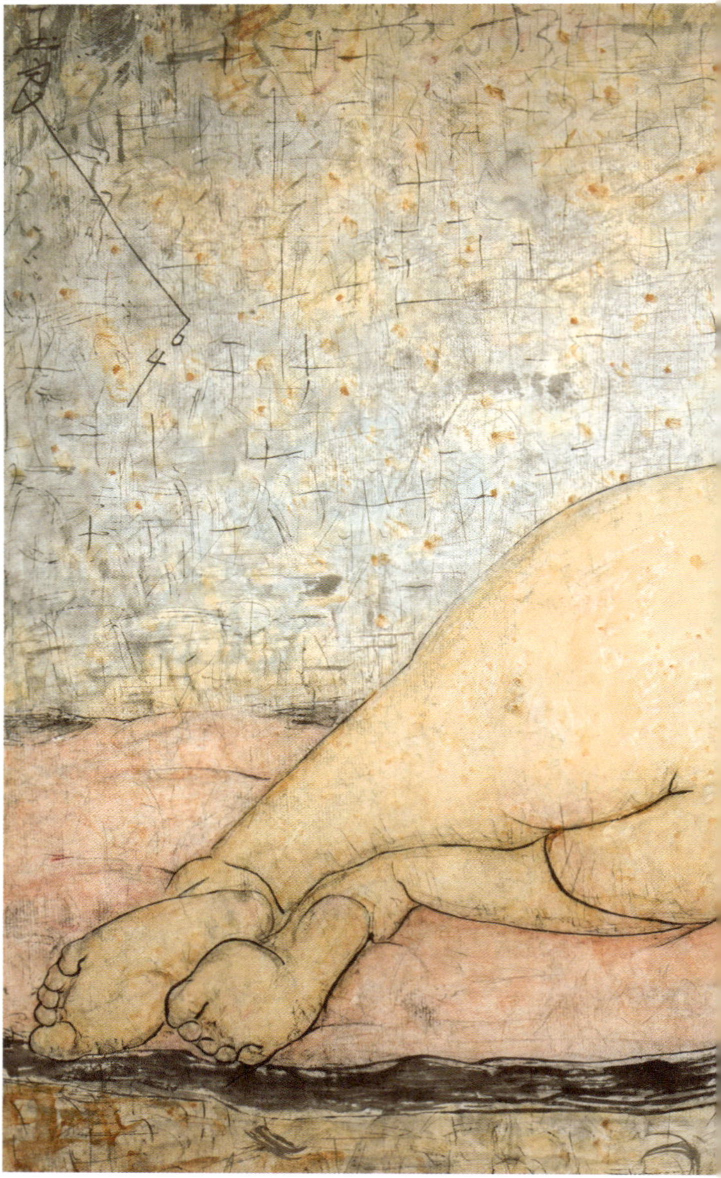

观猫女人体　彩墨　64cm×90cm　1964年　安徽博物院藏

三、病

　　一场平地而起的风暴，把玉良的归乡梦再次吹逝了，也把她送进了多病的晚年。寂寞和孤独折磨着她，乡恋又诱惑着她。

　　夕阳把最后一抹余晖移上她的窗台，窗口那盆吊兰的影子清晰地印在纯白的窗帘上，就像一只盛满了花的篮子。关不住的旁枝逸束，生机勃勃地往篮外伸出，辨不出它们的色彩，就像故乡芜湖出产的一幅铁画，美不胜收。树高万丈，叶落归根，这情景更激起了她思念祖国的情怀。希望，哪怕只留有一线希望，她也仍然在期待着，希望着。既然等待过许多冬冬夏夏，就可以继续等待下去。如果说过去的等待是在苦苦追求色彩的变化中的静心等待，现在的等待则是一种焦躁不安了。她预感到这种等待有落空的危险性。

　　守信又给她请来了医生，检查过后，医生诚恳地告诉她："夫人，不能远行！您的健康……"

　　他没有说完，玉良就已领悟到疾病对她威胁的严重性了。"不能远行！不能远行！"玉良耳畔长久地响着这句回声，希望对她来说，已是大海上折了桅杆的小船，那上面虽还闪着一星半点的渔火，但对她，却还有着强烈的吸引力！她是那么向往它，是那么苦苦追求着它。现在，它搁浅了，在那浅滩上摇摇晃晃，就是启动不了！难道用全力也不能推动它吗？不，她要用最大的努力，去推动它，把它推到能载走它的海面。她怀着这种希望，试探地问医生："先生，难道我的健康就没办法恢复了吗？"

　　"夫人，"医生礼貌地回答说，"对于疾病，应有耐心，治疗要持之以恒。您应该去住院治疗,我们医院设备齐全,医疗条件好,若是夫人肯赏光住进我们医院,我们将尽全力使您早日恢复健康。"

"住院?"玉良心里咯噔了一下,她还没有考虑过,往日生病,也只请医生来看看,因为这里住院治疗的费用昂贵得吓人。她很得体地回答说:"谢谢,我再考虑考虑吧!"

医生走后,守信不悦地对玉良说:"还有什么可考虑的,应该马上住进医院!"

玉良无声地叹了口气说:"那要一笔很大的开支呀!"

"你这人哪!是人要紧还是钱要紧呢?我守信就是饿饭,也要让你恢复健康!"

一串眼泪从玉良多皱的脸上滚落下来。

为了去推动那搁了浅的小船,她要舍弃一切来恢复健康!她点点头说:"好吧!你去办手续。"她怀着忐忑不安的心情期望现代医疗技术能还给她健康。可是,她又想到,有些老年病人一住进医院,反而衰弱得更快,加速了死亡,她会不会也这样呢?命运是叫她早点康复还是迅速把她推向死亡呢?她不敢想了,要么恢复健康,回到祖国,回到家乡;要么告别人生,到那不可知的世界去。不管怎样,她再也不能继续在这里生活下去了!她要在住进医院前,做好回家的准备工作。她唤来安尼丝,要她把那些旧皮箱都搬到画室来,以便她指点清理物品。

安尼丝先服侍她在沙发上靠好,一面嘟嘟囔囔地说:"让你好好休息,你翻这些多少年不动的东西做什么?"一面却听话地将箱子一个个搬到她面前。

玉良深情地凝视着跟随了她几十年的旧物,那昏暗的眼睛顿然神奇地熠熠闪光。仿佛是少女突然遇上了日思夜梦的情侣,仿佛是久别的儿女见到了母亲。她亲切地唤着:"安尼丝,我的妹妹,请你快打开。"

安尼丝已不是当年的阿比西尼亚妹妹了,现在已是年逾花甲的老太太了,肥胖得有些臃肿的身子,动作起来略显迟缓。她先打开一只深棕色的箱子,看见里面尽是中国姐姐穿过的破衣旧衫,她有些不理解地望着玉良。

也许对这样一位易动情感的老年人来说,回忆往事大概是她最大的幸福吧!她示意安尼丝将衣服一件件拿出来给她看。她接过安尼丝递过来的一件件曾经穿过的破旧衣衫,苍白多皱的脸激动得泛起了微红。她把一件颜色斑斓的旗袍展开在身上比试着问安尼丝:"这件衣服好看吗?"

安尼丝瞧了一眼,轻轻地从她手里接过来,笑笑说:"中国姐姐,今天你怎么啦?这上面尽是五颜六色的油画颜料,还往身上左比右比,有什么好看!"

玉良急急地指着被安尼丝扔下的衣服说:"快,快捡起来。安尼丝,难道你忘了,电影公司来拍我在画室工作的纪录片时,我不就是穿着它的吗?"

安尼丝的眉头皱了皱,突然"啊"了一声,敲着自己的前额说:"看这记性!我想起来了,那天我要你换件干净衣服,你偏偏不肯换。"

"唉!"玉良感叹着说,"我就是穿着它,随着《蒙巴拉斯人》这部电影,跑遍了世界。你快把它放回箱子,是件纪念品呢!"

"中国姐姐,我不理解,纪录艺术家的电影,为什么要叫《蒙巴拉斯人》呢?"

"我们住的这个地方不就叫蒙巴拉斯区吗?这个区里是巴黎艺术家聚居的重点区域,《蒙巴拉斯人》就是指居住在这个区的艺术家。"

安尼丝点点头,表示理解了。

安尼丝又掀开一只箱子,其中一条裤子吸引了玉良。它把她一下拉回到那些不知疲倦的艺术追求的岁月。这是一条褪了色的粗布裤,很难辨认它原来的颜色,两膝和臀部打了深咖啡色的补丁。她常爱穿着它到巴黎远郊乡村去写生。为了取得一个好画面,在地上一跪就是几小时,一蹲就是半天,裤子很快就脏了、破了。背着画夹,挂着水壶,破衣烂衫,活像个沿村乞讨的乞丐。"那时真有意思!"她自语着,仿佛有股豪情从心底往外漫涌,她由衷地幸福地笑了。

安尼丝对一件湖蓝色的提花缎子旗袍发生了兴趣,拎在手上抖着说:"这一件倒不错,我怎么不见你穿过啊!"

"穿过,穿过。"玉良连连说,"是为到英国去举办画展时做的。"

十二年前的法国海关,她和守信坐在海关官员的办公室里,满脸阴云。她大声地对坐在办公桌后面的一位官员说:"去英国画展,早就订的合同,你们不放作品过关,引起的后果,你们要负责任!"

"夫人,请息怒!"那位总是笑眯眯的海关官员礼貌地回答说,"谁叫您是名画家呢!按照政府规定,您的作品不许随便出口,要过关,必须照章申请核准出口,才能放行。"他又抱歉地笑了笑,"对不起,请原谅。"

玉良认为这是海关有意与她为难,很不客气地质问道:"画展合同日期已近,先生,你敢承担损失?"

守信怕事情越弄越僵,便解释说:"先生,我们事先不知道画作出口要申请核准,现在画已运来了,那边日期已近,再回去办核准手续已来不及了,能否通融这一次?"

任凭怎么解释，就是不给过关，没办法，玉良只得将作品留在海关，到伦敦后，临时画了两张画送到皇家美术学院展览。

这件中国式旗袍，是她在英国伦敦皇家美术学院赢得声誉和地位的见证呢！

啊，安尼丝，不要看不起这些破旧衣服啊！它们是无法用价值法则来计算重量的！它们是她的一串足迹，是她的大半部历史。她的青春，她的爱情，她的欢乐，她的悲伤，她的心血，就好似那些点点颜料，那溅落的色彩，一起消融在那些陈丝旧布里，它们是她为人为艺的目睹者啊！安尼丝，她再也拿不动画笔了，再也写不动那色彩的历史了，花谢了，再也散发不出芬芳了。老了，累了，她的眼皮抬不起来了！

"这小箱子好沉哪！中国姐姐。"安尼丝又搬来了一只箱子。

这句普通的话语，却震动了玉良。她反应的灵敏度竟不减当年，忙说："你放到我身边来，我自己来开。"

这是一只小巧玲珑的皮箱，年代的远久使它由原来的紫红色变成黑红黑红的了。这里面装的全是她的家信。有的是赞化写的，有的是儿孙写的。玉良把那一捆捆的信都拿出来放在沙发上，伸开那已粗糙得像工匠样的手，轻轻地抖抖索索地抚摸着它们，就像抚摸着她的亲人，她的孩子。她间或抽出一封看上两眼，像品嚼橄榄和苦茗，那叫不出的复杂味儿，一点一滴渗进她的心田。难言的痛苦，痛苦的思念，不能忍受的孤独，一齐向她袭来。她紧紧抱住这一堆信，像一个母亲拥抱着心爱的幼儿，犹恐失去；像一个情人，尽情地感受对方的体温。也许，她还能见到他们，也许，她只有拥抱这传递讯息的薄纸的命运了。她拣出一部分，含泪用一条丝带把它们扎作一捆，又用一张洁白的纸，把它包好，抖抖索索提起笔，在包

封上写道:

"假如我死在外国,请我的朋友将它带回祖国,给我的小孙子作纪念。"

1969年潘玉良获
"从鼓励到进步协会"荣誉证书
家属藏

1971年法国艺术家协会颁给
潘玉良的鼓励奖荣誉证书
家属藏

潘玉良穿过的旗袍

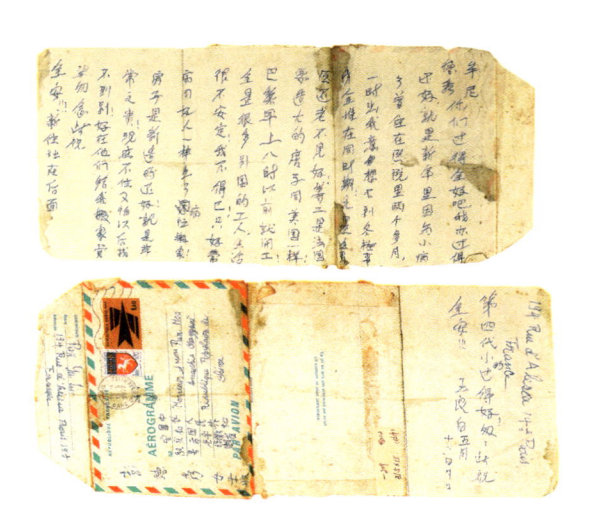

潘玉良写给牟尼、德秀的家信
1977年5月
家属藏

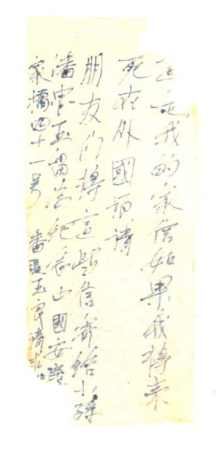

潘玉良遗嘱
1977年
家属藏

玉良做完这些，好似已用尽全身的力气，她倒在沙发上，喃喃自语："安尼丝呀安尼丝，不要小看这些箱子，它们虽说破旧，却都是我从中国带来的，我要让它们还回到祖国去！"

四、归

　　每当万籁俱寂，更深人静的时候，玉良常爱把自己走过的坎坷道路比作一条蚕的一生。蚕经过四次蜕皮的痛苦，每蜕一次皮，就向成熟走近一步，最后酿就满腹晶莹透亮的丝，吐呀吐，吐尽了，织就一床锦绣罗帐，平静地进入长眠。可是，她又常悲叹她连蚕的命运也不如，蚕只蜕四层皮，就找到了一个平静的归宿，心安理得地长眠；而她的一生不知迈过多少坎坷，遭遇过多少冰刀霜剑，她也为人们吐过束束新丝，她却得不到平静地进入长眠的幸福。

　　半年前，她住进了医院后，辗转在床榻上，就常常这样悲哀地长叹。近来她完全依靠输液来延长生命的时日，有时清醒，有时虚妄。她一会儿化作一只流落山外，飞不回巢的老鸟，眼巴巴望着故林旧巢，凄切切在原地拍打着翅膀；一会儿她又变成了一只忽上忽下的风筝。她意识到维系她生命血肉的那根无形的弦，就要永远失去了，这是比一切感情更为沉重的啊！奋斗一生，为了什么呢？以前为着做个人，后来为了艺术的创新求索。在奋斗的道路上，有过成功的喜悦，也有过失败的痛苦，最后却要失去心头最珍贵的东西。当回祖国去的一切障碍都消除了，儿孙们向她张开欢迎的臂膀的时候，她却陷入了老病孤榻，要把尸骨丢在异国他乡了。

　　痛苦和乡愁蚕食着她的肌肤神智。她双颊瘪陷，颧骨凸起，眼珠也不能自如转动了，不时陷入迷迷糊糊之中，飘飘忽忽，升升腾腾，仿佛回到了祖国，在她走过的路上寻觅过去的足迹。

　　小兰迎面走来了，喏，剪了短发，海蓝色的大襟褂子，她一点儿也不显老，还是那样美；啊，赞化他仍站在吴淞口眼巴巴抖动着嘴唇，淌着泪水在等待她；牟儿带着一大群孩子迎接她，前呼后拥把她让进了家。跨进门槛，就瞧见牟儿妈背朝大门跪在祖宗牌位前，磕头烧香，是在乞求神灵保佑她回来。她又走进了一座深门大院，室内金碧辉煌，陈设华美，啊，好大的一个现代化画室啊！设备齐全得无与伦比。人呢，都到哪里去了？她听到了嗡嗡的细切的人语，是从一道幕布里传出来的。她手一挥，幕布开处，里面正在画人体，多么匀称漂亮的模特儿姑娘，她也想挤进去画，前面有个人挡住了她，她凝视了那人一眼，好面熟呀！她认出了，"刘校长！"她高兴地叫了一声，他却摇摇头表示不认识她，好伤心啦！她扭头就往外走。"不好！"李妈妈带着一群牛头马面来了。她大惊失色，拔腿就跑。啊，腿怎么这样重呢？一点也使不上劲，抬不起来，老在原地迈不开步子。李妈妈追来了，抡着大棒，朝她砸来。她高喊一声："哎哟！"头被击得好痛啊！眼睛直冒金花。光环套光环，晃得她眼睛好痛啊，想睁又睁不开。她张了张嘴，想喝口水，鼻孔里有股怪味。她想伸手去摸摸，手臂好像是被人按着，有股东西在手臂的肌肉里汩汩流动，心上吹来一丝凉凉的风，她感到比刚才要舒服得多。哪来的这么多人呢？还有哭声，匆忙的脚步声，细切的话语，"她醒过来了"。

玉良她清醒了不少，刚才，她确实是回故土去了，见到了亲朋故旧。奇怪，刹那间又回到了病床上，又能清晰地听到自己的心跳声了。心跳声怎么会发出铮铮的声音呢？啊，是表！她带在身边四十年的怀表！修过几回，表面生了黄锈，表壳上的镍已斑斑驳驳，表链也露出了它本来的黄铜色。她伸手摩挲了会儿，心里舒畅多了，眼也不觉得枯涩疲倦了，室内的光也柔和得多了。她微睁开眼睛一看，室内挤满了人。

她看到一个尊敬而熟悉的面影，那是常来看望她的大使馆的官员王萍。她默默地垂着头，满脸抑郁。她想起她们的初识和后来的交往。祖国那场陡起的风暴前夕，她给她带来过总理的关怀。她还清楚地记得当时王萍说："祖国理解你的心情，也诚挚地欢迎你回去，什么时候回国，总理有考虑，由我们安排。"一晃十年，祖国结束了动乱，王萍又特地来给她报告喜讯：她的老校长刘海粟健在，问题都已得到解决；她的儿子潘牟也回到中学任教。多好的一个年轻的外交官啊！

托付你，请代问候黄山的云海，东海的旭日，陶塘的荷莲，白荡湖上的渔舟。请代我向滚滚的长江，普陀山下的百步金沙上的柔

黄山云海
油画
潘玉良作
1936年《唯美》杂志封面

软海水致以敬意！拜托了！啊，秦淮河畔的古桥头，那河里水面上缓慢漂流的枯叶；啊，瘦西湖的琼花，可曾开白？可还像那洁白的粉蝶？大明寺的钟磬，多想再听一次你那清远的旋律啊！小门槛，脸枕得麻酥酥的门槛，还有那光滑的石板小街，多想念你们哪！朋友，当生命就要离我而去的时光，我向你伸出手臂，拥抱你，到你身边走一走，深深吸口扬子江边的油菜花的芳香，再调上一板油彩把你画就……

她抬眼在室内搜索，从明亮的落地长窗边转向东边的墙壁，壁上有张画，是她从祖国带出来的唯一作品《黄山石笋峰》。她的目光与它一接触，顿时就放射出异彩，久久落在上面。历次展览，她都舍不得拿出去，而是挂在她自己的卧室里。闲来独息时，就呆呆地望着它追忆往事。住进医院后，只有最了解她的守信，才会想起把这画带来，挂在她抬眼能望到的地方。

她的目光还在搜寻，她在找一个人。找呀找，她失望了，在朋友中，她早已失去了那个熟悉的身影，李林先生已在她之前先走了一步。他是去给赞化报信去了吧！讲她就要来同他相会，再也不分开。

她的目光收回来了，落到床边的守信身上。他还像个孩子样，眼睛肿得像对红桃子。他的脸近来消瘦了，清癯了，这是她的疾病留在他脸上的印迹。她的心又一阵钝痛，她再生再世也还不清他的情债。他待她是姐姐，胜于姐姐，现在她就要抛他而去，怎能不叫他悲哀呀？她希望真有人间天上，他们还会相见。

她想到这里，便向守信示意，要他把头低下来，她要和他说话。她颤抖抖地从前胸口袋里掏出怀表，又从脖子上取下嵌有她同赞化合影的项链，放到守信手心，用尽最大的气力说："兄弟，多少年来，有劳你照应。看来我不行了，最后还要托你一件事。"

守信侧脸让耳朵在离她嘴边很近处听着。她的嘴用力抿了抿，眼睛也随着嘴巴的牵动眨了眨，滚出了两滴老泪，潜进了斑白稀疏的鬓发。她叹了口气，费力地继续说："这些天来，我恍恍惚惚，似回非回，是因为我心里还有件事不能叫我闭眼哪！今生今世最大的遗憾是生前没能回到祖国，也只有你最了解我在国外的几十年就是想念故土的几十年，我像孩儿想娘那样无时无刻不想回到母亲的怀抱。祖国生我养我，我没有为她竭尽绵薄，就连这躯体，也不能肥我沃土。唉，多大的遗憾哪！兄弟，这两样东西，请求你把它带回祖国，转交给赞化的儿孙们……还有那张自画像和那几只箱子也带回去，就算我回到了祖国……拜托了，我的灵魂才能得……"

她的声音越来越轻了，她的眼睛在嘴唇无声的嚅动中闭上了，攥着守信的手也慢慢地松开了，分手了。

守信捧着这两件信物，泪如泉涌。

室内出现了短暂的沉静。仿佛玉良刚刚睡去，人们害怕一声粗重的呼吸，一声排遣悲伤的轻微叹息，都会把她惊醒似的。忍呀忍，垂首默默向她致哀。然而，人们抑制悲哀的力量是有限度的，一旦超过了饱和，就势如山洪爆发。突然，玉良的阿比西尼亚籍的患难姐妹、管家安尼丝，拨开人丛奔向她的遗体，搂抱着，摇撼着，哭喊着："中国姐姐啊中国姐姐，带我一道走呀！"她把头埋在玉良的胸前，痛不欲生。

守信克制着极大的悲痛，劝慰地拉开安尼丝说："安尼丝，不要这样。不要太伤心。你是夫人的朋友，我会像夫人那样对待你。快起来，让她静静地睡会儿吧！"

哀痛的堤坝破了，病室被啜泣声淹没。

潘玉良艺术家之墓　巴黎蒙帕那斯公墓7区

"呜——"塞纳河鸣起了汽笛。

"当——当——"巴黎圣母院撞响了沉重悠远的钟声。

这是欢送玉良灵魂回归母体,也许是迎接她进入天国!

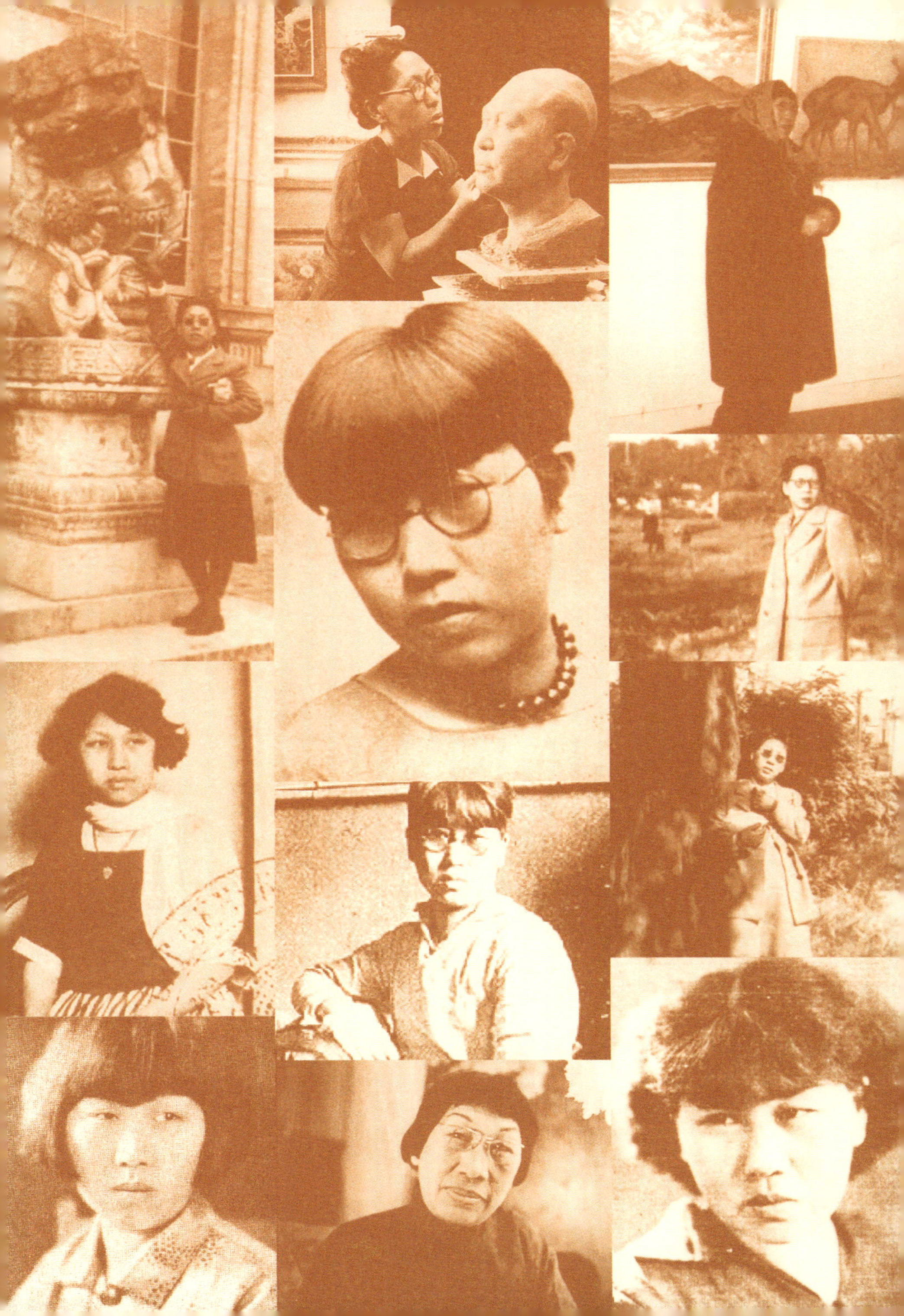

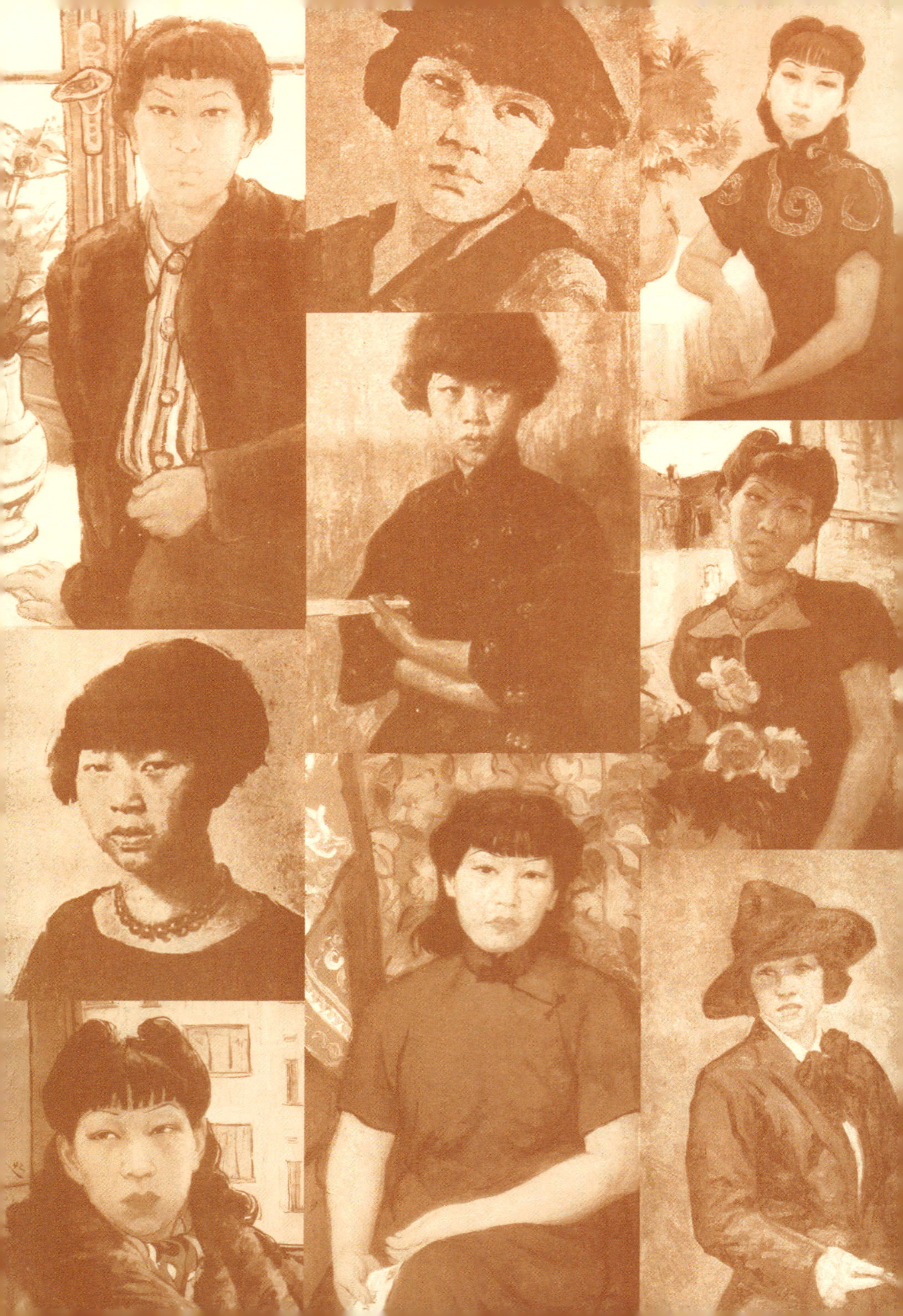

〔 * 附 录 * 〕

刘海粟谈潘玉良

潘玉良、潘玉良，随着本报连载小说《潘玉良传》一天天刊出，这辛酸而苦涩的名字不胫而走，越来越深地铭入人们记忆的深处。有关《潘玉良传》的读者来信如雪片似的向本报编辑部飞来……然而，最关心潘玉良和《潘玉良传》的还是要算一代画师刘海粟教授了。

刘海粟是潘玉良当年就学于上海美专时的校长、老师，今年八十有八。当记者趁他的绘画近作即将在上海展览之际前往采访他时，他说：《潘玉良传》最初发表于《清明》杂志时，他就认真地读过，对本报目前连载的《潘玉良传》，他依然带着怀念的心情天天在读。

"石楠写得好啊，所有的人和事基本上都是真实的……"他说。他还告诉我，发现潘玉良的绘画天才并建议潘赞化送她进入上海美专学习的，是当时的中国共产党总书记陈独秀。陈独秀和潘赞化一起办过报，当潘玉良脱离虎口和潘赞化来到上海结婚时，陈独秀是他们唯一的来宾和证婚人。入学考试时，潘玉良的成绩最好，可当时的教务主任考虑到美专为画模特儿已引起过一次风潮,受到社会上的攻击,再接受一个出身青楼的女子入校,可能会把学校的牌子砸了,竟没有录取潘玉良。刘海粟听到后,马上拿起毛笔赶到榜前,在第一名的旁边添写了"潘玉良"三个大字,并亲自去通知潘玉良,告诉她已经被录取了。

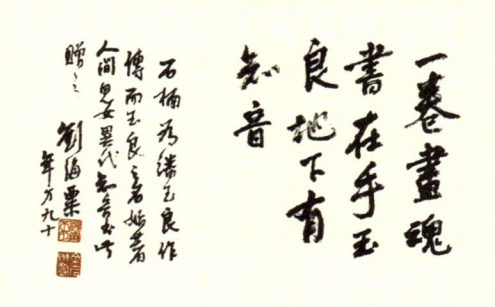

刘海粟手书"一卷画魂书在手,玉良泉下有知音"

潘玉良终于进入了上海美专读书,学画,成为旧中国第一批男女同班学习的女学生。有一次,美专师生去杭州旅行写生,晚上在西子湖畔开游艺会,同学们能唱的唱,能跳的跳,各显其能。忽然,有人提出要潘玉良唱一段京戏。刘海粟见潘玉良还在犹豫,就鼓励她道:"会唱你就放开嗓子唱嘛!"于是,潘玉良清了清嗓子,唱了一段《李陵碑》。歌声凄凉、缭绕湖岸,老师和同学们都听得呆了,唱完后好久才想起鼓掌。然而,有几个人出于嫉妒,打听到潘玉良的出身,便故意散布秽言污语。有一个富家小姐竟为此退了学。为了使潘玉良摆脱这个令人窒息的为封建势力所包围的恶劣环境,当然,也是为了让她艺术上有更大的长进,刘海粟劝她去法国留学。在她学成之后,又毅然聘请她回美专担任绘画研究所系主任和教授。

1949年之后,刘海粟也曾给又去法国留学的潘玉良写信,告诉她时代已经变了,希望她回来,而潘玉良也想回国。在此几年前,她曾寄给潘赞化一首小诗,诗中写道:"遐路思难行,异域一雁声。露从今夜白,月是故乡明。身处繁华界,心涌故国情。何日飞故里,不做寄篱人。"然而,将要启程时,却听到刘海粟成了"右派"的消息,只得放弃了回国的念头。"四人帮"被粉碎后,潘玉良拟即回国,却因病重难以成行。她写信给儿子说:"我的精神很痛苦,老想回祖国。你喜欢吃我做的红烧肉,等我身体好了,就回来做给你吃……只要回去,我的病就好了。"然而,她没能盼到这一天,终于客死异域。

"潘玉良,潘玉良!你的名字已经回到中国,你可以安息了!"——在我起身即将离开时,刘海粟教授还在喃喃地说着。

(原载1983年4月6日《文汇报》)

我看潘玉良的画

我写《画魂:潘玉良传》之前,没有见过她的画,就是印刷品也没见过。在采访潘赞化儿媳彭德秀女士时,我才第一次见到了潘玉良的一幅油画《自画像》和印成明信片的三尊雕塑头像照片,其中的一尊就是美髯飘逸的《张大千头像》。我看到的《张大千头像》虽然只是照片,却让我心灵受到了审美的强烈震撼,那是青铜铸就的诗啊!那有如瀑布磅礴而下的潇洒长髯犹似凝固的乐章,我深深地爱上了这尊雕像。若非深厚的素描功力,是绝不可做出这样美到极致的作品。

由于《画魂:潘玉良传》的影响,福建三明市有位从事旧物回收的先生,给我寄来了从1929年第十五卷第七号《妇女杂志》上撕下来的"女青年艺术家"专栏中的几页。上面刊有潘玉良在全国首届美展上展出的多件作品中的两件:《顾影》和《灯下卧男》,还刊有对她艺术成就高度评价的短文。同时发表了潘玉良的《我习粉笔画的经过谈》,这是目前仅见的潘玉良公开发表的唯一文字。这是我第二次读到她的印刷作品。这两幅作品都是她用彩色粉笔创作的人体，一男一女。人物的神态自然，让人能窥见他们的内心世界。这两件作品都是她在罗马国立美术学院求学时的作品，体现出她深厚的素描基本功力。

1983年，在上海一位朋友的帮助下，我读到了1934年4月中华书局出版的《潘玉良油画集》，里面刊了她45幅作品，黑白印刷。每幅作品，都有透明纸印制的作品说明，这对我了解她的绘画艺术很有帮助。比如，封面《自画像》说明曰："1928年绘于上海。其时在座多人，为潘玉良画像，引起了她的兴会，即提笔调色自绘之，一小时即完成，观者无不赞她手腕异常灵动敏捷，用色丰富，以黄色为主，混合其它色彩盛多，首次出品于南京市教育局绘画展览会。"

刊在首页的是《我之家庭》。这幅画的背后，隐藏着一个女人的深爱和一件艺术品兴亡的悲怆故事。潘玉良嫁给潘赞化后没有生育，她希望潘赞化不要因为有她而冷落原配方氏。1919年她瞒着潘赞化而又以潘之名义，多次写信给方氏，接她到上海与他们共同生活。方氏到了上海，玉良又逼着潘赞化与方氏同居，并说，如果得子也算是她的儿子。次年，方氏果然生了潘牟。潘赞化在记载潘玉良大事的诗中有一首《迎妇生子》的诗说："几回青鸟使申江，避席亭间扫玉床。大礼躬行迎旧妇，天津牵遣小牛郎。"1928年，玉良学成回国后，就把潘牟带在身边，共同生活达九年。她爱她的这个家庭。1931年深秋，潘玉良自绘了这幅家庭肖像。1937年，她第二次出国时，将这幅她的得意之作和很多作品留给了潘赞化。这些作品在抗战前都运回了桐城潘家，藏于潘家阁楼上，1947年前后，遭遇火灾，大部分作品被毁。《我之家庭》却幸免于难。但后来，因为害怕潘玉良这个海外关系的祸及，在万般无奈下，潘赞化自毁之。悲也！

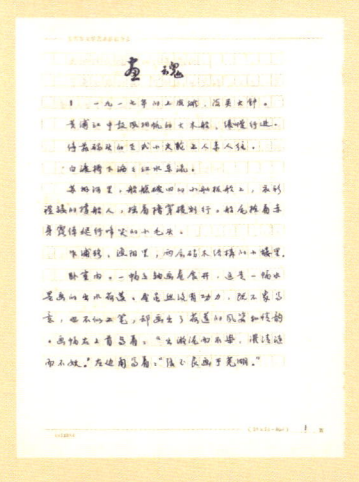

《画魂：潘玉良传》剧本手稿
程必 书

《画魂：潘玉良传》剧本手稿
程必 书

我真正看到潘玉良的绘画原作，是她遗物运回祖国之后。

《画魂：潘玉良传》在1982年4期《清明》杂志发表后，潘玉良成了家喻户晓的人物，读者纷纷给国家文化部门写信，要求运回她的遗作。1983年，国家有关部门派访法画家侯一民、汤小铭清理潘玉良的遗作。1984年4月16日，运回祖国。我是在省博物馆特辟的潘玉良绘画陈列厅，首次观赏到她的绘画原作。

玉良的绘画有她独有的特色，她的油画，色彩浓艳，用笔大胆，有着丰富的色感和一挥而就的抒情气息。她的人物画气势磅礴，肌肉丰满，富有弹性，特别是女人体，仿佛能看到皮肤下的血脉，就是变形的女体也很美。她的一些自画像，情绪婉丽，转侧见情。中国的风情，民间舞姿，一一被她写入油画小幅，《扇舞》《放风筝》《捉迷藏》都非常有情趣，诗意流溢。那些大幅的裸体人物，更是大胆淋漓地勾描。她的静物小品，给人生机圆美的感觉，有如塞尚，呈现着一花一世界的境界。如《牡丹》《瓶花与梨》《黄菊花》《芍药与面具》《白郁金香》《月季与扑克》等等。那些古色古香的花瓶，梦一般的郁金香，青花瓷瓶中的一丛向日葵，黄菊花或丁香，无不如一首首小诗。它们的美，顷刻可以渗透你的灵魂，只用看一眼，你的心就会立刻感到宁静和美。她自称的"玉良铁线"的线描画，那些线，确有"紧劲联绵，循环超忽"之致，她用她的"铁线"勾勒的"女人体"，她所作的潘赞化的白描肖像等等，一笔运旋，气脉不断，简净而凝重。她虽然吸收了西画传统和印象派以来多种绘画技艺，但整个风调还是中国的。从总体来看，她是有意识地在将中国画的线，织入西画纷繁的彩色之中，而比较之下，她的中国画则常以西画之风调融入传统写生之中,以国画写人体、画静物,使用油画背景来烘染,以印象派的点彩诸多技法,施于中国画,是她大胆的新创。

潘玉良终其一生探求"中西艺术于一冶",代表着绘画发展的一种潮流,赋予了她的绘画以明快的时代色彩。她留学八年,有着深厚的素描基础和传统功力,但她绝不拘泥于传统。她主张"古人中求我,非一从古人而忘我也"。她在艺术的具象和抽象之间驰骋才思,她虽然采用了一些抽象画的方法,却未走向单纯的抽象。她的作品绚烂而宁静,奔放而深沉,韵律铿锵而动情,已抵达了自如之境。她的艺术,足以与她同时代的杰出画家相媲美。她的作品,对当代探求创新的中青年画家颇具启示。

1997年12月石楠在巴黎潘玉良墓前敬奉鲜花

后记

我写《画魂：潘玉良传》的前前后后

感谢江苏凤凰文艺出版社推出纪念版《画魂：潘玉良传》，也感谢安徽博物院（安徽省文物鉴定站）提供的潘玉良画作图片，让我在四十多年后，还能跟读者谈谈我写作这本书的前前后后。

首先要讲的是潘玉良的姓氏之谜。起初，我看到她在法国举办的《潘张玉良夫人画展》说明书，她丈夫姓潘，我认为她将夫姓放到自己姓氏的前面是中国封建社会男尊女卑的传统习俗，不应该沿袭传统，所以在《清明》发表时用了《张玉良传》。1983年3月，人民文学出版社在出书前，请我去做些调整、补充和修改，编辑要我重新起个书名，张玉良传作副标题，并要求书名既要简洁响亮又符合书的内容。我想了很多都不满意，就与住在对门房间也在那里改稿的上海作家张锦江和西藏作家益希·单增商讨，请他们帮我出主意。《画魂》这个书名是当时的西藏文联主席益希·单增想出来的。后来为何又改为《画魂：潘玉良传》，是因随着这本书在海内外产生巨大影响，潘玉良散居在海内外的同事、学生、朋友读到书后纷纷给我写信，说她一直以潘姓行世，建议最好改成潘玉良传。我接受了这个建议，在后来再版中，都改作《画魂：潘玉良传》了。

一部能引起读者广泛共鸣的作品，一定是从作者心灵深处喷涌出来的真情实感之作，它是作者心灵的传记。我为何要写潘玉良，这与我的坎坷经历，我的人生体验有着密不可分的关系。

我出生在安徽太湖县李杜乡笔架山下一个小山村，在那里度过了凄楚寂寞的童年。我降生在日本帝国主义侵略中国的年月，母亲生我在逃难的路上，注定了我的人生要与苦难相伴。我是母亲的第五个女儿，前头四个姐姐，因为家贫，生下不久，都送给了人家。送出去的四个姐姐，两个被活活饿死了。我之所以幸免于难，得感激我的祖母，她坚持要留下我，说留个姐姐，才能引来弟弟。

我家祖上都是文盲，祖父是铁匠，常年在江南贵池乡下打铁。父亲是老实巴交的农民，想田都想黄了脸。我们那里属于大别山老区，解放前夕，兵荒马乱，山里的地主纷纷卖掉田地往外逃亡，祖父一下买了一些很便宜的田，兴奋过度，脑溢血死了。结果是我成了地主的女儿。我想上学，没有读书机会，只在夜校的扫盲班识得几个字。直到我长成十六岁的大姑娘，才在乡里小学校老师的帮助下，走进校门，插进五年级。

我十分珍爱这个机会。1955年夏，我以全区第一名、全县第二名的成绩，考取了太湖中学，靠几元钱的助学金和一些老师的资助，勉强升学。我初中毕业，父亲的肺结核病一天重似一天，母亲又因缺乏营养，双目失明，因为我的身份，学校不敢再继续给我助学金。虽然我的学习成绩总是班级第一名，可我仍然不得不终止学业，到安庆市当学徒工。每月只有十二元钱的生活费，我还要省五块钱接济家里，五分钱的萝卜角当菜吃一个礼拜。

可艰苦的生活并没有泯灭我的求知欲，我看一切能够找到的书，不放过任何一个自学的机会，上函授，听讲座，安庆市图书馆是我最爱去的地方，我几天就去换借一本书，认认真真写读书笔记，知识的甘霖润泽着我痛苦的心灵。我在三家小工厂一待就是二十年。二十年，多么漫长啊！我饱受冷漠和歧视，不管我如何努力工作，我的工作如何出色，好事都没有我的份。但这二十年，也是我丰富自我、提高自我的二十年。我读了大量古今中外名著，写了成麻袋的读书笔记，为我后来的写作，积累了丰富的语言和人生体验。

1977年后，国家要编辑全国古籍图书善本书目，我因自学过一点古文，被调到了安庆市图书馆，做了古籍管理员。这时我已是四十一岁的人了，膝下两儿一女，家务繁重。但为了能自由航行在书海里，我啃起了生涩的古文，像小学生那样，向老先生请教，将诗词、文段抄在卡片上，随时带在身上，供上下班路上背记。到了1981年，我已读了较多的古籍，萌生为巾帼才女立传的念头。

我们古籍部，常常有学富五车的老知识分子来看书借书，我与他们中的很多人都成了忘年之交。记得一天快要下班的时候，时任安徽省政协委员的李帆群老先生来找我借安徽的地方志，他正在编著《安庆史话》。我放下手里的工作去给他找书，当我把他所要的方志从书库拿出来交给他时,他对我说,你不是想要为不见经传的才媛立传吗?我想到一个人,我建议你写写她。她叫潘玉良,是潘赞化把她从妓院里赎出来的,她进过上海美专,去巴黎留过学,回国后在南京中央大学艺术系教过书,后来去了法国,就再没回来,听说她在巴黎还很有名气呢。我和潘家做过邻居,知道这事。这时下班铃声响了,我们各自往家走。可我的心情却没法平静,我心里老在想,一个生活在社会最底层的女人,她是怎么成了中国最高学府的教授,世界艺术都会巴黎的知名画家的?我想象着她的身后一定是一串串滴血足迹。我被自己的想象激动着、吸引着、热血翻滚着,饭不下咽,匆忙扒下了几口饭,冒着夏日正午的强烈阳光,匆匆赶到李老家,请求他带我去拜访潘赞化的儿媳妇彭德秀老人。

彭德秀老人给我出示了一张潘玉良自画像、潘赞化送给玉良的嵌有他们合影的项链、三张印有玉良雕塑作品的明信片和一张《潘张玉良夫人画展》说明书,还给我看了玉良下葬时的一组照片。说是他们家的表亲去年从法国带回来的。我从彭女士那里借回了画展说明书、自画像、三张明信片和一些照片,翻拍复印后就还给了她。我想请她谈谈潘玉良,她说她从没有见过这位姨母,并不了解她,无法给我提供更多的情况。

我认真反复研究了这些资料,画展说明书上有两篇文章。一篇是郭有守写的《我所认识的潘张玉良夫人》,介绍她生平。另一篇是东方艺术馆馆长耶赛夫介绍她艺术成就的文章,题目我忘了。就凭这点资料,加上合理的推测和想象,我写了一篇5000多字的文章,题为《旅法女画家潘张玉良》。这只能算是一篇人物小传。我投给了当时安徽省文化厅主办的文艺理论刊物《艺坛》，刊发在1982年第2期上，1982年第9期《新华文摘》全文转载。

这篇小传，没能把我要表达的东西抒发出来，我心里仍然堵得慌，感到日夜不安。我开始利用业余时间走访曾在上海美专和中央大学艺术系上过学的老画家和一些老知识分子，继续研究潘玉良。潘玉良生活的空间非常广阔，经历的时代漫长，性格的成长复杂，这对我来说，难度很大。而我所掌握的潘玉良的材料都来自间接，只不过是一个粗略的人生足迹。我既没条件去采访她的亲朋故旧，又没条件去看看她足迹所至的地域，我只是沿着她的足迹到书海中去求索。多读书，拜能者为师。凡是她所到过的地方，我都跟踪着去研读，哪怕文中只提及一笔，都得围绕着它去翻阅大量资料。

那时我在安庆市图书馆古籍部工作，分管着两个大书库，一个阅览室和编目工作，工作很繁重，就是离开五分钟都得请人代替，而且上班时间不能看与工作无关的书，我只能利用早晚下班时间研读资料。因用眼过度，眼睛出了毛病，检查出三种病：双目视神经疲劳症、眼底黄斑部分陈旧性病变、眼压升高，建议不要再看书，否则有失明危险。我怎么能不看书？眼睛痛得全身痉挛无法控制时，我做做按摩又继续看书。这一切又只能在工作之余和晚上进行。我在灯下坐到十一点，直到眼睛什么都看不见为止，早晨四点就强迫自己起床。那时正值1981年严冬，我体质不好，老感冒，从热被窝里起来，就喷嚏接喷嚏，打得鼻涕眼泪潸潸。爱的力量让我坚持下来了。所幸的是，我喜欢美术，曾经读过一些美术作品和美术史，为我写潘玉良提供了条件。虽然我还不知道如何去塑造人物形象，只是由于爱，爱文学，爱笔下的人，爱一个顽强与苦难搏斗的灵魂，就那么随着感情流淌下去，以至不能自已。

我有个设想，要让她在每一个人生道口活过来，叫她喊出我的心声：世界上没有征服不了的困难，人的命运可以通过抗争来改变！条件差，基础薄，不足馁，只要有个崇高的目标，坚定的意志，执着追求，刻苦进取，就能得到自己想得到的东西，这东西就是人生存在的价值！即使终生追求而不得，也能在求索中留下深深的履痕，在告别这个世界的时候，不会因虚度年华而抱恨。

我调动我所有的知识积累和生活知识，要写活潘玉良，要让她鲜活地站立在读者的面前。当时我所掌握的资料，不过是点骨架都够不上的简介，要写活一个人绝对不可能。为了让她活起来，我只能以她真实的人生经历为骨，以合理想象、推测、虚构的情节和细节为魂，来塑造一个真实文学形象的潘玉良，力求史实和艺术的统一。当然，虚构不是凭空臆想，它来源于生活。

比如开篇，她的身世，她的真实家境和家庭情况，她如何到了芜湖妓院，是何人把她卖进去的，都不得而知。1980年，我曾随安庆市图书馆一行到南京、扬州、镇江、苏杭直达宁波天一阁，参观学习古籍善本编目。我详细地记下了扬州城的疆域、历史沿革，名胜古迹、物产、历史名人等介绍。扬州当时确有个叫广储门的地方，就在古运河边上。我就设想把潘玉良的家安在那里（扬州张玉良纪念馆就是按照我书中的描写建在那里的）。扬州在明代就有了资本主义萌芽，商业较为繁华，手工业兴盛。有丝织、刺绣等行业，我就虚构张家以刺绣和制作毡帽为业。她家生意受骗，家道败落，父亲受不了这个打击，郁郁而死，不久母亲重病，临终前将她托付给她的弟弟，她成父母双亡的孤女，而一个吸大烟成性又穷困潦倒的舅舅把她骗到芜湖卖掉。这是符合当时的历史环境的。

又例如她考进上海美术专科学校。我无法知道她是如何进去的。但我想，在20世纪20年代初，像她这样出身的女子，所到之处无不受歧视，那些大家闺秀、阔小姐能乐意与她同学，学校能轻易接受她？她进入上海美专那一章中，我虚构了刘海粟挥笔在榜首加上潘玉良名字的情节。

要让一个艺术家立起来，她一定要有超出常人的地方，得想出一两个表现潘玉良对艺术酷爱到可以不顾全个人声名和安危，以至为之付出一切的细节。我昼夜苦思冥想，有天深夜，突然灵光一现，忆起了十多年前一位朋友在我家聊天，说到他们院子里有些女孩子真不像话，竟然跑到澡堂脱掉衣服相互画。这个来源于生活的细节完全可以用到潘玉良的身上。学校人体模特儿风波未息，请不到模特，她为了画好人体素描，潜入女澡堂，偷画女人体！顺着这个细节发展下去，她在澡堂画得正欢的时候，被浴女们发现，群起而攻之，她被揍了出来。我沿着我的思维继续发展，她回到家里，想着无模特可寻，脱去衣服，对着穿衣镜画自己。以及她的裸像后来被丈夫发现，潘赞化大发雷霆，用刀要毁坏裸像，玉良用身体护卫裸像的情节。这一下，就升华了潘玉良为艺术献身的精神，展现她为了艺术不顾一切的个性。《画魂》电影的导演黄蜀芹就对我说过，如果要她删除这两个细节，她就拒拍。

《画魂：潘玉良传》中，潘玉良的人生轨迹是完全真实的，但细节几乎全是虚构的。因为那时无法获得更多的资料。我写她不是为了发表出版，更不为了名利，我只是想将她这个把一切苦难踩在脚下，为了争取做人的权利和平等人格，不屈不挠与命运抗争，作为一个载体，抒发我的心声。

我从1981年12月初开始动的笔，写了近三个月。写好就放在家里。可我很幸运。1982年3月，安庆市文联在东至县举办小说创作培训班，他们从省城《清明》杂志请来两位编辑选稿。其中的张禹老先生曾在安庆文化馆工作，和我先生同事，他经过安庆时，上我家看望我先生。说到他来安庆的事由，我先生就说，我家小石也写了篇小说。张禹老先生马上就让拿给他看看。他看得很快，不到半个钟头就看了三十多页。他放下稿子，对我先生说，你尽快抄清，能抄多少算多少，两天后他带回编辑部请主编看看。我先生日夜兼程，抄了四万多字。一周后，张先生打来电话，叫尽快将后面的抄好寄去，并说，如果能和前面水平一样，就可以发表。这是我万万没有想到的事。

《张玉良传》以头条位置刊在1982年第4期《清明》上。不曾想到，它一经问世就引起了广大读者共鸣，在上海等很多地方都形成了"张玉良热"。一时间，《清明》洛阳纸贵，印数十万。读者来信像雪片样飞来，有3000多封。河南驻马店一位叫石浅的读者，当时正受到不公正的待遇，感到人生无望，悲观情绪到了极点，她偶然间读到《画魂：张玉良传》，眼前一亮，她的处境比潘玉良好多了，她喜欢写字，决定苦练书法，后来成为中国书协会员、驻马店书法协会主席、黄淮学院教授。她把她通过不懈奋斗取得的成就归功于我的作品，说没有《画魂：张玉良传》就没有她的今天，多次千里迢迢来看我。像她这样的读者还有很多，他们以潘玉良为榜样，把苦难踩在脚下，通过奋斗努力，在各自的领域取得了骄人的成绩。

我以为，一个作者的最大幸福，不是赚了多少稿费，有多么高的名头职位，而是他的作品能给读者的人生一点启迪。钟爱《画魂：潘玉良传》的读者朋友们，我感激你们，也深爱你们！

2025 年 3 月 8 日于安庆

图书在版编目（CIP）数据

画魂：潘玉良传 / 石楠著. -- 南京 : 江苏凤凰文艺出版社, 2025.6 -- ISBN 978-7-5594-9453-5

Ⅰ．K825.72

中国国家版本馆CIP数据核字第2025B8Z672号

画魂：潘玉良传

石楠 著

出 版 人	张在健
责任编辑	万馥蕾
装帧设计	薛顾璨
责任印制	杨 丹
出版发行	江苏凤凰文艺出版社
	南京市中央路165号，邮编：210009
网　　址	http://www.jswenyi.com
印　　刷	苏州市越洋印刷有限公司
开　　本	880毫米×1230毫米　1/32
印　　张	11.75
字　　数	270千字
版　　次	2025年6月第1版
印　　次	2025年6月第1次印刷
书　　号	ISBN 978-7-5594-9453-5
定　　价	78.00元

江苏凤凰文艺版图书凡印刷、装订错误，可向出版社调换，联系电话025-83280257

《画魂：潘玉良传》

石楠 著

最初发表在大型文学季刊《清明》1982年第4期，题作《张玉良传》。
手稿现收藏在中国现代文学馆。

石楠手稿《张玉良传》

潘玉良传（传记小说）　石楠

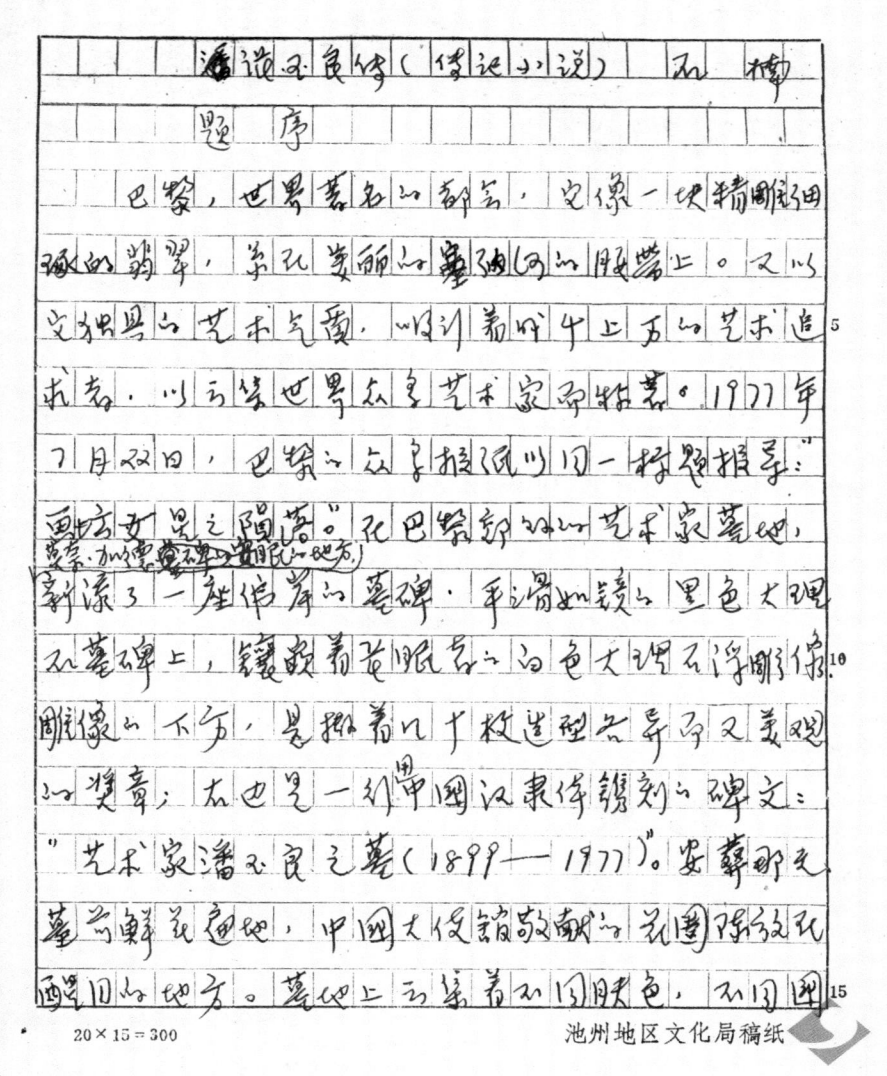

题序

巴黎，世界著名的都会，它像一块精雕细琢的翡翠，嵌在美丽的塞纳河的腰带上。又以它独具的艺术气质，吸引着成千上万的艺术追求者，以云集世界权威艺术家而炫耀。1977年7月22日，巴黎一家早报低沉而悲痛地报导："画家女史之陨落。"在巴黎郊外的艺术家墓地，新添了一座停岸的墓碑。平滑如镜的黑色大理石墓碑上，镶嵌着苍眠家的白色大理石浮雕像，雕像的下方，是挪着几十枚造型各异而美观的奖章；右也是一行用中国汉隶体镌刻的碑文："艺术家潘玉良之墓（1899——1977）"。安葬那天，墓前鲜花遍地，中国大使馆敬献的花圈特别引人瞩目的地方。墓地上云集着不同肤色、不同国

艺术奉献给祖国和法国人民。人们手里捧着鲜花，
任意思念翠茜和紫红色康乃馨到灵柩，脸上泛着
泪痕，流淌着哀哀的(泪水)。艺术界的朋友以最
诚挚的感情悼念她；以各种题材她的方式安葬
她。悲恸之余，墓前听得到她儿女的悲鸣和亲
人的嘶号。有的是塞纳河水的鸣咽和鲜花、赞
语。"正是夫人是颗从泥泞中挣扎出来成了"她把
她的生命、所具有的才华、全了奉献给了人类
的艺术！"她被誉为画艺界名的艺术家、她对现
代艺术的贡献和在画坛上所做的地位、是她苗
到不息、砖之追求取得的。可见、这个美的富
有的人，她的生活却那常贫瘠。她像一个仆妇
一样、带着虔诚和刘爱珍也来买现她所以一帚篓；
带着浪之与代思和对视所构之爱情 与眠私异国
的土地上！

童子的回发出回声："不要遗憾，不要悲怆，我送你回去。"

扬子江涌起排空雪浪："回来吧，孩子，妈忽视你费眼以求的摇篮。"

岳飞伸出慈祥的双臂，拥抱这归来的女儿的英灵，带着她打捞记忆深处的珍珠和碎粒，助她寻找失去的深情足迹。

池州，江苏城镇郊，像个端庄典雅的美人，这个城市也追逐着她，信她送来无尽的财富和秀色，因此她在她的绿色的历史长河中，曾经有相当长时间的风流婚人。世传池州出美女，这也许不假。池州是膏腴才子之乡。孔她丰腴肥美的土地上，产生过不少才俊横溢之代贵人物。孔她所属籍的儿女中，有李孩、徐韬、徐镇、李莹，以及以以青江花月夜的传唱中为历闻名的诸若虚。孔上个世纪末，她又养育了一个在世界画坛享有盛名的女儿。可是，来骀这个璎烬飘零了不是她老"春风满城春，满目尽笙歌的繁华和欢乐。还有现代诗人李莹的那首著名的诗歌：

汴水入淮利益多，

古人要无亦利私。

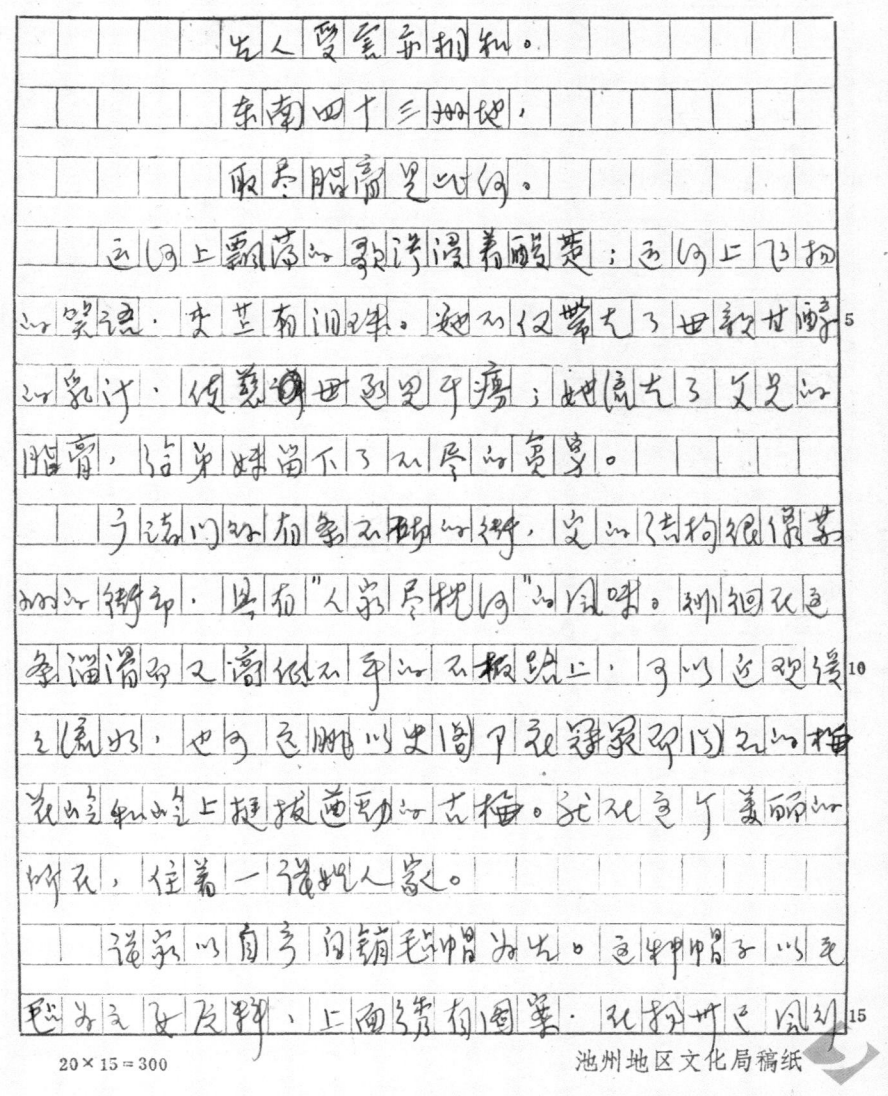

　　东南四十三州地，

　　取尽脂膏是此河。

　　运河上飘落的歌诗漫着酸楚；运河上飞扬的笑语，又平添几珠。她不仅带走了世世代代的乳汁，使童贞的世界变平瘠；她流走了又是的膏脂，给子孙留下了无尽的负累。

　　于谦门外有条石砌的街，交叉结构很简朴的街面。只有"人家尽枕河"的风味。柳河在这象潺潺的又清澈不平的石板路上，可以远观浅之流水，也可足朋以史间了及译家细心建的梅花边船峰上挺拔遒劲的古梅。就是这个美丽的地方，住着一群姓人家。

　　诸永以自己的销毛帅嶅为先。这种帅子以毛毡为之女皮野，上面绣有图案，戎将卅已风行了几个世纪。是这几个世代的手艺出众人，他勤劳、朴实，筹集了一笔资本，开了这爿小店。他娶了个贤惠、能干的妻子，已养了个十岁的女儿。过着温饱清秀方的殷实小康生活。他们是坐请人，一切自己动手，男的制帽，女的绣花。他们的帽制得式色新颖，又适时，得到顾客的好评，销路很畅。如今的客人跟着时尚来，却争相讨好他家帽子。"眼看着谁记我女儿起来了。"邻居们背地里议论。可是，好景不长，一个草样外套的商人满面春风登门拜见，他又赞扬了谁家帽子的好处。特别称赞了女主人的刺绣技艺。主动订立包产包销合同。老实巴脚的手艺人，听到赞语，心里乐滋滋的，轻率地同意了包了客户的要求。客人供张谁记帽庄毛毯，价格从惠，他包销谁家产品。谁家所有的产品随着external卓客人从运河上流走了，却不见从运河上运来毛鞋口了吃的谷记之人。面对着一纸合同，它相仅是所谓的"君子协定"，商人以捡字信用为本，信用却不重，哪还路人？他像挨锎上的坏了败，常一倚靠他死运河边上翘着谁望，彼思挑回。几个月过去了，他等着合同，去找了别打问，谁知，一看大亮，人家就悄悄告诉他，这是当今知府大人的侄子，他怎去告能告这个不等信用的骗子，好心的邻村却功慰他"吃了官矜了，不要费力烧身，写好吃亏了再见着跑。"

他一气，队躺不起，妻子带着十岁的女儿，挑着那将属同的沉重担子，支撑着欲隆江山家。她希望腹中是个男孩，这倒不是她相信"不孝有三，无后为大"的说法，但她认为男孩比女孩有œ息，可以读些书。有了知识，就不亦被别人欺骗。丈夫之所以受骗，就是因子不识字。男强了受了苦，如果是有些苦世心，也了谋生一定半吗。既设丈夫身体不好，不河再作，以俊生活也有个依靠。她越想这个男强，就觉得腔中心踌动有股男孩心冲动，她把她的愤怒情之告诉了丈夫，替让丈夫得到一是安慰，以遣又作好食卉。丈夫虽然是了没有喝过墨水的灿厚人，他心地却甚善良，他理解妻子的心曲，苦笑着对她说："惺去吧，你却坟苦。"妻子像年轻时那样，一把搂过衣衫的丈夫，把泪水洒充丈夫枯黄的脸上。

二

接生的叔娘拄着拐杖，移动着小脚，踽踽地走在积了薄雪的小街上，留下了两列长长的脚印。她一个人便念叨念叨地说："时家又添了个千金，两千金，好大的家当。"从她的语气里很难判断她是高兴还是嫉妒。

"又生了个女儿！"时记主人为了宽慰妻子，强作欢笑。他又何尝不希望添个小子呢？身体日渐衰弱，元气看来难以恢复，妻子虽然身怀绝技，绣得一手好花，但毕竟是个女人，又拖着两个孩子，自己一病不起，成了妻子背上的沉重包袱。如果自己的身体不见起色，他们往后的生活将怎么过下去，他不敢再想下去了，如果是个男孩，苦日子有尽头，他不敢把心思放在脸上，那会给妻子增添愁云，他装作兴奋

的样子，强支撑起来，配合自顾未暇的丈夫，给体弱多病的妻子，他逗弄着才降生的女儿，给孩子起了个响脆的名字：玉良，吐巴良意思是吐家的一块好玉，一个宝贝，妻子脸上的阴云终于被朝霞赶散了。

可是，上天并不怜悯善良而贫苦的人们。玉良一岁，父亲终于离她而去，他带走了母女俩绝望的心，到另一个世界去了。玉良两岁，她唯一的姐姐也抛弃了她，给她留下了孤独和寂寞！她家的小店则随着父亲的去世也关闭了，她们失去了生活的依靠，母亲的技艺成了她母女唯一的生活来源。小玉良多孤寂呀，她常常依偎着母亲的腿，呆呆地看着母亲刺绣，母亲的手飞上飞下，一块料子上就奇迹般出现了油亮亮的叶子、红的、黄的、紫的鲜花，她好急

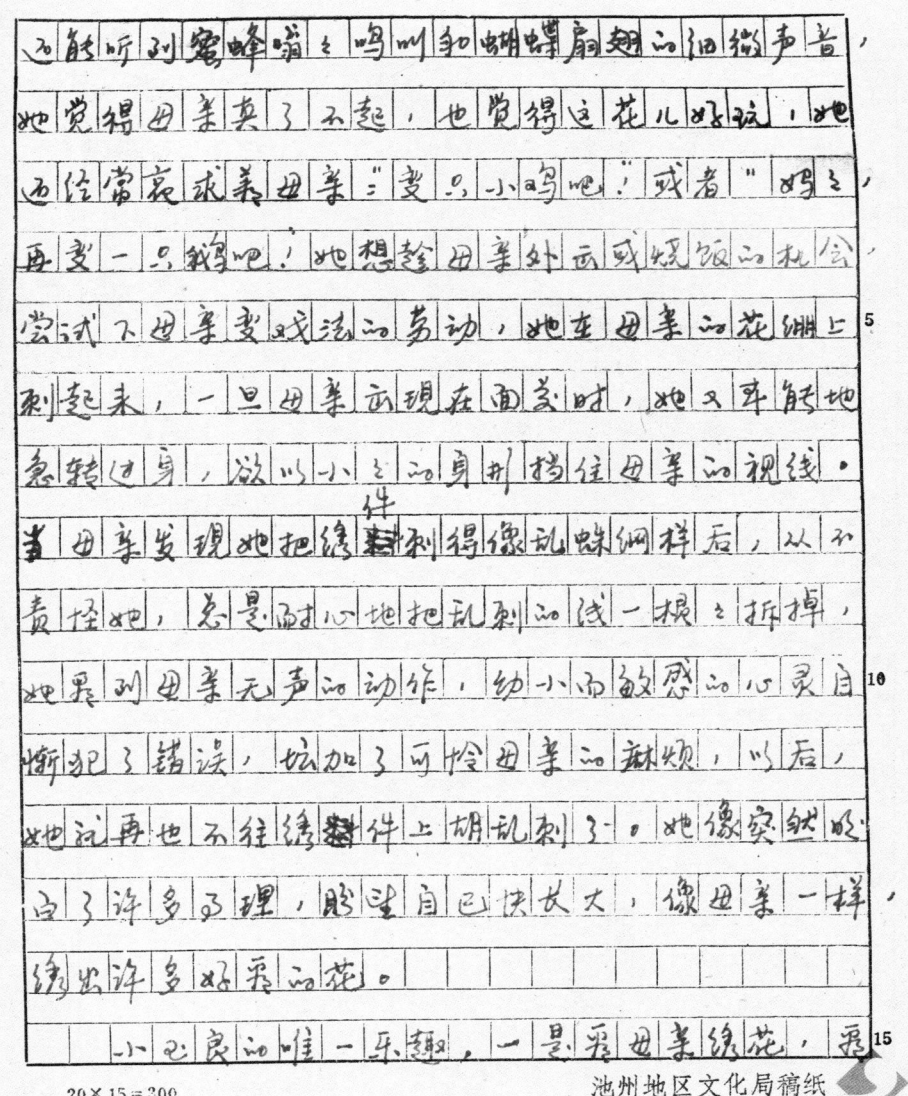

还能听到蜜蜂嗡嗡鸣叫和蝴蝶扇翅的细微声音,她觉得母亲真了不起,也觉得这花儿好玩,她还经常哀求着母亲:"变只小鸟吧"或者"妈,再变一只鹅吧。"她想趁母亲外出或烧饭的机会尝试下母亲变戏法的劳动,她在母亲的花绷上刺起来,一旦母亲出现在面前时,她又本能地急转过身,竭力以小小的身肌挡住母亲的视线。当母亲发现她把绣件刺得像蛛蛛网样后,从不责怪她,总是耐心地把乱刺的线一根一根地拆掉,她是到母亲无声的动作,幼小而敏感的心灵自惭犯了错误,增加了可怜母亲的麻烦,以后她就再也不往绣件上胡乱刺了。她像突然明白了许多道理,盼望自己快长大,像母亲一样,绣出许多好看的花。

小巴良的唯一乐趣,一是看母亲绣花,再

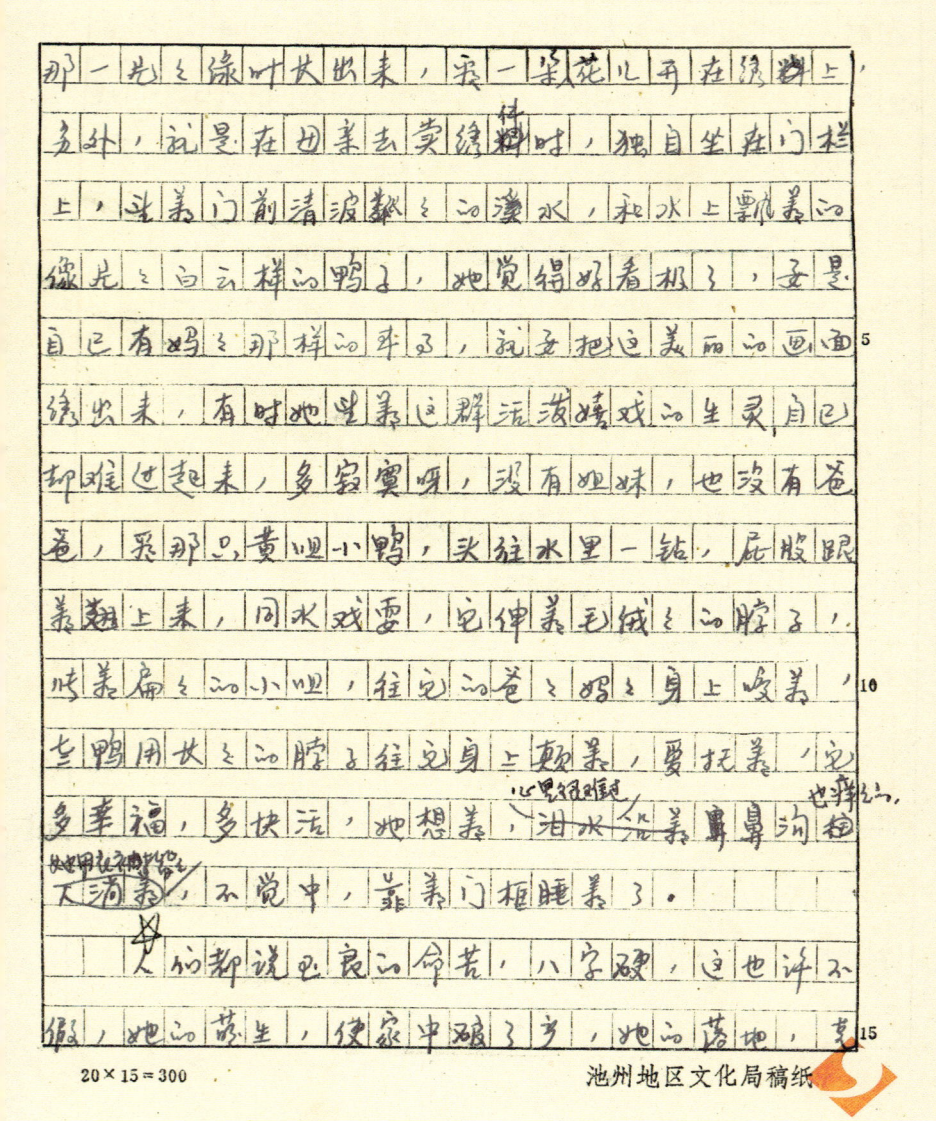

那一先之绿叶长出来，零一朵花儿开在绿叶上之外，就是在母亲去卖绣件时，独自坐在门槛上，望着门前清波粼粼之洋水，和水上飘着之像无之白云样之鸭子。她觉得好看极了，要是自己有妈之那样之弟子，就要把这美丽之画面绣出来。有时她望着这群活泼嬉戏之生灵自己却难过起来，多寂寞呀，没有姐妹，也没有爸爸，只那只黄嘴小鸭，头往水里一钻，屁股跟着翘上来，同水戏耍，它伸长毛绒之的脖子，啃着扁扁之小嘴，往它之爸之妈之身上咬着，老鸭用长之的脖子往它身上颠着，爱抚着，它多幸福，多快活，她想着，泪水流着鼻鼻间，心里好难过 也难过，她用毛巾捂着大哭着，不觉中，靠着门框睡着了。

人们都说毛良之命苦，八字硬，这也许不假，她之出生，使家中破了产，她之落地，真

2.良姑妈入魔谵，不到三首时冲出门口路上一块石头半路倒了。她婆婆之拉她，她赖在地上不起来，仍作揭碎样在石头上撞，但之把她抱回了家，她又跑回来她时到地上去碰那块石头，一次之抱回家，她又一次之跑回来，头上砸起了包，包上破了皮，以至鲜血直淋。这是闹破她去碰就那石头，她才假命态死。叫婆拉来湿头，她不头挡挡，她才停罢休.

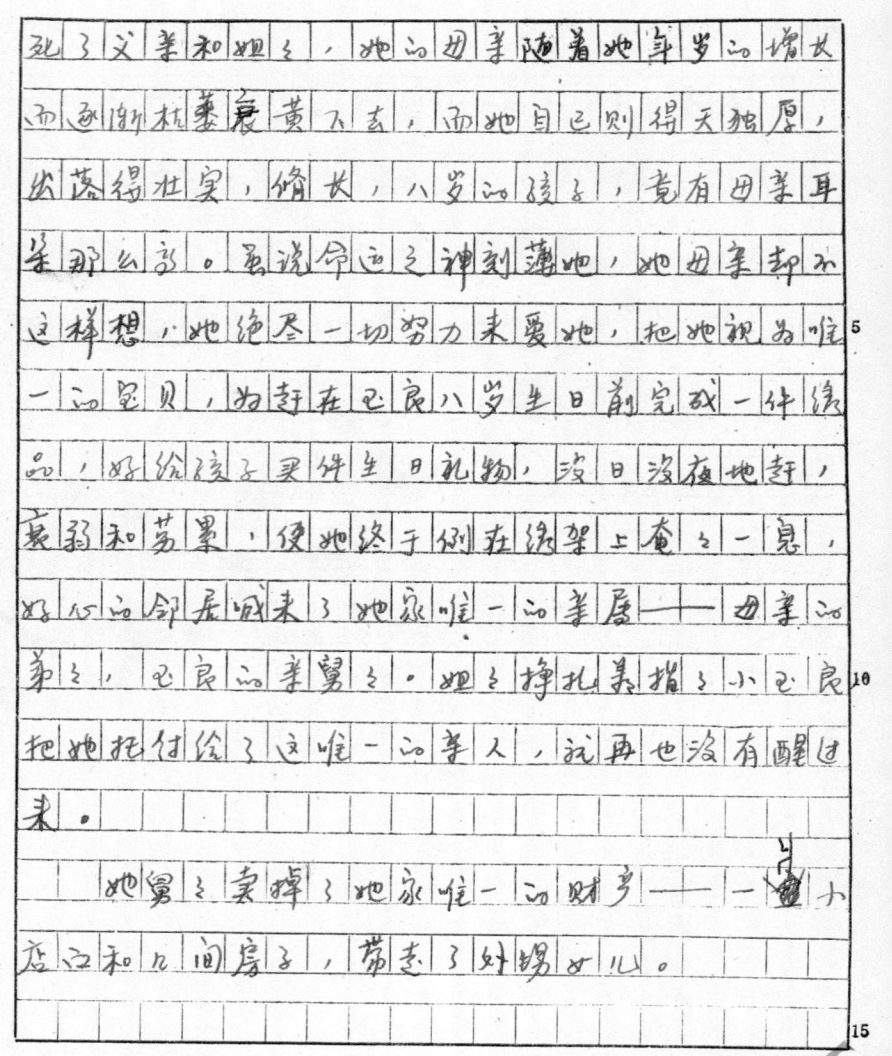

死了父亲和姐姐，她的母亲随着她年岁的增长而逐渐枯萎、衰黄下去，而她自己则得天独厚，长得壮实、修长，八岁的孩子，竟有母亲再长那么高。虽说命运之神刻薄她，她母亲却不这样想，她竭尽一切努力来爱她，把她视为唯一的宝贝，为赶在已良八岁生日前完成一件绣品，好给孩子买件生日礼物，没日没夜地赶，衰弱和劳累，使她终于倒在绣架上奄奄一息，好心的邻居喊来了她家唯一的亲属——母亲的弟弟，已良的亲舅舅。姐姐挣扎着指了小已良把她托付给了这唯一的亲人，就再也没有醒过来。

　　她舅舅卖掉了她家唯一的财产——一爿小店面和几间房子，带走了外甥女儿。

三

一叶小舟，一盏机帆，沿着运河的支流小河，荡出了"两三星火"的池州古渡，进入恒古不息的万里长江，船舱里坐着个十四岁的姑娘，这姑娘身材苗条，齐耳的黑发，一套入时的服装，上衣是月白色的小脑宽袖大襟褂子，下边是黑色的黑裙子，颇有点似被革命潮浪冲出樊笼的女学生。绯红的面腮上飞荡着幸福，被幸福染红的两片朝云中仿佛又夹有种突然得到幸福的那种惶恐和不安。前天，她舅爹突然给她做了这套时髦的新衣，还请来了理发师傅把她的大辫剪掉，理成当今女学生的发式，她搞莫迷惘，听随舅爹摆布。舅爹把她打扮停当后对她说："时代潮流已进入民国了，女孩子也可出去工作了，我已在芜湖给你谋到一个事，你可以自食其力了。"她先是一愣，当她领会了工作的意义——可以养活自己的时候，高兴得一夜没入睡。她躺在床上，忆起这么多年寄人篱下的岁月，无声的泪水悄悄润湿了鬓发和衣领。名义上她是有个保护人舅父，可他不务正业，整天在外逛拳楼酒肆，无暇顾及这个幼稚的外甥女，她孤苦伶仃。舅父把一切家产都卖掉了去抽鸦片烟，她肚子有时也填不饱。这么多了，没有为她添过一件新衣服。舅父虽然不打她，也不骂她，可也不管她、不教育她，这比什么都难受，她宁无人过问的流浪儿与她有什么两样？她常常独自流泪，怨恨自己的命苦。现在舅父为她找到了工作，可以自己养活自己了，可以作一个独立的人了，这多好，这多美、多幸福。特别是这身入时的衣服，是每个姑娘梦嫁以求幸福,她也可以像街上携手走进的小姑娘那样,是令人注目的漂亮姑娘了。她脸上漾开了秀丽的微笑,她感到舅父突然变得可亲可爱起来。人们常说的"舍不得一匹袅"这话真不错,舅父到底还是舅父。她暗暗下了决心,以后争到钱,一定要报答舅父的恩德。昨晚,她乘着美月色,去向生她的故地,现在已属于他人的家去告别。她悄悄来到过去的家门口,又悄悄徘徊在小溪畔。圆月悠闲地泻着妁黄色的柔光,漂向活动的天心,也浮在润滑的小溪上。河水轻悠悠地流淌着,连一丝涟漪都难看到,平静得好象凝固了似地。她呆呆地望着惧动在花窗上的影子,她几乎误认为是母亲孤独的倩影,真想高喊一声飞奔进去。可是,那身形怎么变成了戴礼帽穿西装的陌生男人。

她也早从扬州一城里人的服饰的变化,知已揣摩远世界上发生了什么变革,世风所居的大人已穿上了洋服,脱下了长袍马褂,一些读书人也仿效起来。可是,没有想到屋里竟展于她们小商人家的房里也突然发生了惊剧的变化。她痴之地凝望着那熟悉的门栏,她曾多少次熟睡在上面,至今仍忘不了腰膜有种被硬之的门栏挠得麻酥之的滋味,这忘觉仿佛很亲切,又很诱人。她还能清晰地记得妈之放绕架的位置和妈妈倒在绕架上面永远也没有醒来的沉重姿式,那熟悉的窗户,她用小指甲在墙上刻画的小鸭和溪纹。这一切,她永远失去了。泪泉无法阻截了,顺着两腮欢畅地流着,透过模糊的泪窝,她隐约又见到了碧溪上的群鸭,又白、又白的,这光之白鹜样的云彩,又幻化成眼前的堆之滚

18

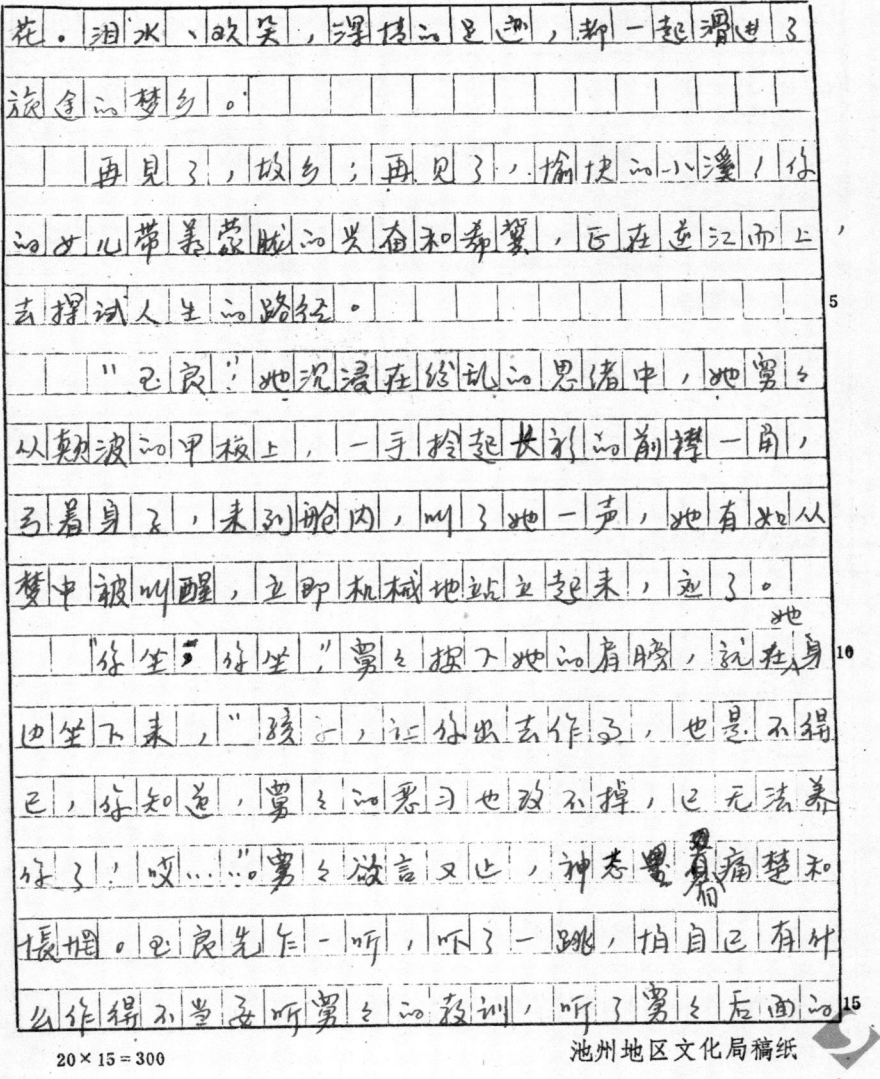

花。泪水、欢笑，浑浑噩噩之思绪，都一起滑进了旅途的梦乡。

　　再见了，故乡；再见了，愉快的小漫！你的女儿带着朦胧的兴奋和希冀，正在长江舟上，去摸试人生的路径。

　　"巳良！"她沉浸在纷乱的思绪中，她婶子从颠波的甲板上，一手拎起长衫的前襟一角，弓着身子，来到舱内，叫了她一声，她有如从梦中被叫醒，立即机械地站立起来，迎了。

　　"你坐，你坐。"婶子按下她的肩膀，就在她身边坐下来，"孩子，让你出去作工，也是不得已，你知道，婶子的亲习也改不掉，已无法养你了，哎…"婶子欲言又止，神态显看痛楚和愦愤。巳良先怔一听，听了一跳，怕自己有什么作得不当，要听婶子的教训，听了婶子后面的话，才知道翠之也是个懂悉情的人，舍不得自己出远门，心里顿然一热，多年来，没有得到过爱的小姑娘，竟然感动得声音都哽塞了，……

……好对翠之说："翠之，这没什么，我很欢天，只是，我担心自己不识字作不来什么"。

"那不妨了，不识字，就作不识字的了，去了，要听老板的话，也吃不了什么苦，如果不顺心，我只求你不要怨我，翠之也是……

"你放心，我会发奋去作的，赚了钱，我就回来娶你。"

这一夜，巳良躺在摇篮样的小船里，作了个好梦。

宽敞的净的房间里，摆着几排竹刷的绣架。每个绣架旁都坐着和自己年龄相仿的姑娘，飞针走线，一幅幅美丽的画卷，倾刻而现在眼前。

绣件上的花朵,一下都盛开在房间里,一丛丛、一簇簇,姹紫嫣红,好象相了八姑娘们手拉手,化成了扁扁起午的彩蝶,在花丛中飞飞行行……。

潘玉良画作《自画像》

*25

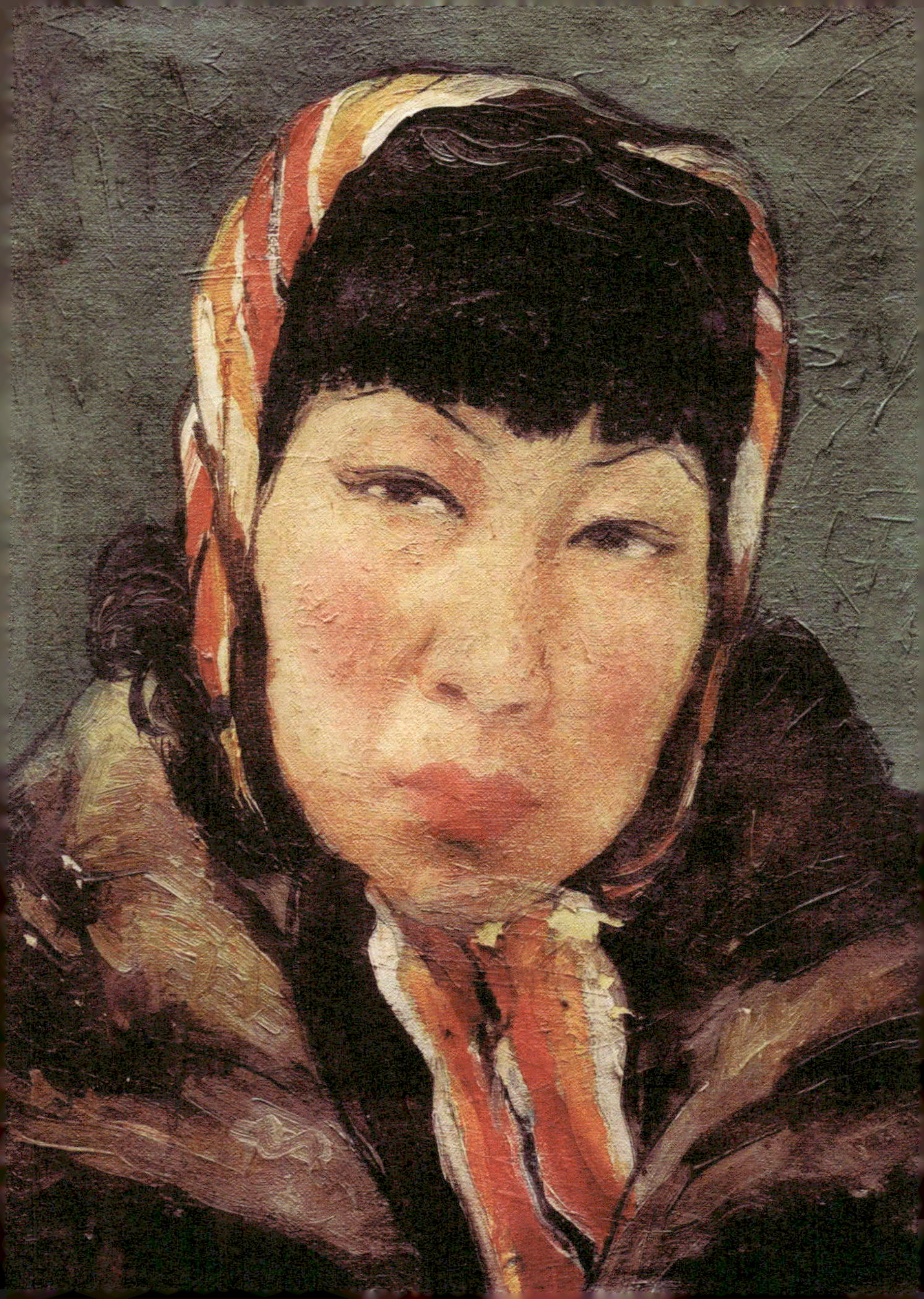

*27

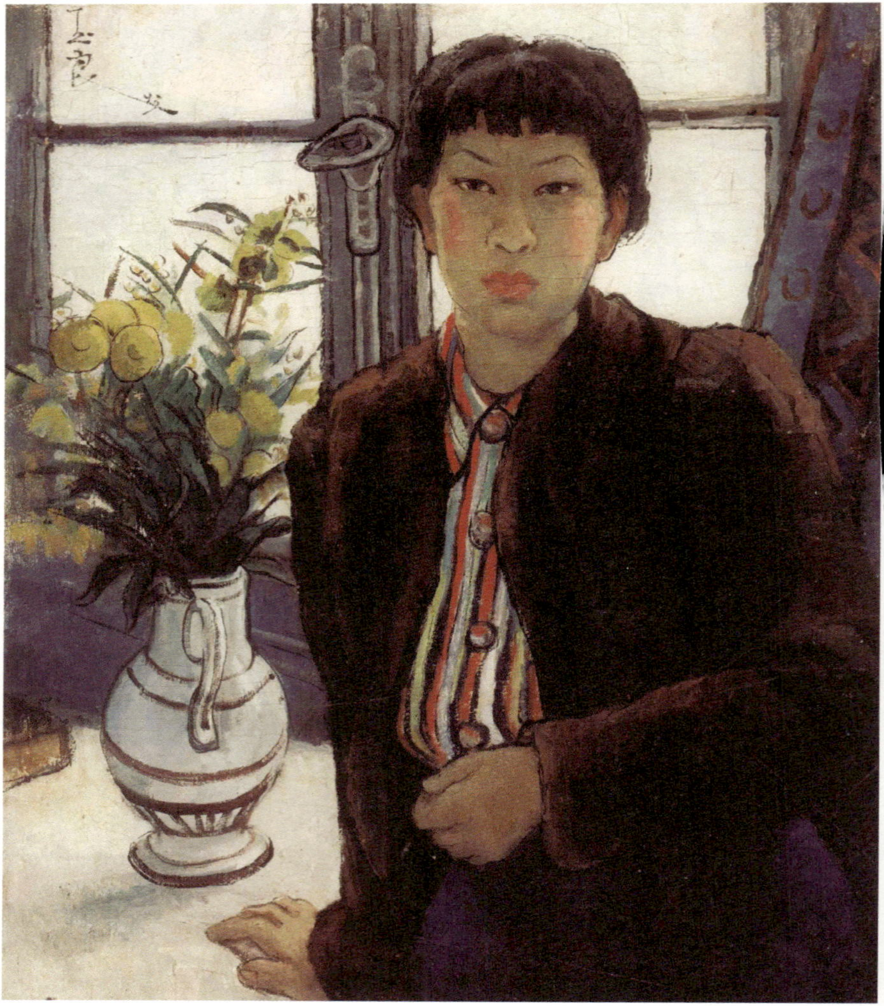

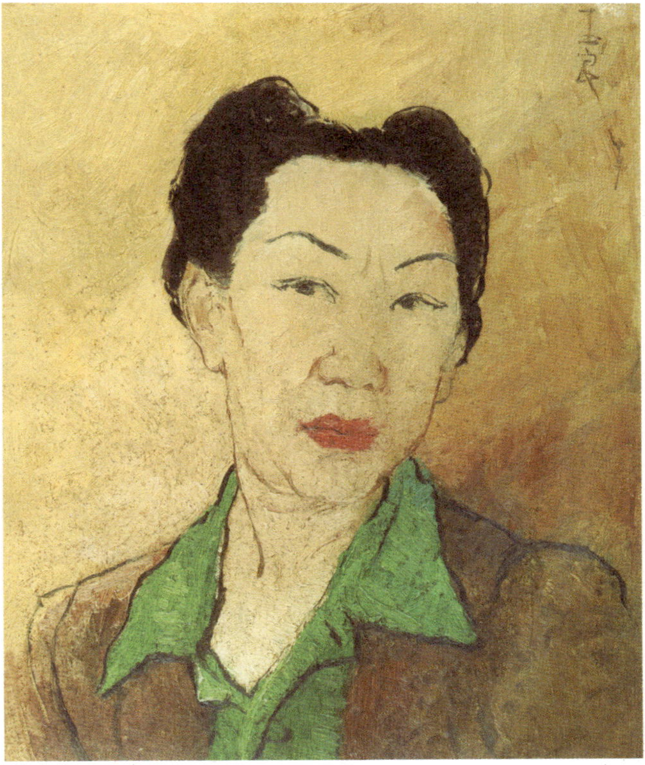

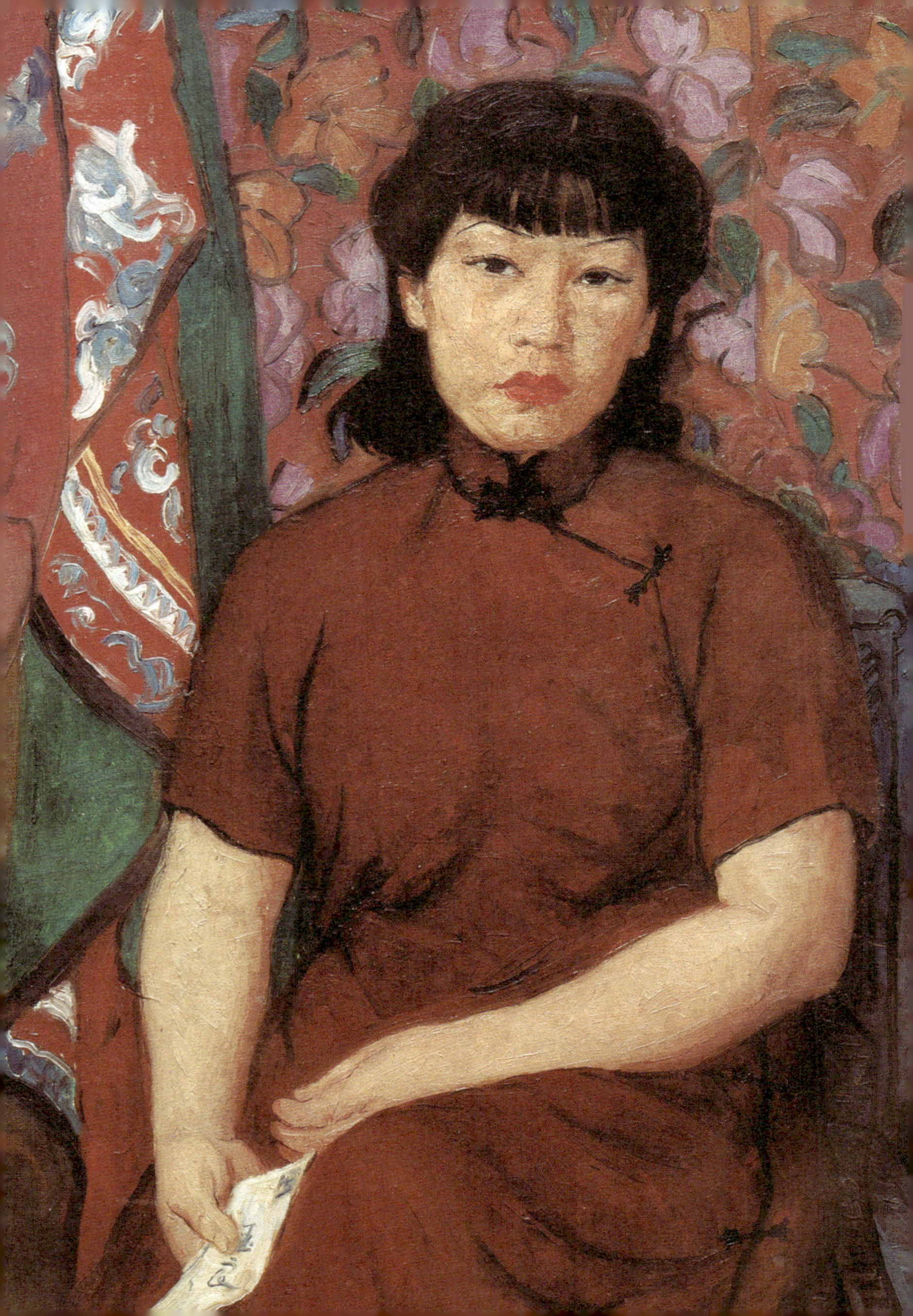

92cm × 60cm
1941 年

55cm × 38cm
1941 年

73cm × 59cm
1945 年

73.5cm × 69cm
1945 年

45cm × 37cm
1947 年

90cm × 64cm
年代不详

* P 25
自画像
家属藏

* P 26
自画像
家属藏

* P 27
自画像
安徽博物院藏

* P 28
自画像
中国美术馆藏

* P 29
自画像
安徽博物院藏

* P 30
自画像
安徽博物院藏

《画魂:潘玉良传》·潘玉良诞辰130周年
纪念别册